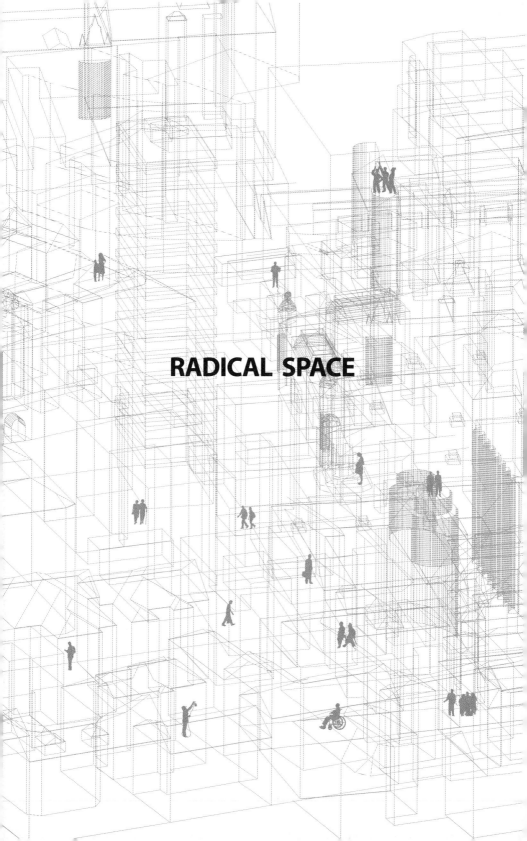

RADICAL SPACE

Radical Space: Building the House of the People

by Margaret Kohn

Originally published by Cornell University Press.

Copyright © 2003 by Cornell University Press. All rights reserved.

Korean translation Copyright © 2013 by Samcheolli Publishing Co., Seoul.

This edition is a translation authorized by the original publisher,

via Eric Yang Agency.

래디컬 스페이스
협동조합, 민중회관, 노동회의소

지은이 마거릿 콘
옮긴이 장문석
편 집 손소전
조 판 김미영
펴낸이 송병섭
펴낸곳 삼천리
등 록 제312-2008-121호
주 소 121-820 서울시 마포구 망원동 376-12
전 화 02) 711-1197
팩 스 02) 6008-0436
이메일 bssong45@hanmail.net

1판 1쇄 2013년 7월 5일

값 18,000원
ISBN 978-89-94898-20-9 93300
한국어판 ⓒ 장문석 2013

래디컬 스페이스
RADICAL SPACE

협동조합
민중회관
노동회의소

마거릿 콘 지음 | **장문석** 옮김

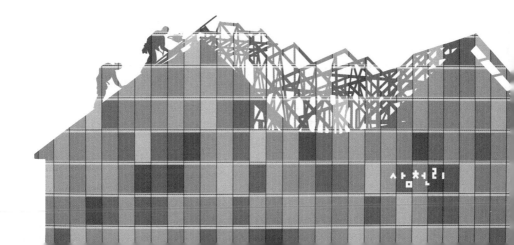

삼천리

감사의 말

나는 항상 내 연구 프로젝트를 크게 도와준 분들께 그에 합당한 감사의 마음을 표시해야 한다는 것에 대해 지나치게 큰 부담을 느껴 왔다. 간접적이기는 해도 내 연구에 결정적인 영향을 미치고 나를 지지해 준 많은 분들을 행여나 누락시키게 될까 봐 염려했기 때문이다. 그런 분들 가운데 윌리엄스칼리지의 정치이론·철학과 교수진과 플로리다대학의 동료들, 나의 가족, 필자를 처음으로 민중회관(casa del popolo)에 데려가 준 이탈리아 친구들이 있다. 또한 일일이 다 거명할 수는 없지만, 연구하고 집필하는 매 단계마다 이루 헤아릴 수 없이 큰 도움을 준 분들께 특별히 감사를 드린다. 수전 벅모스와 시드니 태로, 애너 마리 스미스, 조너스 폰투손이 바로 그들이다. 또 아이작 크램닉과 키얼리 맥브라이드, 라이언 헐 역시 내 원고 전체를 읽어 주었다. 이분들은 코넬대학 출판부에 근무하면서, 편집자인 캐서린 라이스와 더불어 수년 전에 시작된 이 연구 프로젝트가 원래의 것보다 더 나아질 수 있도록 도와주신 분들이다. 윌리엄 콜릿과 레슬리 폴 틸, 프란체스코 라멜라도 이 책의 각 장에 대해 유익한 논평을 해주었다.

개인들뿐 아니라 유럽대학원(EUI)의 비판이론연구회도 지적인 맥락과 영감을 제공해 줌으로써 이 연구를 가능하게 해주었다. 이 연구를 재정적으로 지원해 주고 지지해 준 연구 기관들로부터도 각별한 도움을 받았다. 루이지 에이나우디 재단과 풀브라이트 재단, 유럽대학원, 코넬대학 부설 유럽학센터가 바로 그런 연구 기관이다. 이 책의 5장 대부분과 7장의 일부는 사전에 미리 발표했다. 두 글을 각각 게재할 수 있도록 허락해 준 학술지 《폴리티》(Polity)와 《정치권력과 사회이론》(Political Power and Social Theory)에도 감사를 표한다.

차 례

차 례

서장

문제는 역사에 대항 기억을 주는 것이다.
– 미셸 푸코

1997년 7월의 어느 날, 나는 공산주의 피자 가게에서 저녁을 먹고 있었다. 몇몇 이탈리아 친구들이 이곳 산 마르티노 알라 팔마를 소개해 주었는데, 이 식당에서라면 외국인 관광객들한테 치이지 않고서 피렌체의 근사한 전경을 볼 수 있다는 것이 소개의 변이었다. 베를린 장벽이 무너진 지 근 10년 만에, 이탈리아 공산당이 해체된 지 근 5년 만에 놀랍게도 나는 식당 입구에서 안토니오 그람시(Antonio Gramsci)의 대형 사진을 볼 수 있었다. 우리가 밥을 먹은 곳은 마을에서 오랫동안 가장 큰 사교 중심지 노릇을 해온 이탈리아 공산주의여가협회(ARCI)의 분회였다. 이 민중회관(casa del popolo)은 비록 이데올로기적 열정으로 들끓지는 않아도 다양한 단체에 공간을 제공하면서 꾸준히 정치 강연과 행사를 후원하고 있었다.

내가 이탈리아에 간 이유는 시장 사회주의의 작동 가능성을 밝혀 볼 수 있으리라는 희망을 품고 협동조합의 정치경제학을 연구하기 위해서였다. 그러나 내가 문서고를 뒤적이며 찾아낸 것은 다름 아닌 당혹감뿐이었다. 협동조합에 회원으로 가입함으로써 얻을 수 있는 경제적 이점에 대해서는 많은 자료가 증언하고 있었지만, 그런 이점들이 협동조합 운동이 의식적으로 추구한 중심적인 목표는 아닌 것으로 보였다. 보통의 기업들과는 달리, 초창기 협동조합들은 무엇보다 광범위한 사회적·정치적 기능을 유지하는 데 도움이 되는 한에서만 상업적 생존 능력에 관심을 두었다. 그리하여 협동조합을 그저 경제적 제도로만 보았던 나의 관심은 허를 찔렸고, 나는 협동조합과 같은 특징적인 사회 공간에서 나타난 정치에 점점 더 매료되었다.

이 책을 관통하는 두 가지 질문은 민중회관에 내재된 이론적 의미를 성찰하는 과정에서 떠올랐다. 첫 번째 단도직입적인 질문은 장소가 정치에 중요하냐는 것이다. 하버마스(Jürgen Habermas)와 푸코(Michel Foucault)를 비롯하여, 언어로의 전환을 통해 담론을 분석하는 풍요로운 현대 정치 이론서들이 쏟아져 나왔다. 그러나 물리적 현존을 공유함으로써 정치적 경험을 심화하거나 변형한다는 점을 말해 주는 문헌이 있는가? 두 번째 질문은 첫 번째 질문에 잇따라 제기된다. 특정 공간이 규율 체제뿐 아니라 변혁적 정치 프로젝트에도 기여할 수 있었는가? 이 질문들은 정치 이론의 몇몇 핵심적인 관심사와도 관련이 있는데, 질문에 답변하기 위해 나는 새로운 (혹은 지금까지 가벼이 보아 넘긴) 개념과 사료를 검토해야 했다.

민중회관에 내재된 의미는 풀기 힘든 수수께끼와도 같다. 어떤 면에서 식당과 안뜰, 거실, 테라스를 갖춘 민중회관은 유토피아적 사회주의자들의 환상, 말하자면 푸리에(Charles Fourier)가 구상한 팔랑스테르*의 축소판처럼 보였다. 그러나 꼭 그렇게 해석하기 힘든 세부적인 면면이 있다. 특유의 돌담과 황토색 페인트, 초록색 덧문, 형광등, 구식 가전제품 등으로 이루어진 토속 양식에서는 주도면밀한 사회공학의 흔적을 거의 찾아볼 수 없다. 그 반면에 건물은 마을과 섞여 들어가 있는 듯 보였으며, 명백히 기성 사회질서를 교체할 만큼 다른 사회질서를 상징하는 것처럼 보이지도 않았다. 그럼에도 민중회관이 존재한다는 사실 자체가 모종의 불편함을 야기했다. 다시 말해, 민중회관은 교회와 국가와 부르주아지가 남긴 권력의 흔적들로 가득 찬 피렌체의 관광 지도를 어지럽히고 있었다. 그것은 하위(subaltern) 계급이 자신들이 처한 불리한 상황 아래에서 공적 생활의 교차점 구실을 한 정치 공간을 창출했다는 사실을 말해 주는 것이다.

이탈리아에서 민중회관은 19세기에서 20세기로 넘어오는 시기에 발생한 정치 변혁과 관련하여 특별한 무언가를 내포하고 있었다. 민중회관은 집합적 역사의 한 조각, 그러니까 민중회관을 꿈틀거리게 했던 정신(민중과 민중 클럽들, 민중의 연설들)이 이미 사라지거나 변질된 후에도 고스란히 육화되어 남아 있는 일종의 화석이었다. 민중회관은 민족 통일과 파시즘 사이의 기간 동안 이탈리아에서 부자와 빈자의 권력관계를 변형시킨 일련의 사회적·정치적 전술을 내 눈앞에 고스란히 펼쳐 보여 주었다. 이 책에서 나는 바로 그러한 정치 변혁의 지형도를 분석한다.

---

* 함께 노동하고 상호 부조하는 유토피아적 공동체의 이름이다. 이 이름은 고대 그리스의 팔랑크스(phalanx), 즉 중장 보병 밀집대를 뜻한다. 푸리에가 구상한 각 팔랑크스는 1,620명의 거주자로 이루어졌다. 이 수치는 인간의 심리적·감정적 유형을 810가지로 분류하고 남성에게는 여성이, 여성에게는 남성이 필요하므로 2를 곱하여 얻어 낸 것이다. 공동체 수입 가운데 12분의 5는 노동자에게, 12분의 4는 경영자에게, 12분의 3은 자본가에게 분배되었다.

내가 연구에 착수한 것은 세기 전환기 이탈리아에서 번성한 저항의 장소들을 주도면밀하게 분석함으로써 오늘날에도 유용한 민주주의의 개념을 정교하게 발전시킬 수 있으리라는 희망에서였다(이탈리아에 초점을 맞춘 이유는 이 책 뒷부분의 참고문헌에 설명해 놓았다). 상조회와 협동조합, 민중회관, 지방자치체의 실상을 관찰하면서, 민주화 과정의 특정한 순간에 내포된 정치적 논리를 발굴함으로써 민주주의 이론의 규범적 핵심을 연마할 수 있었다. 그렇다고 과거에 적합했던 전략이 오늘날에도 곧바로 적용될 수 있음을 뜻하는 건 아니다. 과거는 미래를 위한 공식을 제공하지 않는다. 현재를 위한 준거점을 제시할 뿐이다. 이론은 권력과 해석을 둘러싼 과거 투쟁의 침전물이 당대의 맥락을 뛰어넘어 새로운 국면을 비춰 줄 수 있게 하는 매개체인 것이다.

공간

정치 이론가들이 오랫동안 공유해 온 것이 있다면, 그것은 폴리스에서 공론장에 이르기까지 공간이 민주주의에 결정적인 의미를 지니고 있다는 직관이었다.[1) 공유된 장소들은 그 목적이 하나로 통합된 데모스를 창출하는 것이든, 아니면 정치적 권리가 박탈된 자들을 세력화하는 것이든 간에 사람들이 한데 모일 수 있는 방식을 가능하게 하고 규정함으로써 공동체를 만드는 데 도움을 준다. 특정한 장소들은 만남과 집회를 위한 대본을 제공함으로써 사회적 행위를 조율한다. 또한 조성된 환경은 그 환경에서 기대되는 행위가 무엇인지를 규정해 줌으로써 개인들의 행동과 정체성을 형성한다. 공간은 "사회적 관계를 재생산하는 역사적 의미의 저장소"로서, 그리고 "기억을 회복시켜 주는 연상 장치"로서 상징적인 방식으로 기능한다.[2] 모리스 알박스(Maurice Halbwachs)가 선구적인 저작 《집단 기억》에서 설명하기를, 과거를 다시 포착할 수 있는 유일한 방법은 과거가 우리의 물리적 환경들 속에 어떻게 보존되어 있는지를 이해하는 것이라고 했다.[3] 우리는 건물과 공사 계획, 성소, 경계선, 공·사 영역, 폐허 등을 중요한 문화적 요소들과 권력의 패턴을 알려 주는 텍스트로 읽을 수 있다.[4] 그것들은 또한 권력 관계를 작동시키고, 그럼으로써 재생산하는 방식이기도 하다.[5]

그럼에도 공간의 의미는 공간의 텍스트적 차원으로 전부 환원되지는 않는다.[6] 메시지 전달은 공간의 몇 가지 기능 가운데 하나일 뿐이다. 또한 하나의 건물은 실용적인 필요를 충족하는 데도 도움이 된다. 예컨대 건물은 은신처를 제공하거나 외부인이 안을 들여다보지 못하도록 하는 가시적인 방벽으로 기능할 수도 있다. 공간은 건축학 분야에서 가장 철저하게 이론화되어 왔으므로, 공간을 무엇보다 청사진이나 설계도, 그 물질적 속성의 견지에서 생각하는 경향이 있다. 그러나 공간은 사람들이 그 속에서 생활하고 경험하는 곳이기도 하다. 공간에는 상징적이거나 인지적인 차원뿐 아니라 피와 살을 지닌 몸의 차원도 존재하는 것이다.

공간은 개인과 집단이 저마다 사물의 질서 속에서 어떤 위치를 차지하는지를 감지하는 방식에 영향을 미친다. 공간적 배치는 잠정적인 형태들을 돌이킬 수 없는 영구적인 경관으로 변형시킴으로써 사회적 관계가 자연적인 것으로 보이게 한다.[7] 공간적 형태들은 공유된 배경을 제공함으로써 개인들을 실재에 대한 공유된 인식으로 통합하는 구실을 한다. 건축물은 늘 뚜렷하고 명료하지는 않은 방식으로 신체적 실천을 생산한다. "왜냐하면 건축물은 문제의 공간을 '사용하는' 사람들 안에서, 그들의 살아 있는 경험 속에서 스스로를 재생산하기 때문이다."[8] 몸에 각인된 원칙들은 의식의 범위를 넘어선다. 따라서 마음대로 변형될 수 없는 까닭에 몸 자체가 대단히 강력한 연상 장치로 기능할 수 있다. 그리하여 구성된 사회 공간과 그에 상응하는 신체적 실천(그 속에 담긴 생활양식)은 자연적인 것으로 보이게 된다. 공간은 가내 생활과 노동 패턴을 고정시킴으로써 내부인과 외부인, 생산과 재생산, 개별성과 집단성 사이의 구분 같은 중요한 사회적 구별을 활성화한다. 가정과 공장은 가족이나 노동 같은 제도들이 물질적인 형태로 구현된 것이다. 우리는 종종 이러한 구성물들을 짐짓 불가피한 것으로 여기면서 경험한다. 이러한 공간의 재발견을 통해 우리는 지금껏 가시적이고 언어적인 지식만을 강조해 온 문화 속에 은폐된 정치적 경험의 영역을 조명할 수 있다.

또한 공간의 사회적·상징적 속성은 변혁적 정치 프로젝트를 위한 중요한 근거일 수 있다. 정치 공간은 새로운 정체성과 실천을 발전시킬 특징적인 장소를 창출함으로써 변화를 촉진한다. 장소에 내재된 정치권력은 공간이 갖는 사회적·상징적·경험적 차원을 연결하는 능력에서 비롯된다. 변혁을 추구하는 정치는 이러한 차원들을 다시 분리하고 양립시키며 재결합하는 것에서 시작된다.

공간의 사회적 차원은 장소들이 사람들의 접촉을 촉진하거나 금지하는 방식에 바탕을 두고 있다. 언어학자들은 접촉을 시작하고 유지하거나 방해하는 "안녕"이나 "어때?"와 같은 말을 "언설의 사교적 양상"으로 파악해 왔다.[9] 특정한 공간도 마찬가지 구실을 한다. 이 공간은 사람들을 모으거나 배제하며, 상호작용의 형태와 범위를 결정한다. 이러한 효과는 안뜰의 접근성과 의자의 배열, 혹은 연단의 존재 유무와 같은 물질적 속성을 통해 나타날지 모른다. 앙드레 듀아니(Andres Duany) 같은 신도시주의 계획가들은 이웃 간의 비공식적이고 비계획적인 접촉을 촉진하여 공동체를 만들기 위해 설계할 때 현관을 부각시켰다.[10]

하나의 장소가 갖는 의미는 물리적 배치의 산물인 만큼이나 그 장소가 불러일으키는 전통과 의례의 산물일지 모른다. 비록 값비싼 신도시주의 공동체의 거주자들이 현관에 머무를 시간이 없거나 에어컨으로 실내를 완벽히 냉방하는 것을 선호할지라도, 현관이 이상화된 농촌 소도시 생활의 이미지를 불러일으킨다는 점에서 거주자들은 여전히 그 현관에 감사를 표할지 모른다. 현관은 기능적인 건축적 특징이라기보다는 특정한 환상을 위한 배경막, 일종의 몽중 이미지로 기능한다. 하나의 공간이 갖는 의미는 대개 그 공간에 걸려 있는 상징적인 휘장에 따라 결정된다. 특정한 장소는 이런저런 역사와 기억과 꿈이 공간 속에 끼워 맞춰지는 방식이다. 그것은 과거를 현재와 연결하며, 과거를 미래로 투사한다. 하나의 장소는 다양한 방식으로 상징적 의미를 포착할 수 있다. 이를테면 설계에 내포된 건축적 암시들을 구체화하거나 중요한 사건들의 배경막 구실을 하거나 다른 상징들의 반대편에 위치하는 방식으로 말이다. 인간은 일부를 보고 전체를 떠올리는 성향이 있는데, 장소가 행사하는 권력은 바로 그러한 인간적 성향의 징후이다. 다시 말해, 붉은 깃발을 볼 때처럼 노동회의소(camera del lavoro)를 보면 사회주의나 정의를 떠올리게 된다. 말하자면 노동회의소는 변혁을 꿈꾸는 욕망의 응축물인 것이다.

공간의 사회적·상징적 양상에 덧붙여, 인지 능력보다는 감지 능력과 관련되기에 말로 표현하기가 특하나 어려운 직관적·경험적 차원이 존재한다. 현상학자 알프레트 슈츠(Alfred Schutz)는 그것을 가리켜 "운동 감각적 경험"이라고 지칭한다.[11] 윌리엄 코널리(William Connolly)는 물리적 공현존(co-presence)의 특징을 구별해 내고 이를 "비인지적 기입"이라는 용어를 사용하여 묘사한다.[12] 그것은 몸짓과 상징과 감정적 밀착의 단면들로 구성된다. 비인지적 기입은 인사와 눈의 초점, 어조, 자세, 억양의 변화 같은 인지 이전 단계의 것들까지 아우른다. 공간은 몸이 권력관계를 감지하는 핵심적인 방식들 가운데 하나이다. 물리적 환경은 구체화되고 물질화된 정치 신화학이다. 그것은 어떤 명시적인 규칙이나 구속이 없을 때조차 정규적인 방식으로 행위 주체를 행동하고 반응하게 하는 일련의 지속적인 성향을 주입한다.[13]

이러한 접근법에 대해 즉각 제기될 수 있는 반론 가운데 하나는, 공간이 고도로 이론화된 담론 분석 범주의 하위 장치인 까닭에 공간 분석은 불필요하다는 것이다. 이러한 입장에 따라 푸코는 임상 병원이나 감옥 같은 공간을 담론이라는 항목 안에 포함시켰다. 그러나 실제로 푸코는 대단히 주도면밀했기 때문에 담론(전문적인 지식의 생산을 위한 비공식적 규칙들)과 장소 및 제도와 같은 기타 규율 권력의 요소들을 구별할 줄 알았다.[14] 그는 담론 구성체가 다양한 권력관계의 장들과 한데 접속되어 있다고 결론지었다.[15] 나는 20세기 초 이탈리아의 저항 공간들을 연구하면서 공간이 네트워크를 만든다는 사실을 깨달았다. 제1차 세계대전 이전의 이행기 동안에 좌파 담론에는 상당히 다양한 이질적 요소들이 나란히 존재하고 있었다. 과학적 사회주의가 농민적인 천년왕국설 및 소부르주아적인 급진주의와 불편하게 공존했던 것이다. 이처럼 다양한 동맹체들을 하나로 접속시킨 것은 공유된 언어가 아니라 공유된 사회 공간이었다.

또 다른 반론은 협동조합과 민중회관, 노동회의소가 실상 공간이 아니라 결사(association)라는 것이다. 비록 결사와 공간이라는 두 범주가 중첩되는 것은 사실이지만, 양자는 동의어가 아니다. 예컨대 미국퇴직자협회(AARP)나 미국자동차협회(AAA)는 가입비를 낸 회원들에게 일정한 서비스를 제공하지만 회원 모임을 주선하지는 않는다. 이런 점에서 공간 없는 결사가 있을 수 있다. 그런가 하면 결사에 의해 창출되지 않는 공간도 있다. 공항과 카페, 극장 같은 장소에서 사람들은 공식적인 유대를 형성하지도 않고 지속적으로 접촉하지도 않으며 특정한 목적을 공유하지도 않은 채 함께 모인다. 이 책에서 연구하는 정치 공간은 결사를 통해 형성된 공간으로서, 결사와 공간이 중첩되어 있는 범주에 속한다. 물론 '저항의 공간'을 가늠하기가 지극히 어려운 까닭에 때때로 공간의 대용물로 결사에 가입할 수 있는 회원 자격을 이용할 필요가 생길 것이다. 그렇지만 여전히 공간과 결사의 차이를 시야에서 놓치지 않는 것이 중요하다.

민중회관에서 문자를 배우거나 카드 게임을 하는 사람들이 반드시 특정 집단에 속하는 것은 아니다. 이 공간은 새로운 이념을 접하고 공통의 관심사를 인식하며 전술을 토론하고 심지어 정치 행위에 나서게 될 비공식적인 기회를 제공했다. 민중회관은 생활 세계로서, 그로부터 한층 더 공식적인 형태의 결사가 나타날 모체였다. '공간적'이지 않고 결사나 모임을 주선하지 않는 결사는 거의 정체성을 형성하지 못한다. 그런 결사는 촘촘하고 중첩되는 사회적 유대를 만들어 내지 못한다. 그런 결사가 설령 네트워크를 만들어 내더라도, 이 네트워크는 편협한 이해관계에 따라 조직된 것일 따름이다. 물론 그러한 결사도 이해관계를 대표함으로써 민주주의적 과정에 기여할 수는 있겠지만, 정치 논쟁이나 행위의 조

건을 창출하는 토론의 장으로서 기능하기는 어렵다.[16]

급진 민주주의

오래전부터 국가권력은 정치적 목적을 위해 공간을 조작하는 법을 알고 있었다. 정부는 사람들을 정서적으로 국가와 일치시키기 위해 갖가지 기념물과 궁전을 세웠다. 또한 정부는 잠재적으로 불복종하는 군중을 회유하고 통제하거나 방해하기 위해 도로와 도시 구역, 요새를 건설할 계획을 입안하고 실행했다. 기실, 미셸 푸코의《감시와 처벌》에서 마이크 데이비스(Mike Davis)의《석영의 도시》에 이르기까지, 영향력 있는 많은 연구들은 규범을 부과하고 통제를 확대하기 위한 공간의 사용이라는 문제에 초점을 맞춰 왔다. 공간에 대한 이러한 관심을 통해 우리는 권력의 흐름에 관해 더 잘 알게 되었다. 푸코는 벤담(Jeremy Bentham)의 원형 감옥(Panopticon)이 근대 권력의 규율적 성격에 대한 단순한 은유가 아니라 그 자체로 공간적 실천, 그러니까 자아의 새로운 경험을 강화하고 유순한 몸을 창출하며 자기 성찰적인 정신을 주입하도록 고안된 건축학적 기술(techne)이었음을 보여 주었다. 원형 감옥은 새로운 사회의 상징이자 새로운 사회를 만드는 도구였다.

과연 규율 공간을 주시함으로써 근대 권력의 유통을 명료하게 이해할 수 있다. 그렇다고 공간이 단지 사회통제의 도구만은 아니다. 나는 이 책에서 공간적 실천이 어떻게 변혁적 정치에 기여할 수 있는지를 보여 주려고 한다. 정부와 반대파, 우파와 좌파, 파시스트와 민주주의자할 것 없이 정치집단이라면 모두 언어와 상징, 이념, 인센티브를 채택하는 것과 꼭 마찬가지로 공간을 사용한다. 정치집단들이 공간을 변형하고 전유하는 방법을 연구함으로써 그러한 정치 운동들의 성격을 이해하는 길이 열리게 된다.

주권 권력의 터전들(sites)을 식별해 내기란 어렵지 않다. 백악관과 겨울궁전, 월스트리트가 그 사례이다. 그런 터전들의 기념비적 형태가 스카이라인을 지배한다. 그럼에도 눈높이를 길거리에 맞춰 조망하면, 주권 권력의 터전들에 버금가는 중요성을 지닌, 뿌리줄기처럼 뻗어 나간 구조물들을 식별해 낼 수 있다. 이 구조물들이 행사하는 권력은 주권 권력이 아니라 서로 결합하고 혼재하며 체계적인 효과를 생산하는, 다양한 힘들이 모세관처럼 침투하는 행동에 있다. 이런 미시 권력은 쉽사리 간과되지만, 그럼에도 정치를 이해하는 데 매우 중요한 요인이다. 미시 권력들을 식별해 내기 위해 우리는 정치가 발생하는 다양한 장소들을 주시해야 한다. 축제와 광장, 노동회의소, 상조회, 조합회관, 야간학교, 협동조합, 민중회관 등이 그러한 장소들이다. 정치적 권리를 박탈당한 사람들이 권력을 산출하는 국가 외부의 정치적 터전이라는 점에서, 나는 이 장소들을 급진 민주주의 공간이라고 부를 것이다.

급진 민주주의는 세기 전환기 유럽에서 유력한 정치적 범주는 아니었다. 내가 급진 민주주의라는 명칭을 채택한 이유는, 현재의 시점에서 과거를 돌이켜 보면서 일상생활 수준에서 정치에 관여하고 정치권력의 사회적·경제적 기반을 변형하려는 목표를 공유하는 다양한 운동들을 하나로 묶어 내기 위함이다.[17] '급진적'(radical)이라는 단어는 뿌리를 뜻하는 라틴어 '라디칼리스'(radicalis)에서 유래했다. 급진 민주주의는 '급진적'이라는 용어의 본디 의미로 되돌아가려는 시도로서, 보통 사람들의 권력을 의미한다.[18] 이 용어는 또한 '멀리까지 도달하는'이라는 뜻을 담고 있는데, 여기서는 일반적으로 통용되는 범위에서 민주주의에 대해 설정되는 이런저런 제한을 넘어서려는 시도로 이해된다. 민주주의의 급진화는 몇 가지 방식을 통해 이루어질 수 있다. 예컨대 다양한 민주주의 투쟁들을 연결함으로써,[19] 좀 더 효과적인 정치 참여를 위한 새로운 터전을 창출함으로써,[20] 작업장처럼 사전에 배제된 영역들로까지 집단적 통제를 확장함으로써,[21] 그리고 기존의 주변화된 집단들을 의미 있게 포섭하기 위해 시민권에 대한 이해를 확대함으로써[22] 민주주의의 급진화가 이루어질 수 있다.

급진 민주주의에 대해 새롭게 관심이 쏠리게 된 데에는 에르네스토 라클라우(Ernesto Laclau)와 샹탈 무페(Chantal Mouffe)가 《헤게모니와 사회주의 전략》에서 급진 민주주의의 개념을 사용한 것이 큰 몫을 했다. 그 책에서 그들은 베른슈타인(Eduard Bernstein)과 룩셈부르크(Rosa Luxemburg), 소렐(Georges Sorel), 그리고 무엇보다 그람시 같은 이단적 사회주의자들의 저작을 통해 급진주의의 개념을 1800년대 초까지 소급하여 추적했다. 그 시절 급진주의는 노동자계급 정치의 담론적인 틀로 기능했다.[23] 급진 민주주의는 사회적·정치적 변혁의 행위주체가 프롤레타리아트라기보다는 민중이라고 보던 시대의 산물이었다. 그럼에도 이러한 유산은 부채라기보다는 자산이다.[24] 나 역시 라클라우와 무페처럼 원초적인 민중 투쟁이 점차 통일된 대오를 갖춘 공업 노동자계급의 일사불란한 전술로 진화했다는 식의 가정을 거부한다. 급진 민주주의는 프롤레타리아트 같은 특정 집단에게 해방의 주체라는 특권을 부여하지 않고, 또 특정 집단을 각별히 정치 참여에서 배제하지 않고서 펼쳐 나가는 정치투쟁을 뜻한다.[25] 민주주의는 다원적인 투쟁 양식들을 서로 연결하고 사슬의 고리를 접합하는 방식이다.[26] 단지 형식적인 것에 머물지 않고 실질적인 것이 되려면, 민주주의는 전적으로 국가의 지형 위에서 발생해서도 안 되고 또 가장 중요한 권력의 자원들 가운데 하나인 경제와 지나치게 분리되어서도 안 된다.

급진 민주주의는 야누스의 얼굴을 갖고 있어서 과거와 미래를 동시에 바라보고 있다. 그것은 자유주의나 마르크스주의 양자 모두와 구별되는 특정한 민주주의의 전망을 발신한다. 급진 민주주의자들은 하위(subaltern) 계급들이다. 다시 말해, 그들은 공업 부문 기업들에 종사하는 노동자뿐 아니라 시민권에서 배제된 사람이나 시민권에 포함되기 위해 투쟁하는 사람을 모두 포괄한다.[27] 또한 급진 민주주의라는 용어는 미래를 내다보고 있다. 급진 민주주의의 이념은 국가 중심적 전략과 기술 관료적 관리라는 뉘앙스를 풍겨 온 사회민주주의에 대한 하나의 대안을 제시한다. 그런가 하면 급진 민주주의는 사회가 스스로를 조직하게 하고 다양한 사회운동들이 자신들의 변혁적 잠재력을 실현하게 만든다. 물론 늘 그러했듯이, 어떻게 기성의 권력 독점체들, 특히 경제 영역의 권력 독점체들이 근본적인 정치 변화를 방해하는 주된 요인으로 기능하는가와 관련된 문제를 시야에서 놓쳐서는 안 될 것이다.

민주주의를 이론화하는 과정은 일종의 변증법적 과정으로 이해할 수 있는데, 이 과정에서 개념의 규범적 핵심과 개념의 외면적 표현 양자가 서로를 지속적으로 변형시킨다. 민주주의의 규범적 핵심은 과연 무엇인가? 민주주의 이론의 다양한 갈래들을 통합하는 하나의 주제가 있다면, 그것은 바로 생산과정과 권력 행사 과정 모두에서 폭넓은 분배를 포함하는, 민중에 의한 지배라는 이념이다.[28] 그러나 이와 같은 일반적인 공식은 자치 정부라는 이상을 실현하는 데 가장 적합한 제도가 무엇인지를 추려 내는 과정에서 그저 제한적인 지침만을 줄 뿐이다. 급진 민주주의의 진정한 의미는 오직 민주화 과정을 연구함으로써만 수면 위로 떠오른다. 그 과정을 추적하는 일은, 민주주의에 대한 지배적인 해석과 그 특정한 제도적 형태가 어떻게 긴장을 야기하는지, 즉 개념의 규범적 핵심을 재해석함으로써만 화해될 수 있는 긴장이 어떻게 야기되었는지를 가늠하는 것이다. 민주주의가 펼쳐지는 과정은 환원주의적이지도, 목적론적이지도 않다. 그것은 미리 예정된 논리를 따르지 않는다. 규범적 원칙과 역사적 형태 모두 개방적인 상호작용 속에서 변형된다. 그러므로 민주주의 이론가의 역할은 민주주의라는 용어에 대해 종래에 우리가 갖고 있던 정의를 논파하거나 확장하는 민주주의적 실천의 역사, 즉 공식적 역사 속에 내재되어 있는 민주주의적 실천의 대항 역사를 드러내는 것이다.

비판 이론과 역사

파시즘 집권 이전의 이탈리아는 급진 민주주의의 패러다임을 발견하는 데 부적합한 장소로 보인다. 이탈리아의 민주주의 운동이 파시즘에 의해 파괴되었지만, 파시즘은 노동자의 공간들이 기성 권력에 대한 가공할 만한 대안을 제시했다는 이유로 이 공간들을 주요 타격 대상으로 삼았다.[29] 이 공간들은 경제와 정치의 관계에 대한 새로운 이념을 반영하고 있었고, 그런 이념을 현실에서 구현하고 있었다. 이탈리아에서 급진 민주주의 운동이 실패했다는 주장은 어느 정도만 진실이다. 파시즘 치하 억압의 20년에도 불구하고, 협동조합이나 민중회관 같은 제도들은 제2차 세계대전 말기의 반파시즘 저항운동에 중요한 네트워크를 제공했다. 게다가 이 붉은 하위문화는 전후에 강력하게 다시 부상했고, 오늘날에 이르기까지 지속되는 정치적 효과(도시계획에서 혁신적인 사회 복지 프로그램과 지역 단위 산업 정책에 이르기까지)를 낳았다.[30]

성공하지 못한 운동이라 하더라도 민주주의의 가능성을 드러내 줄지 모른다. 운동이 좌절했다고 해서 애당초 꿈꾸지도 말았어야 했다고 생각할 필요는 없다. 역사가 더 큰 선과 진보를 향해 발전하는 내적 논리를 갖고 있다는 생각을 받아들이지 않는다면, 성공이나 실패 여부는 어떤 운동이 규범적으로 유효한지를 판가름하는 궁극적인 판단 기준이 될 수 없다. 이 점을 염두에 두면, 비판 이론가의 역할은 애당초 사태가 그런 식으로 돌아가지 말았어야 했다는 점을 보여 주는 것이 아니라, 사태가 다른 식으로도 돌아갈 수 있었다는 점을 드러내는 것이다. 지배적인 관계를 부자연스러운 것으로 보여 주는 일이야말로 변혁의 가능성을 상상하는 것으로 나아가는 첫걸음이다.

그람시와는 달리, 베냐민(Walter Benjamin)이 볼 때 대중이 특정한 이데올로기를 수용한다는 사실 자체가 그 이데올로기의 합리성을 보증해 주는 것은 아니었다. 역사 속에 벌어지는 경쟁에서 반드시 '억압의 건축물들'이 철거되고 해방의 기획이 승리하는 것은 아니다.[31] 때때로 주변화되거나 패배한 실천에도 해방의 실천이 남긴 흔적들이 있다. 진화의 논리나 목적을 배제하고서 역사를 본다면, 승리뿐 아니라 패배도 미래의 투쟁을 비춰 주고 인도하는 '성찰의 힘'을 줄 수 있다. 베냐민은 〈역사철학에 대한 네 번째 테제〉에서 이렇게 말한다. "마르크스의 영향을 받은 역사가에게 실재하는 모든 계급투쟁은 투박한 물질적 사물들을 둘러싼 투쟁인데, 이러한 것들이 없다면 섬세하고 정신적인 것들도 있을 수 없다. 그럼에도 계급투쟁에서 정신적인 것들은 승자의 수중에

떨어진 전리품의 형태와는 다른 모습을 띤다. 이 투쟁에서 정신적인 것들은 용기와 유머, 간계, 불굴의 투지로 나타난다."[32]

위 구절은 내재적 비평이 갖는 유토피아적·변혁적 차원의 중요성을 암시한다. 베냐민 역시 해방의 이상이 이념의 역사뿐 아니라 물질적 투쟁에서도 구현된다는 생각을 표현한다. 만일 우리의 목적이 미묘한 함의를 내포하는 민주주의 이론을 수립하는 것이라면, 가장 적절한 조사 방법은 철학 토론뿐 아니라 현실 투쟁을 함께 연구하는 것이다. 패배한 이상을 반추하는 행위는 그 자체로 대안적인 전망을 지지해 주는 버팀목이 될 수 있다는 점에서 중요하다. 물론 민주주의 같은 규범적 원칙은 위험한 것이다. 규범적 원칙은 지배의 형태들을 은폐하고 반대 의견을 봉쇄하거나 정당성을 내세우는 공허한 수사학적 기도문으로 전락해 버릴 수 있다. 그런가 하면 그러한 이상을 통해 투쟁을 자극하고 다양한 대안들을 이어 붙이며 지배의 형태들을 폭로하고 더 나은 미래를 상상할 수도 있다. 다시 말해, 그러한 이상을 통해 정치의 근간이라고 할 수 있는 변화를 위한 개념적 공간을 열어젖힐 수 있다. 오직 부분적으로만 실현된 규범적 이상은, 그 이상이 완전히 실현되지 못했다는 점에서 이상을 구체화하는 실천의 사정거리에서 벗어나 있지만 그 이상의 실현에 한층 더 유리한 역사적 환경에서라면 능히 채택될 수 있는 일련의 도구로서 유지되어야만 한다. 규범적 이상은 기성의 것을 받아들이라는 식의 무저항주의에 맞서 싸울 때 우리가 보유할 수 있는 유일하고도 강력한 무기인 것이다.

이 책의 서술 방법은 이론 분석과 경험 분석 사이에 대화를 주선하는 것이다. 비록 절반은 이론이고 절반은 경험인 이러한 이종(異種) 분석이 어떤 독자에게는 생경해 보일지도 모르지만, 그런 분석은 비판 이론의 세 가지 차원을 반영하고 있다. 즉 이 분석은 유럽 대륙 철학의 전통에서 영감을 끌어온 것이고, 사회 현실에 대한 우리의 이해를 심화시키는 데 필요한 역사적·경험적 기술을 채택한 것이며, 규범적 관심에 의해 동기 부여되고 있는 것이다.[33] 비록 이 책의 목표가 일차적으로 이론을 구성하는 데 있기는 하지만, 문헌 텍스트들뿐 아니라 물질문화와 역사적 실천을 독해하는 방식으로 이론을 만들어 나가고자 한다.

나의 접근법은 내재적 비평의 비판 이론 전통으로부터 도움을 받았다.[34] 이러한 역사적·비판적 방법은 정치 이론의 지배적인 방법, 그러니까 추상적인 성찰과 연역 또는 고전 텍스트에 대한 비판적 주석에 대한 하나의 대안이다. 나는 기성의 정치 현실에 대한 이상적인 대안을 제시하기보다는 사회적·정치적 실천을 면밀하게 독해함으로써 가장 강력한 규범적 지침을 끌어낼 수 있다고 생각한다. 또한 정치 이론의 지배적인 패러다임들에 채워져 있는 '담론의 자물통'을 따기 위해 하위 계급들의 실천을 발굴하는 현재적인 것의 역사를 풀어내려고 한다는 점에서 푸코의 계보학적 방법에서도 영감을 끌어왔다.[35] 이 연구 프로젝트는 성격상 역사적이다. 그것은 하위 계급들이 새로운 정치 공간과 실천을 구성했던 방식을 성실하게 재구성하려는 시도에 바탕을 두고 있다. 또한 억압당했기에 주변화되었을 뿐 아니라 성공을 거두었기에 오히려 시야에서 사라져 버린 민주주의의 전통을 다시 활성화시킬 것을 요청하는 하나의 개입이라는 점에서 규범적이기도 하다.

내재적 비평의 과제는 이상을 기성 현실 옆에 그저 나란히 펼쳐 놓는 것이 아니다. 그보다는 실제로 존재했던 실천을 철저하게 심문함으로써 그 실천 속에 담겨 있는 해방의 가능성이 남긴 흔적들을 드러내는 것이다.[36] 일찍이 마르크스가 수행한 내재적 비평이라는 전통적인 전술은 부르주아 사회의 규범적인 자기 이해를 그 실제의 결과와 대조하는 것이었다. 마르크스는 시장에서 통용되는 법적인 차원의 교환의 자유가 어떻게 노동력에 대한 끊임없는 폭력적 수탈에 기반을 두고 있는지, 나아가 어떻게 구조적인 의존 관계를 재생산하는 데 기여하는지를 폭로했다. 이와 유사하게, 푸코도 감옥 개혁가들의 인도주의적인 충동이 어떻게 사회통제를 위한 규율 형태들을 확대했는지를 보여 주었다. 푸코나 아도르노(Theodor Adorno) 같은 학자들은 기성의 지배 형태들이 결코 자연적인 것이 아님을 보여 주려고 애썼다. 하지만 비판 이론의 '유토피아적·변혁적 차원'의 토대를 세우는 데, 다시 말해 저항을 가능하게 하는 힘과 실천을 확인하는 데는 성공하지 못했다. 비판 이론이 통상 민주주의가 어떤 방식으로 실질적인 지배를 은폐하는지를 드러내 준다면, 나는 지배를 과도하게 강조하는 경향이 어떤 방식으로 해방의 계기를 은폐할 수 있는지를 보여 주고자 한다.[37] 나는 이러한 역사학적·고고학적 접근법이 지배의 실천뿐 아니라 저항의 실천을 발견해 내는 데에도 활용될 수 있음을 논증해 보일 것이다.

이 연구는 베냐민의 저술, 즉 과거로부터 망각된 자원들을 전유하고 이 자원들을 당대의 투쟁에 필요한 도구로 다시 제작할 수 있는 이론적 기획을 요청하는 저술인 〈역사철학에 대한 테제〉의 문구로부터 영감을 끌어왔다. 물론 이렇게 말한다고 해서 과거의 실천에 내재되어 있는 지침이 될 만한 어떤 합리성, 그러니까 발굴하여 깨끗이 닦기만 하면 언제 어디서나 반들거리며 효과적으로 통용될 수 있는 어떤 합리성이 있다고 말하려는 것은 아니다. 다만 과거의 투쟁이 어떻게 현재의 사상과 실천에 대해 망각된 가능성을 제시할 수 있는지를 보여 주려는 목적에서 과거의 투쟁에 대한 지식을 얻으려고 노력했을 뿐이다.[38]

공간 분석은 사회 정치 이론의 대안이 아니라 기성 사회 정치 이론에서 가벼이 보아 넘긴 하나의 차원일 뿐이다. 나는 정치에서 장소가 어떤 역할을 하는지 파고들어 노동자계급 사회운동들이 보여 주는 성격을 더 또렷이 밝혀 보고자 한다. 특히 1장에서 공간이 정지 상태와 동의어가 아니며, 따라서 변혁적 정치와 반대되는 것이 아니라는 명제를 방어하려고 한다. 2장과 3장에서는 특정한 공간을 정치와 연결시키는 두 가지 주요 이론을 평가할 것이다. 이때 특정한 공간이란 곧 공론장(하버마스)과 공장(그람시와 마르크스)이다. 4장부터 6장까지는 실제로 존재했던 다양한 저항의 터전들을 분석할 것이다. 협동조합과 민중회관, 노동회의소가 바로 그것이다. 이렇게 역사적인 조사를 벌임으로써 정치적 정체성과 정치 참여에 대해 만남, 근접성, 집중, 동시성, 상징주의 등이 갖는 중요성을 밝혀낼 수 있을 것이다. 7장에서는 지방의 급진 민주주의의 경험에 기초한 이론적 정교화의 산물인 지방자치주의(municipalism)라는 개념을 도입해 볼 것이다. 이 개념은 자유도시를 뜻하는 라틴어 '무니키팔리스'(municipalis)라는 낱말에서 유래한 것으로, 공동체를 각별히 정치적인 관점에서 파악한 것이다. 이탈리아에서 지방자치주의가 번성한 지역에서는 후견제적인(clientelistic) 의존의 유대 관계가 영구히 타파되었다. 비록 파시즘 치하에서 수많은 저항의 터전들이 파괴되었지만, 그러한 터전들은 오늘날까지도 지속되는 내구성 있는 민중 권력의 지형을 창출했다.

이 책은 인위적으로 조성된 환경에 내재하는 사회적·정치적 차원은 물론이요, 환경이 각 개인의 행동과 해석, 정체성에 미치는 영향력을 강조한다. 이러한 맥락에서 새로운 인물이나 이념과 만나고, 비교적 안전한 조건에서 논쟁적인 이론들을 소통하며 새로운 정체성들을 실험할 수 있는 기회를 제공한 터전들을 검토한다. 이 공간들은 실용적인 기능과 상징적인 기능을 연결했다. 그럼으로써 갖가지 이야기에 배경이 되고 기억을 보존하며 유토피아적인 욕망들을 구체적으로 표현하는 데 기여했다. 과연 노동자들은 일하는 동안에는 문자 그대로 '물건,' 즉 도구적 가치만을 갖는 생산과정의 투입 요소에 불과했다. 하지만 협동조합이나 민중회관에서 그들은 주체로서 대안적인 세계를 더불어 창조했다.

1장
공간과 정치

예전에 도시가 교회와 시장으로 정의되었던 것과 꼭 마찬가지로 …… 아케이
드와 출입구, 묘지와 매음굴, 도로와 정류장에 이르기까지 도시를 지형학적으
로 건설하는 것. 그리고 좀 더 은밀하고 좀 더 깊숙이 파묻혀 있는 도시의 소
품들이 있다. 살인자와 반란자, 거리마다 떨어져 있는 피 묻은 끈, 사랑을 나누
는 잠자리, 그리고 대화재.

– 발터 베냐민,《아케이드 프로젝트》

현대 서양의 '정치'라는 명칭에는 두 가지 어원이 있다. 하나는 '폴리
스'(polis)로서 도시국가의 공간적 소재지(location)를 가리키는 용어이
고, 다른 하나는 '폴리테이아'(politeia)이다. 폴리테이아라는 낱말은 대
개 '정체'(constitution)로 번역되지만 동시에 사회생활을 특징짓는 복
수의 제도와 실천, 습관, 법률을 함의한다.[1] 이 두 가지 국면 사이의 관
계는 줄곧 정치 이론의 중심적인 딜레마들 가운데 하나였다. 정치 생활
은 그에 따른 반대와 연대를 수반하면서 특정한 소재지에서 함께 살아
갈 필요성에서 나타난다. 그러나 이런 기본적 필요성에 따라 집단생활
을 규제하는 규칙과 습관은 말할 것도 없이 포함이나 배제를 규정하는
경계까지 결정되지는 않는다.

고대 그리스 사상에서 시민과 정체의 관계는 특정한 터전들(도시 성

벽과 시장, 체육관, 광장, 신전)과 이 터전들이 생산하는 다양한 유형의 주체성과 연대성에 의해 매개되었다. 루소(Jean-Jacques Rousseau)는 고대 그리스인들을 따라 공간 설계와 공동체, 그리고 민주주의 사이의 관계를 성찰했다. 그에 따르면, 단지 가까이 있다는 것만으로는 공동체를 보장할 수 없다. 루소는 《달랑베르에게 보낸 편지》에서 극장이 사람들을 한 장소에 모이게 하는 까닭에 공동체와 의사소통의 환상을 창출한다고 주장했다.[2] 하지만 극장은 사실 고립을 낳는다. 공간은 개인이 저마다 동료 시민과 어울리는 대신 무대에 집중하게끔 구조화되어 있다. 따라서 수동적인 태도를 양산하고 위계를 강화한다. 극장은 참여와 의사소통, 연대를 낳는 열린 광장인 아고라와 정반대되는 것이다. 루소가 볼 때 어떤 공간적 배치는 급진 민주주의의 정치를 강화할 수 있었던 반면, 또 어떤 공간적 배치는 거꾸로 사회적 위계를 강화했을 뿐이다.

정치에서 공간적 차원이 갖는 중요성은, 공동체가 주체성과 시민권을 공히 구성한다고 보는 공동체주의적인(communitarian) 사상의 일부 경향에서 크게 강조된다.[3] 공동체가 반드시 일정한 지방성(locality)을 공유하는 사람들한테만 국한되어 나타나는 것은 아니지만, 공동체의 개념은 대개 지방 소도시 생활의 분위기를 물씬 풍긴다. 즉 물리적 근접성에서 유기적으로 나오는 촘촘한 사회적 유대의 분위기가 바로 그것이다. 공동체주의적인 이상은 그 비판자들에 따르면 안정된 근거지를 확보하기 위해 기꺼이 전통과 향수 어린 욕망에 충실하려는 상대적으로 보수적인 입장을 함의한다. 일부 비판자들은 집단생활에 대한 그런 접근법이 (분쟁과 반대, 다원성의 영역으로 이해되는) 정치를 거부할 뿐아니라, 정치를 가족이나 고향처럼 자연적인 것으로 보이는 연대에 뿌리를 둔 정치 이전의 합의로 대체한다고 주장한다.[4] 따라서 공간을 공동체주의(communitarianism)의 '무정치적'(apolitical) 성향의 등가물로 간주한다.

그러나 이런 단순한 등식은 문제가 있다. 정치의 공간적 차원이 역사와 언어, 법률, 담론 같은 차원보다 더 정적(靜的)인 것은 아니다. 역사에 목적론적으로 접근하는 순간, 역사는 공간보다 더 고착되고 만다. 최소한 공간은 긴장과 모순이 각인된 평면으로 이론화라도 될 수 있지만 말이다. 마찬가지로, 언어도 무엇인가를 해체하고 분열시키는 효과를 지닌 주장을 억제하는 순간, 공간보다 더 경직된다. 일부 숙의 민주주의자들(deliberative democrats)*은 정치적 합의가 보편타당한 필수 전제 조건들에 의해 지배되는 담론적 실천의 산물이라고 본다. 이는 부동의 근원(rootedness)을 향한 욕망을 반영하는 것으로서, 그런 만큼 공공연한 분쟁의 장으로 이해되는 정치 공간의 이념과는 동떨어져 있다. 이처럼 정치 공간을 '경합하는'(agonistic) 무대로 개념화하려는 시도는, 폴리스를 통해 다원주의와 구별 짓기와 행동이 가능해졌다고 주장한 아렌트(Hannah Arendt)의 작업에서 명료하게 나타난다. 아렌트는 "사람들이 행동을 개시하기 전에, 추후 행동이 일어날 수 있는 특정한 공간이 확보되고 구조물이 구축되어 있어야 한다"고 주장했다.[5] 요컨대 정치 공간은 정적인 물리적 소재지라기보다는 사람들이 발화하고 행동하는 장소이다.

'공간'이라는 추상적인 용어나 '지방성'(locality), '장소'(place), '터전'

---

* 토의 민주주의자 또는 심의 민주주의자라고도 번역된다. 여기서 '숙의'(熟議)란 '깊이 생각하고 충분히 논의한다'는 뜻이다. 숙의 민주주의자들은 민주적 적법성을 확보하기 위해서는 투표에 앞서 실제적 숙의가 선행돼야 한다고 본다. 그러므로 숙의 민주주의가 가능하기 위해서는 시민들이 공동의 관심사에 대해 이성적으로 토론하고 합의하는 공론장이 필요하다.

(site) 같은 구체적인 용어를 전통과 봉쇄, 정지 상태 따위를 함의하는 것으로 여겨서는 안 된다. '장소'와 '터전'은 경계와 표시가 뚜렷한 공간, 즉 사람들의 접근과 만남을 위한 맥락을 뜻한다. '지방'(locality)은 그보다 더 넓은 구조와 실천들이 교차하는 지점을 가리킨다. 이러한 정의들은 셀던 올린(Sheldon Wolin)이 정치 공간이라는 문제에 접근하며 사용한 정의, 즉 "법정, 의회, 정부 대변인실, 또는 정당의 전당대회에서처럼 팽팽한 긴장 관계에 있는 사회 세력들이 관계 맺는 현장"이라고 부른 것과 유사하다.[6] 이러한 정의에 따르면, 정치 공간은 지배나 저항을 불러일으킬 수 있다.

이 장에서 나는 공간이 사회통제뿐 아니라 사회 변화에도 기여할 수 있는 정치의 요소라고 주장한다. 특정한 공간 구성체의 정치적 효과를 살펴보기에 앞서, 우선 하나의 분석 범주로서 공간의 정치적 특징을 고려할 필요가 있다. 이것이 중요한 까닭은, 최근 들어 공간성이라는 어휘가 주목을 끌고 있는데도 엄격한 방식으로는 거의 사용되지 않기 때문이다. 지리학자들은 전통적으로 공간이라는 용어를 순수하게 물리적 소재지를 가리키는 말로 사용해 온 반면, 현대 이론가들은 때때로 '공간'을 담론의 동의어로 사용하면서 지리학자들과는 상극을 이루며 부동의 근원에 귀속되고 싶은 감각을 발산했다. 그 대신 우리는 절충적인 입장을 취하여 공간이 사회적 실천의 산물이되, 특정한 유형의 장소들 속에 구체화된다는 점에서 특수한 속성들을 지닌다는 점을 인정한다. 이러한 절충적인 입장은 공간을 순수하게 물리적인 범주로 환원하지도 않고 공간의 물질적 차원을 말소하지도 않을 것이다. 이 연구 프로젝트는 공간을 단순한 은유 이상의 것으로 받아들이려는 시도에서 나온 특징적인 결과들을 보여 준다.

공간과 사회운동

　공간적 명칭들은 모든 언어에 공통적으로 나타난다. 먼저 '장소,' '소재,' '교차점,' '터전,' '입장,' '구조,' '지방' 등 서로 간에 구별되는 일반적인 의미를 제시함으로써 추상적인 공간 개념을 가리키는 용어들이 있다. 그다음으로 '단지,' '도로,' '읍,' '촌락,' '작업장,' 혹은 '국가' 등 특정할 뿐만 아니라 말만 들어도 무엇인지를 쉽게 떠올릴 수 있는 위치를 명명하는 단어들이 있다. 끝으로 '담당 구역,' '가정,' '사이버 공간,' '민족,' '세계시장' 등 특정한 사회구성체와 연관됨으로써 강하게 부각되는 장소를 지칭하는 부가적인 용어들이 있다.[7] 이러한 용어들은 주체성 자체가 부분적으로 공간적 실천의 산물임을 상기시켜 준다. 예컨대 특정한 개인은 "나는 미국인입니다"라거나 "나는 피렌체 사람입니다" 또는 "나는 웨스트사이드 출신입니다"라고 말함으로써 스스로를 정의한다. 시민권의 의미뿐 아니라 더 일반적으로는 스스로를 정의하는 과정에 지방성(localities)과 향토색(territories)이 깊이 연루되어 있음을 당연하게 생각하는 것이다.

　한 시대에 획을 긋는 사건들은 종종 공간적 표시들로 기억되곤 한다. 베를린 장벽의 붕괴와 천안문 광장 사건, 바스티유 감옥의 함락처럼 말이다. 그렇게 기억되고 있는 이유는, 아마도 인간이 이미지로 생각하는 경향이 있고, 나아가 기억이 추상적 관념들보다는 물질적 흔적들에 의해 가장 효과적으로 촉발되기 때문이 아닌가 한다. 그러나 이는 권력을 생생하게 구체화하고 있는 공간들을 다시 전유하려고 시도하며 사회 변화를 위해 투쟁하는 집단들이 채택한 전략을 반영하기도 한다. 저항의 공간화는 서로 다른 형태의 집합 행동에서 지속적인 모티프로 작용한다. 특정한 쟁점을 제기하거나 극화하기 위해 공적 장소나 역사적이고 기념비적인 터전을 이용하는 경우가 많다. 기념물은 그 자체로 상징 권력이 집중된 지점이므로 상징적 전유나 상징적 도전에 특히나 열려 있는 곳이다. 단연코 가장 잘 알려져 있는 '공간의 레퍼토리'(연좌 항의와 광장 시위, 수도로의 진군, 성지순례)도 그 목적이 공중이나 권력자들에게 메시지를 전달하는 데 있는 까닭에 저항의 공간화라는 범주에 포함된다.[8] 그러나 다른 공간적 범주도 똑같이 중요하다. 준(準)공적 공간에서 사람들은 감시와 통제에서 벗어난 장소에 모일 수 있다.

찰스 틸리(Charles Tilly)는 이런저런 종류의 안전 공간이 사회운동의 필수 조건이라고 주장한다. 반대 운동이 억압에 굴복하지 않고 행동을 조직하기 위해서는 공간에 대한 통제권이 필요하다는 것이다.[9] 이와 유사하게, 제임스 스콧(James Scott)도 "무대 너머의 사회 공간"의 중요성을 강조한다. 그는 그 어떤 효과적인 저항도 특정한 종속 집단의 구성원들 사이에서 의사소통과 행동 통일을 이루지 못한다면 성공할 수 없다고 주장한다. 박해와 억압으로부터 보호해 주는 사회 공간이 필요하다는 것이다.[10]

공간은 무언가를 창출하고 전유하며 변화시키는 과정에 연루되어 있다. 그러므로 공간은 정치의 반명제가 되는 정적(靜的)인 영역일 수가 없다. 한나 아렌트에 따르면, 정치 공간을 구축하는 일은 영원히 지속될 수 있는 것을 창출하려는 욕망을 반영하고 있지만, 그런 욕망의 결과로 세워진 것은 미래에 벌어질 투쟁의 맥락을 이룬다. 시장과 읍내 광장, 학교, 포럼, 공동체 센터, 도시 그 자체는 딱히 봉쇄된 장소가 아니며 다양한 집단들이 상호작용할 수 있는 가능성을 열어 주는 연결점일 수 있다.[11] 이 대목에서 공간 일반이 특수한 정치적 효과를 갖는다고 주장하는 것은 너무 성급한 일일지도 모른다. 그 대신, 나의 주장은 순수하게 형식적이다. 역사가 직관적으로 시간에 따른 변화의 기록이라고 이해되는 것과 꼭 마찬가지로, 이제는 건축과 지리, 도시계획도 공간적 변형의 흔적이라고 생각할 때가 되었다.

저항 공간의 정치적 특징

특정한 장소나 터전은 개인이 권력을 경험하는 구체적인 양식이다. 오래전부터 인류학자들은 가내 공간(가정)의 내적 구조와 이것이 다른 장소들(촌락)과 맺는 관계를 통해 문화와 권력의 중요한 정보가 소통된다는 점을 강조해 왔다. 하지만 최근에 와서야 학자들은 이러한 통찰을 근대 서양 사회에서 개인과 가정, 가족 같은 사회적 제도들 사이의 관계에 적용하기 시작했다. 가정은 개인이 가족생활의 위계와 규칙, 인습을 경험하는 장소이다. 가정은 "이질성과 친숙함을, 불안전과 안전을, 의혹과 확실성을, 혼란과 질서를, 모험과 안락함을, 방랑과 정착을, 저기와 여기를" 구별한다.[12] 그러나 가정은 특정인을 특정한 방에 배치하는 과정을 규제한다. 출입이 금지된 장소, 지위가 높은 사람만 접근할 수 있는 장소가 있는 것이다.[13]

어떤 장소들은 특정한 행위의 맞춤 장소로 설계된다.[14] 아버지의 서재나 작업실이 얼마나 권력과 특권의 분위기를 발산하는지를 생각해 보라. 게다가 특정한 공간들은 그 안에서 용인되는 행위의 범위를 제약한다. 부르주아 가정의 거실은 비싼 가구가 있기 때문이 아니라, 손님을 접대할 때 공식적으로 행동해야 할 무대이기 때문에 조심스레 걸어야

하는 장소이다. 몸짓과 관행, 사회적 역할은 특정한 장소에서 실행됨에
따라 몸에 익고, 이미 의식하기 전에 또는 의식을 넘어 사회적 관계에
각별히 지속적인 영향력을 행사한다.

바슐라르(Gaston Bachelard)는 《공간 시학》에서 가정(집)을 분석하
면서 "상상력이 현실의 가치를 증대시킨다"고 주장한다.[15] 그러나 거꾸
로도 진실이다. 현실 역시 상상력을 증대시키는 것이다. 구체적인 공간
들이 우리가 우리 자신을, 우리와 타인의 관계를, 우리의 능력과 한계
를, 공동생활을 규제하는 정당한 원칙을 상상하는 법을 근원적으로 결
정한다. 교회는 읍내 광장을 지배하고, 성당은 갖가지 상징과 성물과 시
신을 특징적으로 배치한다. 이러한 공간화는 교회의 권위와 교구민의
관계에 영향을 끼친다. 경건함은 교회에 다니며 나타나고, 민족주의는
병영과 초등학교의 산물이다.

비록 가정 공간이 일정한 사회적 역할이나 주체성이라고 해도 좋을
어떤 것을 구현하고 재생산하는 데 강력한 힘을 발휘하기는 해도, 가정
공간을 그보다 더 넓은 구조들에서 떼어 놓고 이해해서는 안 된다. 이
는 경험 양식을 야기하는 저변의 구조들을 고려하지 않고서 의식의 경
험을 분석하는 안이한 현상학적 접근법이 빠지는 오류이다.[16] 가내 공
간을 규제하는 원칙과 관행은 명백히 그보다 넓은 구조적 역학과 연관
되어 있다. 핵가족과 부동산 시장, 신도시 개발, 가족의 가치에 대한 수
사학적 권력과 (공장이나 주택) 지대 설정법, 주택 담보 대출금 공제, 재
산 가치 하락 등이 바로 그러한 구조적 역학이다.[17] 가령 특정한 형태
의 독신 가정과 이 독신 가정이 미국의 경관을 지배하는 위치에 있다
는 사실은, 의도적이기도 하고 비의도적이기도 한 요인들이 낳은 산물
이다. 이러한 요인들에는 기술적 발전(자동차와 도로)과 정치적 선택(고

속도로 건설에 대한 연방 정부의 보조금 지급), 낮은 인구밀도, 전후 포섭 정책(당신에 보기에 따라 이해 당사자 사회stakeholder society일 수도 있고 선별적 포섭co-optation일 수도 있는) 등이 있다.[18] 그런 공간 구성체가 일단 성립하면 도시 근교의 범위를 훌쩍 넘어 광범위한 영향력을 행사하는 민영화의 이데올로기와 특정한 가족생활의 이미지를 강화하는 데 기여한다.[19]

가정과 마찬가지로 학교와 감옥, 공장도 개인이 권력관계와 접촉하고 경험하게 되는 터전이다. 사회적이거나 정치적인 구조는 신체적 실천을 통해 재생산된다. 내가 사용하는 '신체적 실천'이라는 말은 종종 몸이 의식적인 성찰이 개입하기 전에 이미 자기 주위의 공간을 경험하는 방식을 의미한다. 푸코는 《감시와 처벌》에서 "몸 자체가 권력에 의해 포위되는 방식의 변형"을 설명하기 위해 공간 구성체들에 대한 분석에 관심을 돌린다.[20] 벤담의 원형 감옥에 대한 푸코의 분석을 통해 규율 감옥이 어떻게 근대사회가 몸을 정치적으로 에워싸는 과정을 장악하는지를 알 수 있다. 감옥이나 학교 같은 공간 구성체들의 권력은, 주체성에 대한 특정한 관념들이 발전하기 이전에 이미 몸이 특정한 장소에 기입되어 있다는 엄연한 사실에서 발생한다. 장소가 이미지를 규격화하고 감각을 통제하며 특징적인 몸짓을 명령하는 방식이야말로 개인을 형성하는 데 결정적으로 중요하다. 산업화 시기에는 가장 사소한 몸짓에 대한 통제도 이윤 획득에 열쇠가 된다. 이와 동시에 감옥과 공장, 학교가 양산되었다. 비록 감옥과 같은 제도들이 정책 결정권자들의 원래 의도를 벗어나거나 빗나가게 하는 경우도 있지만, 그런 제도들은 유순한 노동자들과 관리하기 쉬운 병상들과 정규적인 습관들을 창출함으로써 또 다른 형태의 사회통제를 강화하는 데 이용될 수 있다. 푸코에 따르면, 이러한 공장과 학교, 병원은 사람들이 자신과 타자를 상상하는 방식을 결정한 현실 그 자체였다.

장소의 권력은 사회적 관계를 변경할 수 없는 불가피한 것으로, 즉 우리가 거주하는 세계의 연장으로 직접 경험한다는 사실에서 나온다. 이론과 '단순한' 경험이 공통적으로 안고 있는 일반적인 오류 때문에, 우리는 외관상 자연적인 것으로 보이게끔 조성된 환경이 그저 안정되어 있을 뿐인데도 그 환경을 절대 변경할 수 없다고 잘못 생각한다. 공간뿐만 아니라 언어와 도덕, 예술, 담론, 문학도 권력관계의 장을 산출하지만, 공간이 갖는 근본적인 물리적 속성 때문에 역시 공간에는 강력한 무언가가 존재한다. 특정한 경관에 적응하는 것은 몸이 자기를 둘러싼 세계를 경험하는 방법이며, 그럼으로써 몸은 스스로를 하나의 개인으로 인식하게 된다. 공간의 권력은 공간이 인지적 방식으로 감지된다는 사실이 아니라 그 속에서 사람들이 생활한다는 사실에서 나온다. 그것은 이런저런 습관에 장소와 배경을 제공하는데, 이를 통해 사람들은 자신에게 주어진 사회적 역할 속에서, 예컨대 의사로서, 교수로서, 노동자로서, 혹은 여성으로서 스스로를 인식한다. 또한 그런 터전들은 복잡한 사회 속에서 질서를 창출한다. 이 터전들은 문자 그대로 사람들이 저마다 자기가 있어야 할 장소가 어디인지를 알게 되는 곳이다. 공간이 추상적으로 감지되면 한 사람의 마음을 변화시키는 것은 가능할지 모르나, 공간이 삶 속에서 '경험'된다는 점을 고려하면 현실을 변화시키는 것이 필요하다.

정치의 탈구로서의 공간

어째서 최근까지도 근대 정치 이론은 장소의 권력을 간과해 왔던가? 몇 가지 설명 가능한 이유들이 있다. 공간을 물질세계의 일부로 치부한 마음-몸의 이원론과 공간성(locality)을 경시하고 보편과 추상에 집착하는 데카르트식 과학적 태도, '순수 현존'에 대한 데리다식 비판, 최근에 나타나는 세계화에 대한 강박관념 같은 것들이 바로 그 이유이다.[21] 미셸 푸코는 정치 이론이 오랫동안 공간을 무시해 온 두 가지 이유를 제시했다. "공간은 '자연'에 속하는 것으로, 즉 주어진 기본 조건, '물리적 지리,' 말하자면 일종의 '선사시대 지층'으로 치부되기도 하고 거주지나 인구 팽창의 장, 문화의 장, 언어나 국가로 감지되었을 뿐이다."[22] 바꾸어 말하면, 공간은 주어진 자연이나 공동체로 감지되었다는 것이다. 이는 공간이 부차적인 요인이거나 정치 변형에 결정적인 중요성을 갖는 변화와 해체, 혁신이라는 속성에 반대되는 요인으로 여겨졌음을 뜻한다. 비록 마르크스가 (셰익스피어를 인용하면서) 말했듯이 "견고한 것은 모두 사라져 버릴"지라도, 특정한 장소와 터전과 교차점은 기껏해야 진정으로 사회를 구성하는 견고한 구조들에 대한 연구에 들러리를 섰을 뿐이다.[23]

자유주의와 마르크스주의 양자 모두 합리화와 보편화 과정에만 주목했는데, 이로써 구체적 지식과 국지적 실천의 타당성이 훼손되었다. 공간은 때때로 보수주의를 함의하는 것으로 받아들여졌는데, 그 이유들 가운데 하나는 진보와 보편성, 정치, 역사를 한 묶음으로 남성적인 성질을 지닌 것으로 여기는가 하면 전통과 정지 상태, 공간성을 한 묶음으로 여성적인 성질로 여겨 양자를 대립시키는 경향 때문이다. 마르크스주의 이론에서 변증법은 역사적이고, 따라서 일시적인 성질을 갖는다. 진보와 해방은 미래 시점에 자리 잡고 있다. 에르네스토 라클라우처럼 마르크스주의의 영향을 받은 사상가들에게 공간은 정적이고 보수적이며 변화에 반대되는 것이다.[24] 라클라우는 명시적으로 "정치와 공간은 모순적으로 대립하는 용어이다. …… 정치는 오직 공간적인 것이 우리한테서 빠져나갈 때만 존재한다"고 주장한다.[25] 그런 입장은 포이어바흐(Ludwig Feuerbach)의 다음과 같은 주장과도 일맥상통한다. "공간이 무언가를 포용하고 통합하는 곳에서 시간은 무언가를 배제하고 예속시키기 때문에 시간이야말로 변증론자들의 특권적인 범주이다."[26]

또한 현대 이론은 공간에 비해 시간과 언어에 특권을 부여하는 경향이 있다.[27] 이상적인 발화 상황에 대한 하버마스의 작업과 '순수 현존'에 대한 데리다의 비판, 푸코의 담론성에 대한 탐구는 저마다 다른 철학 전통에서 나왔지만, 공간과 물질문화를 경시하고 언어와 글쓰기에 대한 관심을 촉진해 왔다는 공통점이 있다.

미셸 드 세르토(Michel de Certeau)의 《일상생활의 실천》은 탈구조주의 사상과 마르크스주의 사상 대부분에 침투해 있는, 공간에 대한 비판적 태도를 보여 준다. 《일상생활의 실천》은 그의 다른 텍스트들에도 나타나 있되, 암시적으로만 나와 있는 일련의 전제들을 반영하고 있기에 훌륭한 분석 대상이 된다. 세르토의 접근법에서 핵심은 공간을 부동성과 정지 상태, 통제 등 부정적 함의를 갖는 일련의 속성들과 등치시키는 것이다. 세르토에 따르면, 장소는 차이를 "평평하게 만들고" 흐름을 차단하며 변화를 억제하는 것을 암시한다. 장소는 갖가지 통계와 그래프, 근대 과학, 통제, 군사 전략과 연관되어 있다.[28] 세르토는 장소가 "온통 표적이나 위협으로 가득 찬 바깥세상과 관련을 맺을 때 위험을 관리할 수 있는 토대로 기능"한다고 믿는다.[29] 말하자면 장소는 통제의 현장이다. 이를 잘 표현해 주는 것이 바로 원형 감옥이다.

세르토는 공간에 대한 그와 같은 접근법을 정당화하는 일관된 주장을 펼치고 있지는 않지만, 공간과 시간을 이원적으로 대립시키는 것을 비롯해 널리 공유된 직관들을 끌어온다. 그의 논리는 이렇게 전개된다. 공간이 시간의 반대라면, 공간은 틀림없이 변화와도 반대된다. 세르토는 점들의 공간적 연속이 "그리하여 행위를 대신하는 표시요, 수행적 실천을 대신하는 유물"에 불과하다고 쓰고 있다. 시간성이 자유와 중단 없는 진보의 가능성 또는 적어도 변형과 연관되는 반면, 공간성은 통제와 봉쇄에 관계한다. 공간은 지배나 동질성과 혼동되며, 시간성의 변혁적이고 다원적인 성질과 병치된다. 세르토는 "'마땅한 것'(즉 계산과 통제의 영역)은 시간에 대한 공간의 승리"라고 결론지으면서 공간의 전복적이고 해체적인 측면을 알아보지 못한다.[30]

이런 이론적 입장을 고려할 때, 세르토가 책의 몇몇 장을 "도시를 산책하기"나 "공간 이야기들" 같은 공간적 실천에 할애한 것은 당혹스럽다. 그는 도시를 응시함으로써 장소와 기억, 이야기, 의미 사이의 복잡한 상호관계를 발견해 낸다. 그는 '공간'을 '봉쇄'와 동의어로 보며 혹평하면서도 도시 같은 특수한 장소들을 변혁이나 돌이킬 수 없는 다원성의 터전으로 찬미한다. 그는 도시가 어떻게 현대의 거리 산책자(flaneur)에게 운동 감각적인 경험 세계를 열어 주는지 인식한다. 그는 이 두 가지 입장 사이에 나타나는 명백한 모순을 화해시키기 위해 그와 같은 공간적 실천들이 "또 다른 종류의 공간성(인류학적이고 시적이거나 신화적인 공간 경험)을 가리키고 있다"고 암시한다.[31] 그는 에세이 후반부에서 입장을 바꾸어 "걷는 것은 장소를 결여한다. …… 도시가 중식시키고 집중시키는 것 주변을 이동해 다님으로써 도시 자체는 장소를 결여한 엄청난 사회적 경험, 확언하건대 헤아릴 수 없이 많은 소소한 강제 이송에 의해 해체되면서도 서로 연관되고 교차하는 대탈출로 상쇄되어 도시라는 직물을 짜내는 경험이 된다"고 주장한다.[32] 그의 주장은 잘못된 연역 논리를 따르고 있다. 전제는 공간과 장소는 정적이라는 것이다. 그런데 도시는 경험과 관심 전환, 해체, 자기표현, 자기 발견의 기회를 제공하기 때문에, 따라서 도시는 '하나의 장소'일 수 없다는 것이 결론이다. 그러나 왜 등식을 뒤집지 않고, 왜 도시가 장소(특정한 공간)라는 마땅한 전제에서 시작하지 않으며, 왜 공간을 정지 상태나 부동성과 혼동하면 안 된다는 결론을 도출하지 않는가?

나의 반론은 공간을 지배와 정지 상태, 통제와 동일시하는 것이 자의적이며 사실상 비논리적이라는 것이다. 적어도 세르토가 논의하는 도시, 바로 그 하나의 장소가 그런 정지 상태와 통제를 보여 주지 않는다는 점에서 그렇다. 이러한 역설을 해결할 수 있는 방법 가운데 하나는 '공간'과 '장소'라는 용어를 문자 그대로가 아니라 은유적인 방식으로 이해하는 것이다. 그렇다고 해도 그 용어들은 지배나 향수의 정치를 위해 선택된 형편없는 은유일 따름이다.

비록 세르토는 위와 같은 가능성을 언급하지 않지만, 에르네스토 라클라우는 세르토와 유사한 입장을 변호하면서 '공간'이라는 용어가 은유적인 의미를 지니고 있음을 부정한다. 그는 "우리는 공간을 언급할 때 은유적인 의미로, 물리적 공간과의 유비를 통해 언급하지 않는다. 여기에 은유는 없다. …… 만일 물리적 공간 또한 공간이라면, 그것은 물리적 공간이 그러한 일반적인 형태의 공간성에 포함되기 때문일 것이다"라고 설명한다.[33] 여기서 라클라우가 말하는 일반적인 형태의 공간성이란 부동성을 뜻한다. 이 주장을 이해하기 위해서는 왜 그가 공간과 정치가 모순을 일으킨다고 결론짓는지를 헤아려 보아야야만 한다. 라클라우에게 정치가 가능하게 되는 때는 외부 요인이 모든 대안을 봉쇄하고 포섭하는 지배적인 구조의 능력을 무장해제시키는 탈구(dislocation)의 순간이다. 미리 준비된 요인들만이 기성 질서의 원리로부터 자유롭다. 경합과 투쟁은 대안적 가능성들이 새로운 질서를 다시 수립하기 위해 경쟁함에 따라 발생한다. 대안적 요인들은 이미 결정된 장소에서는 더 이상 준비될 수 없고 다시 호출되어 새로운 논리에 따라 재배치되어야 하는 까닭에 탈구야말로 정치에서 결정적인 조건인 것이다. 라클라우에 따르면, 시간성이야말로 현재를 넘어서는 어떤 가능성을 제시하기에 탈구가 이루어지는 국면이다. 그것은 불확정성이나 해체를 표현하는 방식이다. 요컨대 해체는 외부로부터, 미지의 것으로부터, 미래로부터, 말하자면 시간적인 것으로부터 도래한다.[34]

탈구와 균열, 모순, 불확정성의 터전이 시간이 아니라 공간이라고 생각하는 데는 아무런 논리적 모순도 없다. 통합·불균등 발전에 대한 트로츠키(Leon Trotsky)의 이론은, 자본주의의 모순이 반드시 시간적인 계열에 따라 나타나는 것이 아니라 다양한 지리적 소재지들 사이의 관계 속에서 나타날 수 있다는 점을 강조했다. 기실, 시간성과 탈구를 연계하는 통념은 시간을 철학적으로 다루는 여러 가지 시도와 양립하기 어렵다. 역사는 종종 존재하는 모순을 극복하는 과정으로서 이론화되니 말이다. 니체가 말한 영원 회귀와 헤겔이 말한 역사의 종말은 공히 시간을 (탈구가 아니라) 부동성의 원리로 파악하는 그런 이념을 두 가지 다른 방식으로 표현하고 있다. 변증법의 일부 갈래들도 미래를 현재의 모순들이 서로 화해하는 시간으로 상상한다. 반면에 공간은 그런 환상

을 조장하지 않는다.[35]

도시 공간은 종종 구석구석에 존재하는 대립과 모순으로 특징지어
진다. 부자와 빈자, 생산과 소비와 재생산, 타락과 갱생과 재적응이 그
렇다. 이러한 대립과 모순이 공간 속에 나란히 놓이게 됨으로써 완벽
한 통제와 질서, 동질화를 이루어 내기가 불가능하다는 점이 명명백백
하게 드러나고 있다. 도시 공간을 그렇게도 위협적이면서도 매혹적으
로, 그렇게도 인상적으로 만드는 것도 바로 이런 특징 때문이다.[36] 상황
주의자들(situationists)은 "변화무쌍하게 이곳저곳을 덧없이 떠도는 기
술"을 묘사하기 위해 '표류하는'(derive)이라는 용어를 사용했다.[37] 그들
의 목표는 그저 습관적으로 발길 닿는 대로 다니고, 그럼으로써 긴장과
가능성, 의미에 대한 통찰을 얻으면서 도시의 지형을 인지할 수 있게
되는 것이었다.

지리(geography)란 특정한 시점에서 확인되는 다양한 수준의 발전
에 대한 기록이다. 즉 그것은 교체 가능한 건축 방식과 다른 생산양식
의 요소들, 자연의 변형이나 파괴의 증거가 남긴 침전물들을 내포하고
있다. 어디서나 도시 경관에는 역사적 투쟁의 흔적들, 그러니까 의식적
으로 건립된 기념관들과 오래도록 지워지지 않는 흉터들을 공히 포함
하는 기념물들이 있다. 또한 그와 같은 의미의 지층은 단지 도시 경관
으로만 국한되지 않는다. 작은 촌락이나 소도시들도 다양한 권력과 저
항의 축 사이에 존재하는 긴장을 투영하고 있다. 교회와 반대파, 상업
엘리트, 지방정부와 중앙정부, 경찰, 비적, 외국인 정복자 모두 자신들
의 권력을 집중하고 표시하며 상징하고 재생산하는 자신들만의 기념물
(성당과 병영, 요새, 중앙 시장, 남성 클럽)과 장소를 구축한다. 기실, 공간은
모순들을 병치시키면서 하나의 무대를 제공한다. 공간은 탈구된 일련

의 지점을 표시하는 지도가 그려질 수 있는 일종의 도면인 것이다.[38]

비판적 이론화와 관련된 시도들은 종종 공간적 차원을 강조한다. 푸코는 권위를 침해하고 지배적인 이론들의 불확정성을 폭로하는 방식으로서 특정 지방에서만 타당한 '국지적 지식'에 관심을 돌린다.[39] 페미니즘과 탈식민주의 이론가들은 주변인들의 시각에서 글을 쓰거나 경계를 침범함으로써 지배의 강화에 기여해 온 보편적 관행들을 들어낼 지렛대를 얻을 수 있다고 제안한다. 이는 특권에 권위를 부여하는 방식으로서 공간적 소재를 이용한 전통들을 전유하거나 전복시키려는 시도이다. 이로부터 중심과 주변, 공적인 것과 사적인 것, 제1세계와 제3세계의 대립 구도가 나온다.[40] 공간이 본디 해방구는 아니다. 그것은 질서이자 혼란이라는 하나의 원소로 이루어져 있다. 내가 내놓는 제안은 이 분법을 뒤집어 공간을 궁극적인 탈구가 실현되는 장으로 특권화하자는 말이 아니다. 시간과 공간은 공히 부동성과 유동성의 요인을 내포한다. 이 두 용어 사이에 위계를 다시 구축하기보다는 두 차원이 서로 어떻게 수렴되고 모순을 일으키며, 그럼으로써 새로운 정치적 가능성을 재구성하는지를 분석하는 것이 더 유익한 결과를 가져올 것이다.

민중회관

돌과 회반죽은 특히나 강력한 상징이다. 교회나 궁전 같은 기념비적 건물에는 동맹자들과 그 적들 모두에 대해 한 집단이 보유한 힘과 권력을 과시하고 설득할 수 있는 효능이 있다. 그렇다고 이 건물들이 단순히 기성의 권력관계를 반영한다고 결론짓는 것은 잘못이다. 건물들은 또한 행동이나 변화를 위한 도구와 심지어 영감으로도 기능할 수 있다. 정치 공간들은 방전될지도 모를 에너지를 충전하는 구심점으로 기능할 수 있다. 비록 장소의 권력을 당연한 것이라고 전제하는 경우도 있지만, 공간과 주체성의 접속도 변화를 위한 도구일 수 있다. 사회주의 계열의 신문인 《정의》(La Giustizia, 1906)는 노동자들의 협동조합이 그 회원들을 공들여 닦아 주어 마치 포 강의 반들거리는 자갈처럼 광택을 내고 있다고 주장했다. 이 기사에 따르면, 협동조합의 세련된 분위기가 가장 선진적인 노동자들의 역량을 구체화했고, 그런 뒤에는 다른 노동자들도 이 생활 표준에 맞춰 살 수 있도록 영감을 불어넣어 주었다. 특히 그 신문 기사는 건물(그 청결함과 장식)이 사회 변화의 요인으로 작용했음을 강조했다.

또한 협동조합과 노동회관의 건물은 회원들의 염원이나 개인적으로는 성취할 수 없는 것을 집단적으로 이루어 내려는 회원들의 욕망을 반영했다. 건물은 노동자들의 꿈을 지탱해 줌으로써 꿈을 물질로 변화시켰다. 자크 그뢰(Jacques Greux)는 1899년에 쓴 글에서, 브뤼셀에 있는 빅토르 오르타(Victor Horta)의 민중회관(Maison du Peuple)에 처음 발을 들여놓은 소회를 이렇게 밝혔다.

엄청나게 높은 천정을 떠받치고 있는 거대하고 당당한 문을 지나 거기에 들어가는 사람은 그 누구라도 놀라움과 경탄을 금치 못할 것이다. 당신은 여덟 개의 문을 지나야 들어갈 수 있는 구조물 안을 걷고 있고, 거기서는 엄청나게 넓은 공간이 눈앞에 펼쳐진다. 모든 곳과 통하는 회랑들, 회전형 계단, 서로 교차되어 있고 후미진 곳으로 연결되는 복도들, 그 다음엔 홀과 상점들, 모임방과 사무실들……. 더 말한들 무엇하랴?

그리고 얼핏 보기에 미궁 같은 이 장소는 모든 것이 너무나 논리적으로 배치되어 있고 너무나 적절하게 조직되어 있기 때문에 단지 멈춰 서서 잠깐만 생각해 봐도 그러한 조화의 실용성과 정교함을 곧바로 이해할 수 있다. 정말이지 건물이 압도적이기 때문에 누구나 자기가 작다고, 정말로 작다고 느끼게 되며, 심지어 위풍당당한 기념물 아래에 압사될 지경이다. 민중에게 필요한 것은, 이 민중 자신이 모든 면에서 강력하고 위대하다는 것(을 보여 주는 것)은 바로 이것, 그러니까 장엄하고 강력한 '집'이다. …… 귀퉁이에 이르기까지 곳곳에 한낮의 맑고 투명함이 대형 유리창과 들창들을 꿰뚫고 발산되어 기쁨과 생기를 가져다주고 새로운 민중회관을 진실한 빛의 궁전으로 바꾸어 놓는다.[42]

물론 이러한 찬사를 그저 사회주의 선전으로 치부하고픈 마음이 들기도 하지만, 그렇게 단정해 버리면 위 문단이 기념비적인 공간에 대한 경험을 포착하는 방식을 간과하게 될 우려가 있다. 성당이나 궁전, 또는 거대한 시청에 들어가는 사람은 누구나 자크 그뢰가 불러일으키려고 한 감각을 이해할 수 있으리라. 그는 공간의 넓이와 빛, 조직 따위가 한데 작용하여 어떻게 경외심에 이끌리는 변혁적 효과를 창출하는지를 묘사한다. 이러한 경험이 비단 민중회관에만 국한되는 독특한 것은 아니지만, 노동자들이 그런 공간을 소유한다고 느끼는 것은 예외적인 일이다. 그것은 지배자가 되기 위해 필요한 전제 조건인 자존감을 일렁이게 한다. 노동자들이 장엄한 건물에 부속된 관청이나 거기서 근무하는 공무원들에 대해 늘 무언가를 신청하는 사람의 역할에 놓여 있는 까닭에, 기념비성은 대개 노동자들이 무기력하다는 사실을 일깨우는 구실을 한다. 하지만 민중회관은 그와는 정반대의 효과를 발산했다. 때때로 민중회관은 교회와 대조적으로 내세의 구원보다는 현세의 구원을 위해 조직되었다.

빅토르 오르타가 설계한 유명한 민중회관이 갖는 건축학적 의미와 기념비성은 물론 전형적인 것이 아니다. 다른 하나의 노동자 공간, 1920년대 모스크바에 건설된 콘스탄틴 멜니코프(Konstantin Melnikov)가 설계한 구성주의 양식의 노동자 클럽만이 그에 필적하는 명성을 얻었다. 협동조합과 노동회관, 민중회관은 대부분 건축가가 아니라 목수들이 토속 양식으로 지은 중소 규모의 건축물이다. 그럼에도 똑같은 원칙이 통용된다. 건축가들은 자신의 이상이 압축되어 담긴 건물이 거대한 규모로 자신의 전망을 물질화하는 데 도움을 주리라고 믿었다. 그들은 다음과 같이 주장하면서 공간의 변혁적 효과에 대해 신뢰를 보냈다.

우리 '모든 이의 집'(case di tutti)은 그 위풍당당한 허영심 때문에, 우리 회원들의 집을 가리면서 멀리서도 보이는 유일한 건물이기 때문에 아름다운 것은 아니다. …… 그런 것은 다른 사람들을 위해 만들어진 덧없고 야망만 큰 문명일 뿐이다. 우리는 우리들의 집을 가꾸려고 하는 것과 똑같은 이유로 우리의 협동조합을 아름답게 만들려고 애써야 한다. 협동조합은 우리가 좀 더 많은 것을 요구하는 법, 다시 말해 좀 더 문명화되는 법을 배우는 장소여야 한다.[43]

《정의》에 따르면, 협동조합의 분위기는 좀 더 나은 삶에 대한 욕망을 일깨움으로써 회원들의 행동을 북돋우고 그에 영향을 미친다. 이러한 욕망은 처음에는 브뤼셀 민중회관이 보여 주는 기념비적인 아름다움이

나 지방 협동조합에 대한 자긍심에 촉발된 미숙한 갈망으로부터 나오고, 그런 장소들이 제공하는 정치 행동으로 나아간다.

· · ·

어떤 장소들은 정체성을 형성하고 연대성을 실현하는 과정에 깊이 개입한다. 게다가 특정한 종류의 공간들과 이 공간들에서 당연하게 여겨지는 포함과 배제의 과정은 정치에 매우 중요하다. 앞으로 살펴볼 장들에서는 장소들에 집결하는 다양한 세력들을 분석하기 위해 특정한 장소들(공장과 협동조합, 노동회관)에 천착할 것이다. 이 장에서는 공간성이 정지 상태를 함의하고, 따라서 본질적으로 보수적인 차원을 갖는다는 전통적인 가정에 도전했다. 이러한 가정은 두 가지 형태를 취한다. 두 가지 형태 가운데 좀 더 과격한 주장은 공간이 정치와 대립한다고 보는 것이다. 그보다 좀 더 온건한 주장은 통상 국지성과 상황성의 논리를 강조하는 것이 궁극적으로는 고향을 그리워하는 일방적인 갈망에서 나온 것이 아니냐는 의혹에 바탕을 두고 있다. 공간이 본래부터 시간이나 언어 같은 범주들에 비해 더 정적인 것은 아니라는 점을 논증했고, 그럼으로써 특정한 공간이 어떻게 민중의 정치 참여를 가능하게 하거나 제한하는지를 조사하는 몹시 난해한 과제를 해결하기 위한 지반을 다지고자 했다.

2장

부르주아 공론장

> 우리는 최선의 것이 최악이 되는 세계에 살고 있다. 이 세계에서 영웅들과 위인
> 들보다 더 위험한 것은 달리 없다. 이 세계에서는 자유와 반란을 포함하여 모
> 든 것이 자신의 반대물로 변한다.
>
> — 앙리 르페브르, 《일상생활 비판》

카를로 골도니(Carlo Goldoni)의 희극 《커피하우스》(1755)는 매일
같이 카페 리돌포에 모이는 어느 집단의 낭만적인 음모와 사회적 위계
를 묘사하고 있다. 등장인물 가운데에는 아첨꾼 상점 주인과 그의 하인
들, 난봉꾼 귀족들, 허풍선이 부르주아지, 양면적인 미덕을 지닌 숙녀들
이 있다. 다양한 계급에 속한 회원들이 카페에서 회합한다. 그들은 신
문을 읽고 가십거리로 잡담을 나누며 심지어 정치에 관해서도 토론한
다.[1] 그럼에도 골도니가 패러디하고 있는 부르주아 공론장은 우리의 이
론들과 상상들 속에서 묘사되는 공론장과는 전혀 다르다.

연극의 플롯은 극도로 복잡하기는 하지만 그래도 상당히 전통적인
축에 낀다. 불성실한 남편이 아내를 버리고 가짜 레안드로 백작 행세를
하며 전문 도박사가 되어 베네치아를 활보한다. 전형적인 떠버리이자

말썽꾼이요, 카페의 정규적인 후원자인 돈 마치오가 계략을 꾸며 레안드로 백작 부인과 백작의 새로운 정부를 모두 간통죄로 고발함으로써 상황이 꼬이기 시작한다. 소극의 전형적인 관습에 따라, 또 어느 정도는 연극의 배경이 카니발 기간이기 때문에 주인공들의 정체가 뒤죽박죽이 되고, 버림받은 아내는 빗나간 자신의 남편을 찾으려는 희망으로 가면을 쓴다.

《커피하우스》에서 골도니는 새로운 부르주아 사교 양식 특유의 비밀 관행(secrecy)과 위선, 허영을 패러디한다. 비밀 관행과 개방성, 공공성과 사생활의 상호 의존이야말로 이 연극의 중심 테마이다. 이는 무대 연출에서도 분명하게 확인되는데, 공적인 것과 사적인 것, 내부적인 것과 외부적인 것을 교묘하게 병치하고 양자가 서로 침투하고 있음을 강조한다. 연극의 줄거리는 베네치아의 작은 광장에서 시작한다. 이 작은 광장에는 이발소와 커피숍, 도박장이라는 세 상점이 있다. 상점들 위층에는 창문이 거리 쪽으로 나 있는 개인 방들이 있다. 연극 전체에 걸쳐 다양한 인물들은 개인 방이 공적인 외관에 영향을 미치고 그와 모순을 일으키는 과정에 관심을 쏟는다. 도박장 주인인 판돌포는 다음과 같이 주장하면서 꽤나 고상한 척하는 카페의 품위에 손상을 입힌다. "자네(리돌포, 카페 주인)도 다른 인간들처럼 개인 방을 갖고 있네 그려."[2]

연극에서 되풀이되는 또 다른 모티프는 백작의 애인에게 아파트에 뒷문을 두어야 한다고 말하는 돈 마치오의 제안이다. 백작만이 그녀의 아파트에 공공연히 출입할 수 있는 유일한 사람이지만, 사람들은 모두 은밀한 두 번째 출입구가 있다는 소문을 믿고 있다. 이 연극은 하버마스가 《공론장의 구조 변동》(이하 《구조 변동》으로 줄임)에서 제시한 바 있는 무척 이상적인 카페 생활에 대한 대위법을 보여 준다. 이 장에서는 공론장의 정치를 침해하는 비밀 관행과 배제의 문제를 부각시켜 볼 생각이다.

부르주아 공론장

18세기 말 유럽에서 카페는 부르주아 공론장을 대표하는 터전이었다. 카페는 고유한 규칙과 비공식적인 관행, 미리 정해진 행위로 채워진 특정한 장소로서 일종의 정치 공간이었다. 그것은 정규적으로 특정한 부류의 사람들을 모으기도 하고 다른 사람들을 배제하기도 했다. 카페는 새로운 자유주의 정치를 위한 사회적 터전으로서 정치적인 성격을 드러냈다.

하버마스에 따르면, 수공업자와 지식인이 모이던 수천 곳에 달하는 런던의 카페들은 물론이요, 예술가와 지식인, 문필가가 귀족과 어울리던 파리의 살롱 같은 장소들이 18세기 말의 공론장을 이루고 있었다.[3] 부르주아 공론장에 대한 하버마스의 분석은 새로운 권력 양식이 발생하는 소재지를 세심하게 고려한다는 점에서 비판 사회 이론의 모델이 된다. 18~19세기 잉글랜드에서 가장 완벽하게 실현된 부르주아 공론장은 공공선에 관해 합리적이고도 비판적인 토론이 이루어진 무대였다. 하버마스는 공론장을 가리켜 "공론에 가까운 무언가가 형성될 수 있는 우리의 사회생활 영역"이라고 규정했다.[4] 커피하우스와 살롱, 클럽, 저널 등을 분석하고 나서 하버마스는, 정부에 어느 정도 영향을 미치는 비판적인 토론에 사적 개인들이 참여하는 곳이라면 어디에서든지 공론장이 존재했다고 결론지었다. 공론장은 정치적 권위에 의해 확립된 기존의 의견 개진 통로들과 순수하게 사적인 성격의 다양한 경제적·국내적 이해관계들을 연결해 주는 매개체였던 셈이다.

이러한 부르주아 공론장이라는 개념을 통해 시민사회의 정치적 중요성이 새로운 방식으로 이론화되었다. 그러한 접근법을 통해 자유주의 정치가 단지 특정한 지적 영역이나 역사적 시기라기보다는 특정한 사회적 터전 속에 자리 잡게 되었다. 또 공론장을 통해 전통적으로 별개의 것으로 여겨 오던 정치의 두 차원, 즉 이념과 제도가 서로 연결되었다. 하버마스에게 공론장은 단순히 물리적인 장소가 아니었다. 그것은 카페나 클럽 같은 특정한 소재지로 환원될 수 없는 분석적 구성물이었다. 그것은 베버의 이상형과 마찬가지로 두드러진 특징들을 부각시키기 위해 경험적으로 발견되는 패턴들로부터 추상화된 것이었다.

사회적 환경(milieu)은 그렇듯 이상화된 모형을 구성하는 하나의 요소, 나아가 틀림없이 가장 혁신적인 요소를 대표한다. 그럼에도 하버마스는 사회적 환경의 특징을 명시적으로 이론화하지는 않았다. 그는 훗날 제도라고 부르게 될 '공론장의 사회구조'를 분석하면서 카페와 살롱, 클럽, 가족, 문필 세계 등을 그러한 제도의 사례들이라고 거론했을 뿐이다. 공론장이라는 개념은 매우 이질적인 다양한 공간들을 구별하지 않는다. 가령 카페가 폭넓은 대중이 접근할 수 있는 공적 융화의 장이었다면, 이 카페를 대신하여 재빨리 등장한 신사 클럽은 좀 더 배타적인 대안 공간이었다는 점에서 기성의 카페와는 매우 다른 종류의 공간이었다.

존 팀스(John Timbs)는 1715년 무렵 런던에 있던 커피하우스 2천 곳이 클럽으로 대체되는 과정을 묘사했다. 그렇게 된 일차적인 이유는 커피하우스가 특정 계급의 전유물이 아니라 다양한 계급 출신의 사람들이 한데 모이는 장소였다는 점이 후원자들의 마음에 들지 않았기 때문이라고 본다.

> 우리 클럽은 철저히 우리들만의 것이다. 우리는 자부심을 가진 사람
> 들이고 …… 그렇고 그런 모임을 싫어한다. 바로 여기에 우리 클럽을 회
> 원제로 운영하는 이유가 있다.[5]

카페가 거리로 열려 있는 반면 클럽은 출입구에 장벽을 친다. 물론
카페와 클럽 모두 대화의 기회를 만들어 낼지는 모르지만, 두 공간은
무척 다른 방식으로 저마다 고유한 공중을 구성한다. 공론장을 형성하
는 공간의 유형들은 한 사회에 간직되어 있는 수많은 비밀을 드러낸다.
1899년에 한 영국 비평가가 썼듯이, "우리 시대처럼 안락함을 추구하
는 공리주의 시대에는 (클럽을 둘러보는 것이) 콜로세움 유적지를 가 보
는 것보다 더 많을 것을 배울 수 있다."[6]
부르주아 공론장의 개념은 (칸트와 밀, 토크빌의 저작을 읽음으로써 얻
을 수 있는) 자유주의의 정교한 이론들과 자유주의의 사회 공간들을 접
속해 주는 반면, 나는 오히려 이론과 공간을 떨어뜨려 놓자고 제안한
다. 우리는 자유주의가 스스로를 어떻게 이상화했는가 하는 문제를 고
려의 대상에서 제외하고 살롱과 클럽, 카페의 닫혀 있는 문 안쪽을 들
여다봄으로써 부르주아 공론장의 정치를 새롭게 이해할 수도 있을 것
이다. 이 장에서 부르주아 공론장을 검토하는 이유는 그런 한계를 이해
하기 위해서이다.
먼저 나는 공론장의 '공공성'을 다시 검토해 보기 위해 계몽사상을
보급하는 과정에서 비밀 협회들이 행한 역할을 살펴볼 것이다. 이어서
계급적 이해관계와 보편적 원칙, 합리성의 표준 사이의 관계를 드러내

기 위해 초점을 부르주아 공론장의 '부르주아적' 성격에 맞추어 분석해 볼 생각이다. 끝으로 민중적 공론장이 보여 주는 두드러진 특징이 무엇인지 개괄해 볼 것이다.

비밀 관행과 공론장

하버마스는 공론장이 "대개는 닫혀 있는 문 뒤에" 존재하는 역설을 인식했다.[7] 그렇지만 "계몽사상의 비밀스러운 보급은 비밀 협회 지회들에서 나타나는 전형적인 현상이었는데, 여기에는 …… 변증법적인 특징이 있다"고 결론지었다.[8] 계몽사상이 막 등장한 초창기에 이성은 공공성으로부터 보호받을 필요가 있었는데, 그 이유는 "계몽사상이 기성의 지배 관계들을 위협했기 때문이다." 억압이 사라지자 비밀 협회의 중요성도 감소했다. 하버마스에 따르면, 이성의 역량은 비밀리에 축적되어야 했고 그러고 나서야 이성은 밝은 공공성의 광장에 출현하여 검열하고 박해하는 세력을 퇴치할 수 있었다. 그리하여 "피로 묶인 형제애 의례"의 필요성은 사라졌고, 좀 더 합리적이고 대중적이며 계몽된 형태의 사회성이 승리를 거두었다.

만일 하버마스가 주장하듯이 (비밀 관행으로부터 공공성으로—옮긴이) 진화론적인 역동성이 있었던 게 사실이라면, 비밀 협회는 그의 공론장 개념과 관련하여 아무런 근본적 문제점도 보여 주지 않을 것이다. 하지만 만일 프리메이슨 같은 신비주의적이고 의례적이며 위계적이고 은폐된 비밀 협회가 19세기까지도 부르주아적 사회성의 결정적인 요소로 남아 있었다면, 우리로서는 공론장의 공공성과 보편성, 그 합리성에 이의를 제기할 충분한 이유가 있다.

과연 18~19세기 유럽의 비밀 협회들에 관한 역사 기록들을 살펴보면, 비밀 관행으로부터 공공성으로 진화했다는 하버마스의 이야기에 의구심이 든다.[9] 사변적 프리메이슨은 17세기 말 잉글랜드에서 등장했는데, 이는 서로 다른 사회 계급 출신들과 서로 다른 종교적 신조를 옹호하는 이들을 한데 묶는 사회성의 형태였다.[10] 프리메이슨 지회는 부르주아 공론장의 원형적인 터전이었던바, 이는 교육과 과학, 이성, 상업, 우정, 종교적 관용, 사회적 평등, 사회봉사 등에 헌신하는 다양한 사회 계급 출신들이 새롭고도 좀 더 계몽된 정치를 구상할 수 있었던 장소였다. 그럼에도 유럽의 프리메이슨은 극도로 복잡한 현상이었다. 프리메이슨은 뉴턴 물리학과 연금술을 동시에 받아들이면서 이성과 과학을 신비주의와 사이비 과학으로 강등시키기도 했다. 또 평등한 만남을 위한 상황을 창출하면서도 내부에서 끊임없이 등급과 직함의 수를 늘려 나가면서 위계를 재도입하기도 했다. 그런가 하면 보편주의와 포용성의 가치를 강조하면서도 자신만의 특권과 비밀 관행의 원칙을 완강하게 고수하기도 했다. 그렇기에 레싱(Gotthold Ephraim Lessing)이 프리메이슨을 부르주아 사회의 내적 진실이라고 불렀을 때, 누구도 그에게 틀렸다고 말할 수 없었다. 그러므로 계몽사상이라는 건물의 외면, 즉 비밀스럽고 위계적이며 배타적인 어두운 면이 계몽사상을 규정한다고 보는 탈구조주의적 공리가 프리메이슨 현상에서 투명하게 드러난다.

유럽의 비밀 협회들이 보여 주는 역설은 보편주의의 이상이 봉건적인 구조의 전형이라고 할 수 있는 길드 모델을 채택함으로써 실현되었다는 데 있었다. 사변적 프리메이슨은 실제 직업에 종사하는 석공들이 교류하고 상조하며 이해관계를 보호하고 숙련 기능의 비밀을 유지하는 수공업자 길드로서 직업적 프리메이슨 지회들에서 비롯되었다. 프리메이슨은 근대 초기 유럽에서 지배적이던 담합(corporate) 논리를 반영하고 있었다.[11] 그 목적은 각 부분이 같은 목적을 위해 함께 기능하는 통합된 집단성을 실현하는 데 있었다. 또한 몸의 은유(담합주의의 어원이 되는 'corpus'는 그 자체 '몸'을 가리킨다―옮긴이)는 "인간적 유대의 해체 불가능성"을 강조하는 것이었다. 담합주의적(corporatist) 전망에 따르면, 개인보다는 집단이 사회의 기본적인 구성 요소가 된다.[12] 길드는 직업적 프리메이슨처럼 특정한 이해관계를 방어하고 주로 노동시장에 대한 접근을 차단하기 위해 형성되었다. 즉 길드는 신분 위계에 따라 편성된 봉건사회의 구성 요소였던 것이다. 그럼에도 사변적 프리메이슨의 지회망은 계몽사상의 원리가 확산될 수 있는 사회적 조건을 마련했다.

프리메이슨의 본질과 관련된 또 하나의 문제는 왜 그 운동이 각 등급이나 직함, 수준에 따른 위계 시스템을 통해 평등의 원칙을 실현하려고 했느냐는 것이다. 과연 도제와 장인, 회장, 명예 회원, 명예 장인, 명예 회장 사이의 구별은 자유주의적 개혁 운동보다는 보수적인 귀족 사회에 더 적합한 것으로 보였다. 도제와 장인의 기본적인 구별은 수공업 직종에서 사용된 전통적인 명명법의 잔재였다. 하지만 프리메이슨은 시간이 지남에 따라 이 구별을 최소화하기보다는 오히려 고도로 계층화된 협회를 창출하기 위해 등급과 직함을 늘렸다. 그리하여 수많은 지회와 분파가 내부에 예닐곱이나 되는 등급을 유지했다. 이러한 상징적인 구별은 때때로 기존의 사회적 위계를 재생산하고 단체의 비의적(秘儀的) 지식에 접근하는 것을 규제했다.

프리메이슨의 역설적인 성격은 그 상징과 의례 시스템에서 확연하게 드러난다. 도제가 장인으로 올라서는 의례에서 형제들은 모두 '기능장은 곧 영웅'이라는 이상을 표현하는 에이프런을 착용했다. 그러나 프리메이슨이 발전함에 따라서 여러 단체가 기성의 에이프런과 도끼, 작업선반 같은 장인의 상징물들을 칼이나 갑옷 같은 귀족 기사의 이미지로 대체했다. 또 어떤 단체들은 새로운 이름을 채택하여 스스로를 '○○기사단'으로 선포하기도 했다. 특히 신비주의와 연금술을 받아들인 것으로 유명한 것이 이른바 스코틀랜드 프리메이슨이었다. 이 '스코틀랜드' 프리메이슨은 솔로몬 궁전의 건축가 히람(Hiram)의 암살자들에게 복수할 것을 맹세했고, 자신의 계보를 중세 성전 기사들을 비롯한 십자군 전사로까지 연결시켰다. 그들의 의례는 뽑아든 칼과 해골, 무시무시한 서약식, 상징적 복수 행위 등으로 이루어져 있었다. 슈발리에 카도시(Chevalier Kadosh)와 같은 복수단이 프랑스혁명 이전의 프랑스에서 널리 유행했다.[13] 물론 복수단이 너무 극단적인 사례일지는 모르지만, 프리메이슨 단체들은 모두 자연과 이성에 대한 숭배를 정교하게 의례화하고 신비화했다.

왜 그렇듯 긴장감이 팽배했는지에 대해서는 프리메이슨이 두 가지 서로 다른 요소를 접목했다는 점으로 설명할 수 있다. 그 요소들이란 곧 계몽사상의 이상과 '의고주의'(擬古主義) 사회조직 형태이다. 하지만 이런 설명은 비밀 협회가 부르주아적 기원을 갖고 있다는 사실을 고려하면 그다지 설득력이 없는 것 같다. 프리메이슨은 길드 구조에서 나왔지만 시간이 지남에 따라 본디 지회가 바탕을 두고 있던 사회경제적 기반이 변형되었을 뿐 아니라 기본 구조와 기능도 변형되었다. 프리메이슨의 전승과 신화에서 끝없이 반복된 것처럼 고대 의례에 기원을 두고 있었다는 주장에도 불구하고, 프리메이슨은 기본적으로 18세기 초에 나타나기 시작한 근대적인 현상이었다. 프리메이슨은 중상주의 시대

영국의 새로운 사회경제적 환경에서 번성했고, 세속적인 사회성에 대한 규제가 점진적으로 철폐되는 과정에서 자양분을 끌어왔다. 비록 프리메이슨이 전통적인 정체성이나 결사와 단단히 연결되어 있다는 주장이 있지만, 그런 주장은 기본적으로 도시와 여가, 세계시민주의가 자라난 환경의 산물이었다.[14] 비밀 협회의 세계는 봉건적 과거의 흔적들을 보여 주는 것 이상으로 미래에 펼쳐질 어렴풋한 광경들을 보여 준다. 프리메이슨의 특색인 위계와 비밀 관행, 배타성, 권력정치, 비합리성이 새롭게 등장하고 있던 공론장의 핵심에 있었던 것이다.

비밀 협회 현상에서 그렇게도 명백하게 확인되는 모순과 긴장은 공론장을 이루고 있는 그 밖의 장소에서도 마찬가지로 확인된다. 보편주의의 이상이 배타적인 클럽과 살롱에서 추앙되었는데, 이 장소들은 귀족과 부르주아지의 경계를 뛰어넘어 새롭고도 한층 더 세분화된 분할을 낳았다. 이성과 객관성, 과학이 계몽사상의 양식뿐 아니라 특권과 권력의 도구로 숭배된 것이다.

공론장의 정치에 담겨 있는 역설적인 성격은 특히 19세기 초 이탈리아에서 번성한 비밀 협회 카르보나리(Carbonari)의 역사에서 명백하게 확인할 수 있다. 카르보나리는 프리메이슨의 다른 변종들과 마찬가지로 자유주의적이고 평등주의적인 원칙과 고위급에 진입한 회원에게만 주어지는 비밀스러운 교의를 동시에 채택했다.[15] 그러나 카르보나리는 초창기의 비밀 협회들과 달리 진정으로 대중적인 지지 기반을 다져 나갔다. 운동의 진앙지 나폴리에는 '상점'을 뜻하는 '벤디타'(vendita)라는 지회가 340곳이나 있었다. 1816년의 시점에서 전체 회원 수는 아무리 낮춰 잡아도 5만~6만 명은 되었을 것이다.[16] 또 카르보나리는 나폴레옹에 맞서 저항해 온 전통을 내포하고 있었다는 점에서 성격상 민족

주의적이었다.[17)]

　프랑스혁명 이래 비밀 협회들이 정치 폭동에 연루되었다는 소문이 파다하게 나돌기는 했지만, 역사가들이 입증할 수 있는 사례는 오직 하나뿐이다. 카르보나리가 1820년 나폴리 혁명을 정치적으로 지도하고 대중적 지지를 끌어낸 사례가 바로 그것이다.[18)] 이 혁명에 앞서 10년 동안에 카르보나리의 정치 강령은 이탈리아인들의 통일과 자유, 독립이었다. 일부 회원들이 이러한 의제를 한층 더 심화하는 방식으로 입헌 왕정을 옹호한 반면, 어떤 회원들은 공화주의 정부 형태를 옹호했다. 한 문서를 보면, 그 목표가 "폭군을 타도하고 절대주의 정부를 전복하는 것"으로 나온다. 또 다른 문서는 조직의 목적이 "자연이 우리에게 내려 준 자유와 여러 권리를 시민에게 되돌려주는 것"이라고 명시하고 있다.[19)] 카르보나리는 과거의 다른 비밀 협회들과 달리 하인이나 병사, 어부를 포함하는 하층계급 사이에서도 회원을 대거 모집했다. 사정이 그러했기에 카르보나리의 의례 중에는 입회식에서 회원 후보자가 글을 몰라 자기 이름을 서명할 수 없을 경우에 십자가 서명을 해도 좋다는 조항이 포함되어 있었다. 1820년 혁명 전야에 전체 회원 수는 30만 ~65만 명을 헤아렸다.[20)]

　카르보나리의 지회인 '오두막'(baracca)과 '상점'(vendita)은 이탈리아에서 급진 민주주의의 실천이 이루어진 최초의 장소들인 것 같다. 이 장소들은 정치적인 성격을 선명하게 띠고 여러 사회계층을 아우르고 있었다는 점에서 계급을 가로지르는 동맹체의 형성을 촉진했다. 그럼에도 그러한 동맹체의 정관 조항은 공개적으로 협의된 것이 아니었다. 고위급 회원들의 서약과 원칙을 보호하기 위한 비밀 관행으로 말미암아 지식의 공유라는 측면에서 종래의 불평등이 제도화되고 심화되었다.

카르보나리는 우애와 평등이라는 널리 공유된 신화를 창출했지만 이는 실제의 권력 분포를 은폐할 뿐이었다. 카르보나리의 1821년 정관을 보면, "(다양한 차원의) 주요 목표는 비밀에 부쳐진 상급자들과, 이해하기 힘든 상급자의 지시에 기꺼이 복종하는 수많은 추종자를 확보하는 것"이라고 나온다.[21] 물론 이러한 평가는 언뜻 지나치게 편협한 것으로 보일지도 모르지만, 50만 명이 넘는 회원을 거느린 '비밀' 협회라는 당혹스러운 현실을 설명하는 데는 도움이 될 것이다. 이 방대한 수치를 사실로 받아들이려면, 전체 회원 가운데 극소수만이 비밀에 접근할 수 있었다는 점을 고려해야 한다.

만일 비밀 관행과 위계, 신비주의가 비밀 협회에만 나타나는 고유한 특징이었다면, 이런 특징은 그저 역사적인 호기심의 대상에 지나지 않을 것이다. 그러나 비밀 협회의 관행을 통해 부르주아 공론장에 대한 일반적인 진실의 일단을 드러낼 수 있다면 사정은 달라지게 된다. 프리메이슨이나 카르보나리 같은 단체들은 한편으로 정교한 위계에 따른 조직 형태에 의존하면서도 다른 한편으로는 평등의 원칙에 대한 이론적 헌신을 강조했다. 이 단체들의 통일성은 특정한(통상 특정 계급에 고유한) 이해관계를 신성하고 보편적이며 투명한 진실로 포장하는 신화를 통해 확보되었다. 결국 비밀 협회 지회들은 진정한 범계급적 동맹체의 형성을 촉진하기는 했으나, 그런 동맹체는 대중 토론의 광장을 창출하기보다는 오히려 엘리트의 헤게모니를 강화하는 구조를 유지했다. 물론 구체제에 대한 그와 같은 저항의 터전이 자유주의 이념을 확산하고 새로운 동맹체를 수립하며 새로운 정체성을 강화하는 데 기여했다는 점에는 의심의 여지가 없다. 하지만 이러한 정치적 효과는 대개 음모주의의 결과였다기보다는 새로운 형태의 사회성이 출현하던 상황에서 나온 간접적인 결과였을 것이다. 그러므로 비밀 협회를 통해 부르주아 공론장을 분석함으로써 그런 공론장이 합리성과 개방성, 보편성의 영감을 실현할 수 없었다는 결론을 이끌어 낼 수 있다.

부르주아지와 시민

부르주아 공론장의 '공공성'이 논란의 여지가 있을지라도, 그 계급적 성격만큼은 분명하다. 사실, 이 말은 하버마스의 분석을 본보기로 하여 만들어진 것을 사회학적인 개념과 의미로 표현한 것이다. 하버마스는 공론장이 보편주의적인 명분을 내걸었음에도 실은 특정한 역사적 경험과 그에 상응하는 계급적 이해관계의 산물이라는 점을 강조하기 위해 '부르주아적'이라는 형용사를 사용한다. 그는 공론장의 필수적인 전제조건이라고 할 수 있는 문화적·경제적 구조에 관심을 기울인다. 예컨대 공론장은 합리적인 개인들이 공공성으로 특징지어지는 특별한 영역에 진입할 수 있다는 것을 전제로 삼고 있다. 이러한 전제는 다시 내적 성창설과 주관성, 사생활권이 통용되는 영역이 있음을 전제함으로써 부르주아 남성이 자신을 개인으로 경험하고 자신이 공적 토론에 참여하고 있다는 확신을 발전시킬 수 있게 한다. 이로써 출생이나 혈통이라는 배타적인 특권이 아니라 판단 능력이 부르주아적 삶의 문화적·경제적·사회적 구조와 연관되었던 것이다.

하버마스는 경제적 지위와 시민권의 연관성을 강조한다. 공론장이 활발하던 시기에 재산에 따른 제한 선거제로 말미암아 노동자계급은 정치 참여에서 명백하게 배제되었다. 하지만 그러한 선거권 제한에는 경제적 지위와 정치 참여 사이에 존재하는 훨씬 더 깊은 연관성이 일부만 표현되었을 뿐이다. 문제는 노동자들에게 투표권이 허용되지 않았다는 사실뿐 아니라 그들의 이해관계가 질서와 번영에 위협이 될 것이라고 간주되었다는 사실이다. 바꿔 말해, 경제적 지위와 공론장 참여 사이의 관계가 그저 우발적인 것은 아니었다는 말이다. 부르주아는 자신의 이해관계가 이미 경제 시스템의 구조에 반영되어 있기 때문에 보편적일 수 있는 것으로 인지한다. 공공선이 국민총소득으로 규정되고 부르주아가 이 소득을 소유하고 통제하는 한, 사적인 이익과 공적인 이익이 서로 충돌한다고 생각할 아무런 이유도 없다. 일단 갈등론적인 관점을 배제하면, 계급적 이해관계를 쉽사리 일반적 이해관계로 여길 수 있었던 것이다. 노동자계급이 정치적으로 포섭되면 공론장은 더 이상 원래 그대로의 상태로 남지 못할 뿐 아니라 새로운 갈등 요인이 나타난다는 얘기이다. 일단 기본적인 경제적 이해관계를 더 이상 공유할 수 없다면, 하나의 이해관계만이 존재한다는 것을 더 이상 당연시할 수 없고 다양한 이해관계들이 공존한다고 인정할 수밖에 없다는 것이다.

'보편적일 수 있음'(universalizability)이라는 이상은 일련의 선행하는 (때때로 폭력적인) 배제의 과정을 은폐할 때 문제가 될 수 있다. 공론장은 애초부터 파편화되어 있었고, 따라서 권력과 갈등은 공론장의 외부 변수가 아니었다.[22] 하버마스를 좀 더 엄격하게 비판하는 이들은 한 술 더 떠 부르주아 공론장이라는 이상화된 이미지가 단지 권력 차등을 강화하는 데 기여했을 뿐이라고 주장한다.[23] 공론장은 사적인 경제적 관심을 일반적 이해관계로 포장하는 변신술을 통해 엘리트의 당파적 이해관계만을 강화하는 데 기여했다. 하버마스도 1989년에 발표한 〈공론장에 대한 몇 가지 추가적인 고찰〉이라는 논문에서 이 점을 인지하고 있었다. 그는 배제의 문제가, 배제된 집단이 "특정한 공론장의 형성에서 본질적인 역할"을 할 때 근본적인 쟁점이 될 수 있다는 점을 인정한다.[24] 사회적으로 배제된 사람들의 이해관계가 기성 구조에 의해 일반적일 수 있는 것으로 규정될 리가 없고, 따라서 '보편주의적' 기획과 연관된 것이라고 규정될 수 없다는 점을 고려하면, (단순히 부수적인 배제가 아니라) 본질적인 배제의 문제를 쟁점으로 삼아 '보편적일 수 있음'이라는 이상이 진정으로 변혁적인 정치 변화를 위한 적절한 기준이 될 수 있는지 의문을 제기할 수 있을 것이다.[25]

노동자와 공론장

결정적인 문제는 공론장을 민주화하는 것이 공론장을 파괴하는 것이 아닐까, 목적이 무엇이든 토론의 정치는 필연적으로 엘리트주의로 귀결되는 것이 아닐까 하는 것이다.[26] 이 문제에 답변하기 위해서는 노동자계급의 정치적 포섭을 둘러싼 논쟁으로 돌아갈 필요가 있다. 그런 뒤에도 여전히 민중적 공론장의 존재와 특성을 평가하는 문제가 제기된다. 노동자들이 지배 권력의 권위 남용에 대해 공식적이고도 명료하게 도전할 수 있는 국가 외부의 영역이 존재했던가? 만일 그렇다면, 그것은 부르주아 공론장과는 어떻게 구분되었는가? 하버마스는 《구조 변동》에서 차티즘이나 무정부주의 같은 운동에서 확인되는 평민적 공론장이 "부르주아 공론장의 의도대로 끌려가는 경향이 있다"고 주장한다.[27] 본질적으로, 하버마스는 노동자계급의 정치적 포섭을 위한 투쟁에서 공론장이 행한 역할과 관련하여 두 가지 주장을 펼친다. 첫째, 민주주의적 민중 동원이 초기 부르주아적 형태들과 구분되지 않았다고 주장한다. 둘째, 일부 노동자들의 정치 참여로 공론장이 효과적으로 파괴되었다고 논증한다. 그는 다음과 같이 명쾌하게 진술했다. "그럼에도 실제로 무산대중이 일단 정치적 공론장을 점거하면, 공론장은 예전의 토대를 상실하고 또 새로운 토대를 부여받지도 못한 채 국가나 사회에 융합되고 만다."[28] 역설적이게도 하버마스는 민중 참여가 특징적인 합리적·비판적 합의 영역으로서 공론장의 확장과 동시에 파괴로 이어진다고 단언하고 있다. 확장과 파괴라는 두 가지 경우 모두에서 민주주의의 가능성은 옹색해 보인다. 다수파의 포섭은 권력의 실질적인 토대를 건드리지 못하거나 합리적·비판적 논쟁을 위한 토대를 모두 침해한다는 것이다.

그렇다면 이 두 가지 경우만이 존재하는가? 민중적 공론장은 그저 파생적이거나 자멸적이기만 할 뿐인가? 제프 일리(Geoff Eley), 귄터 로테스(Günther Lottes), 오스카르 네크트(Oskar Negt), 알렉잔더 클루게(Alexander Kluge) 같은 학자들이 민중 참여의 효과에 대한 그런 평가에 도전했다. 이 학자들도 후기 자본주의 아래에서 공공 생활이 빈곤해지는 과정을 비판하기 위해 공론장의 이상을 제기하고 있다. 하지만 그들은 하버마스와는 달리 잃어버린 합리성의 통치에 대한 향수가 사회 변화에 역효과를 일으킨다고 주장한다. 구조적 변화, 특히 무엇보다도 대중 소비의 확산이 문화 생산의 조건을 완전히 뒤바꾸어 놓았을 뿐 아니라 부르주아 공론장 역시 애초부터 결함 있는 모형이었다.

이 논쟁에 대해 E. P. 톰슨(E. P. Thompson)이나 모리스 아귈롱(Maurice Agulhon) 같은 사회사 연구자들은 사료에 바탕을 두고 노동자들 삶의 문화적 양상과 정치적 동원 형태 사이에 나타나는 연관성을 입증함으로써 비록 암시적이기는 하지만 중요한 기여를 했다.[29] 그들은 독자적이고도 다양하며 활기찬 노동자계급 문화를 발견했다. 특히 톰 슨은 집합적 정치 행동이 그에 선행하는 영국의 문화적 전통에 기대고 있을 뿐 아니라 이런 문화적 전통을 재구성한 방식을 식별해 냈다. 예 컨대 공적 연극과 모욕 주기 의례, 익명의 사보타주 등은 산업 시대 이 전의 민중 행동에 나타나는 특징적인 요소였고, 초기 자본주의에서 사 회적 갈등에 맞선 저항 전략으로 기능했다는 것이다.

언뜻 보면 이런 연구들은 하버마스의 틀에 부합하는 것처럼 느껴진 다. 설명은 진화론적 논리를 따르고 있는 것 같다. 즉 19세기 동안 하층 계급은 궁극적으로 부르주아지의 근대적 형태의 정치를 채택하면서 점 점 더 정교한 전략을 학습했다.[30] 노동자계급 정치가 부르주아적인 커 피하우스에 해당하는 선술집에서 발원했고, 마침내 다양한 결사와 학 습 모임, 통신 협회 등으로 모양새를 갖춘 것이 사실이다. 프랑스 역사 가 모리스 아귈롱은 노동자 결사의 역사가 진화론적 논리보다는 "구식 과 신식 사이의 변증법"을 더 잘 반영하고 있다고 시사한다. 그는 19세 기 중반 프로방스의 노동자들 사이에서 확인되는 "민주주의 이념의 분 출"이 세 가지 뿌리에서 나왔다고 주장한다. 첫째는 '서클' 같은 부르주 아 결사였고, 둘째는 부르주아 문화(교육받은 수공업자들을 매개로 전달 된)였으며, 셋째는 자율적인 상조회였다.

어떤 형태의 저항은 독자적인 평민 문화 속에 파묻혀 있었다. 예컨대 식량 폭동과 시위는 이성의 공적 실행이라기보다는 힘과 결의의 과시 를 강조했다. 노동자들은 자유주의 담론이나 의회 절차와는 별개로 갖 가지 노래와 풍자를 활용했다. 귄터 로테스는 처음에는 부르주아 관행 에 순수하게 동화된 것처럼 보이는 것이 실제로는 지배적인 규준을 다 시 전유함으로써 독자적인 형태의 정치를 산출했다고 주장한다.[31] 나아가 군중 폭력이나 익명의 파괴 행위처럼 명백히 원시적으로 보이는 전술을 노동자들이 때때로 이용한 것도, 정치적으로 미숙해서가 아니라 그런 것이 필요했기 때문이라고 본다. 때로는 그런 행위가 정부의 탄압이라는 불리한 조건에서 유일하게 효과를 거둘 수 있는 방법이었다. E. P. 톰슨은 폭도에 참여하거나 야음을 틈타 행동한 사람들이 개별적인 처벌에 노출되지 않았음을 강조한다.[32] 기성의 권력 구조에 대한 공적 비판이 노동자들에게는 거의 언제나 사치일 수밖에 없었다. 고용과 생존 문제를 여전히 부르주아지에게 의존하고 있던 노동자들로서는 그런 사치를 부릴 수 없는 노릇이었다. 게다가 노동자들은 정치적 권리가 없었으므로 특히나 국가의 탄압에 취약했다. 이러한 취약성으로 말미암아 집합 행동의 범위는 제한적일 수밖에 없었던 것이다.

이상과 같은 이론적 비판과 역사적 조사를 통해, 우리는 정치 비판의 규범적 범주로서 공론장 개념을 재검토하지 않을 수 없다. 적절하게 수정하고 개선하기만 한다면, 공론장은 20세기 초입에 민주주의의 급진화를 위한 매개체 구실을 할 수 있었을까? 나아가 오늘날에도 그럴 수 있는가? 지식인 저널이나 클럽, 카페는 공공선에 대한 합리적이고 비판적인 논쟁을 위한 공간으로 변함없이 기능할 수 있었는가? 공론장은 시민들의 합리적이고 비판적인 역량을 보편적 이상과 접속해 주는 교차점으로 여전히 제구실을 하는가?

이상의 질문들에 대해 《구조 변동》에서 하버마스는 회의적이다. 이 책은 공론장의 '변질'을 쉬이 떠올리게 해주었다. 하버마스는 프랑크푸르트학파의 문화산업 비판과 전후 사회 이론의 대중사회 비판으로부터 영향을 받았으니만큼 후기 자본주의 아래 시민사회의 옹색한 모습을 묘사했다. 그는 20세기에 공적인 것과 사적인 것을 분리하는 선이 사라지고 "사적 개인들이 합리적·비판적 정치 논쟁에 개입할 수 있는 여지가 조금도 남지 않은 채" 오직 자기 이해관계에 충실한 거래와 기술적인 행정만이 남게 될 것이라고 결론지었다.[33] 이는 부분적으로 비판적 시민들이 점점 더 관객을 소외시키는 스펙터클에 마취된 채 대중 오락의 수동적 소비자로 전락하는 과정, 즉 문화의 상품화가 낳은 결과였다.[34] 공적 생활은 더 이상 비판적 참여나 개체성을 실현할 수 없게 되어 그저 쇼핑몰이나 영화관, 축구장 같은 곳에 대중 소비라는 빈약한 군집만을 남긴 채 독자적인 특질을 상실해 버린 것이다.

최소한 이것이 《구조 변동》의 결론에서 하버마스가 전하는 이야기이다. 그러나 최근 저작에서 그는 사적 개인과 국가를 중재하는 시민사회의 활기찬 기능에 대해 좀 더 낙관적인 태도를 보인다. 이러한 낙관론은 공론장의 이상을 떠받치는 새롭고도 투명하다고 할 수 있는 토대, 요컨대 담론 윤리에 바탕을 두고 있다.[35] 비록 하버마스가 담론(또는 의사소통) 윤리 이론의 세부 내용을 이렇게 저렇게 수정했음에도 불구하고, 그의 본질적인 입장은 의사소통(명제적 내용의 진실성과 발화자의 진정성 같은 것)이 가능하려면 합의의 도출 가능성이 전제되어야 한다는 것이다.[36] 합의가 가능한 것은 이해하는 것이야말로 인간 발화의 고유한 목적이기 때문이다. 여기서 논점이 이동하는데, 이 대목이 중요하다. 하버마스는 사회 통합에 위치를 지정해 주는 역사적·공간적으로 특정한 방식으로부터 추상적이고 보편적인 토대로 나아간다. 하버마스는 자신의 중기 사상에서 규범적 유효성이 개인의 독백하는 이성이 아니라 주체와 주체 사이에 오가는 대화 과정의 결과임을 보여 줌으로써 개인을 공동체에 접속시킨다. 비록 하버마스가 실제로 의사소통이 이루어지는 경우에 그러한 이상이 완전히 실현되지 못한다는 점을 잘 알고는 있지만, "이상적인 발화 상황"이 뒤틀린 의사소통을 비판하는 강력한 기준이 될 수 있다는 점을 여전히 강조한다.

하버마스는 더 최근의 저작 《사실성과 타당성》과 《이질성의 포용》에서 그동안 자신이 언어에 관해 작업한 내용에 어떤 정치적 함의가 있는지를 검토했다. 그는 토론 광장이 민주주의의 절차적 공정성과 합리적 내용을 강화함으로써 정치적 정당성을 배가할 수 있다고 보면서 토론 정치 모형을 제안한다.[37] 이 숙의 민주주의에 깔려 있는 전제는 토의를 통해 도출된 합리적 합의가 민주주의 정치를 위한 규범적 안내자 역할을 할 수 있다는 것이다.[38] 비록 이와 같은 담론 윤리에서 숙의 민주주의로 논점을 이동한 것이 공론장이라는 주제로 되돌아가는 것처럼 보이지만, 방법론적으로 초기 저작과는 여전히 멀리 떨어져 있는 것이다. 공론장이라는 원래 개념이 특정한 사회 세력과 제도, 공간이 어떻게 민주화 과정에 기여하는지를 밝히는 데 기여하는 반면, 합리적 담론이라는 한층 더 추상적인 이념은 그와 같은 정치적 요소들을 숨기고 있다. 《구조 변동》은 특징적인 형태의 비판과 통제를 가능하게 하는 특정한 경제적·사회적 전제 조건을 강조했다. 이와는 대조적으로, 담론 윤리의 이상은 추상적 합의 관념에 의존하고, 따라서 권력 구조가 어떻게 산출 가능한 결과의 범위를 제한하는지를 숨긴다. 공론장이라는 은유에 내재된 공간적 특징 때문에 공론이 형성되는 특정한 장소들은 물론이요, 그런 장소들에 대한 접근과 차단이라는 문제까지 분석할 필요가 있다. 그럼에도 숙의 민주주의는 민주주의 정치의 토대로 의사소통의 일반 구조를 강조함으로써 차등적인 발화 능력이 배제를 위계적으로 재생산할 수 있다는 사실을 은폐한다.

계몽사상의 공론장은 특정한 정치적 맥락, 즉 권력이 상속받은 지위의 특권이던 정치적 맥락에서는 진보적이었다. 사법적 평등은 권력과 권위를 특정 엘리트가 독점하고 있던 정치 시스템에 대해서는 거대한 진전이었다. 19세기에, 명시적으로 위계와 위신에 뿌리를 둔 원초적인 형태의 사회적 배제를 정당한 것으로 여겼던 시절에 보편적 합리성의 개념은 민주주의를 진전시킬 수 있었다. 그러나 특정한 계기를 보편화하고 민주주의의 항구적인 유산으로 화석화시키는 순간 오류에 빠지게 된다. 현행의 조건 아래에서 그와 같은 추상적인 합리성 개념은 역효과를 일으킬 뿐이다. 이른바 민주주의적 과정에서는 실질적 참여 여부가 그 결과에 영향을 미치는데, 형식적 평등은 실질적 참여를 가로막는 장애물을 은폐한다. 공론장에서 이루어지는 토론의 필수 조건은 특수한 이해관계가 일반적 이해관계로서 호소력이 있어야 한다는 것이다. 그러나 사회적·경제적 구조가 일반화될 수 있다고 보이는 것을 제약한다. '보편적일 수 있음'의 기준은 아닌 게 아니라 주변적이고 권력에서 배제된 사람들의 이해관계가 지배적인 규정들 아래에서는 결코 보편적인 것으로 규정될 수 없다는 사실을 간과한다.

이러한 비판이 결코 공론장의 개념을 폐기해야 한다는 것을 암시하는 것은 아니다. 담론 민주주의나 시민사회 같은 서로 연관된 개념들이 널리 통용될 뿐 아니라 공론장에서 나타나는 이해관계가 부각되곤 하기 때문에 공론 형성과 대의, 권위 있는 의사 결정의 비공식적 기제들 사이의 관계를 이론화할 필요가 있다. 모름지기 비판적 사회 이론이라면 이러한 기획을 포기할 게 아니라 급진화해야 한다. 이는 공론장이라는 개념 본래의 비판적 의도를 소생시키는 일이다.

민중적 공론장

독일의 사회비평가 네크트(Oskar Negt)와 클루게(Alexander Kluge)
는 《공론장과 경험》에서 프롤레타리아 공론장, 즉 하위 계급이 자신들
의 경험을 해석할 수 있고, 그럼으로써 자율적인 정치 의제를 공식화하
는 법을 배울 수 있는 바로 그 장소에 정치적 중요성이 담겨 있다고 강
력하게 주장한다. 네크트와 클루게가 프롤레타리아 공론장이라는 개
념을 사용하는 데 따르는 문제점은 그 개념이 극도로 추상적이라는 데
있다. 프롤레타리아트의 공론장이 구체적으로 식별할 수 있는 장소가
아니라 하나의 이상이기 때문에 경솔하게도 그것을 낭만적인 눈으로
바라볼 수 있다. 게다가 그들의 용어 사용법을 받아들인다면, 공론장
이 프롤레타리아트(공업 노동자)에게만 국한될지, 아니면 그람시가 하위
(또는 민중) 계급으로 부른 계층까지 포함할지 모호해진다.

대관절 민중적 공론장이라는 것이 존재하기는 하는가? 공론장의 개
념에는 적어도 두 가지 의미가 담겨 있다. 먼저 그것은 사적 개인들이
사회적·정치적 삶을 지배하는 일반적 규칙들을 둘러싼 합리적 논쟁에
동참하는 영역을 말한다.[39] 또한 공론장은 특정한 사회 계급이 다른
계급의 인자들을 통합하고 다른 계급의 일부 가치들을 동화할 수 있는
세계관을 공식적으로 표명함으로써 헤게모니(또는 대항 헤게모니)를 획
득하는 장소를 가리킬 수도 있다. 이 두 가지 정의에 따르면, 민중적 공
론장은 파시즘이 등장하기 이전 유럽에서 번성했다. 이런 영역을 이루
고 있던 사회적 공간은 선술집과 협동조합, 포도주 동호회, 노동회의소
등이었다.

부르주아 공론장과 그 민중적 변종 사이에 존재하는 하나의 차이점

표 1 부르주아 공론장과 민중적 공론장의 차이

	부르주아 공론장	민중적 공론장
사적 공간	가정	서클, 상조회, 노동조합
공적 공간	카페, 살롱, 클럽, 프리메이슨 지부	노동회의소, 민중회관
경제 이론	개인주의, 자유 시장	협동조합
정치 이론	자유주의	사회주의, 급진 민주주의
정치 제도	의회	지방자치체, 지방의회

은 공적인 차원과 사적인 차원 사이의 관계에 있다. 비록 정치가 공론장에서 발생하기는 하지만, 정치 참여의 결정적인 전제 조건은 (집단이나 개인이) 스스로 자율적이고 주체적이라고 느끼는 감각이 미리 사적 구역에서 배양되어 있어야 한다는 것이다. 공적인 무대에서 서로 대립하는 세력들과 벌어지는 지속적인 투쟁에 개입하기 위해 필요한 동기와 힘, 결의는 이미 "배후 지대"에서 겪은 경험에서 나온다.[40] 이 배후 지대에서라면 헤게모니 계급의 눈에 합리적이지 않거나 정당하지 않은 것으로 규정되는 주장과 개념들을 온전하게 지켜 낼 수 있다.

민중적 '사적 영역'은 '부르주아적' 사적 영역과는 달랐다([표 1]을 보라). 하버마스에 따르면, 공론장에서 벌어지는 토론에는 부르주아 가정에서 배양된 개인적 판단 능력과 주체적 역량이 반영되었다.[41] 독자적인 견해와 경험을 가진 개인들만이 합리적이고 비판적인 논쟁에 참여할 수 있었다는 말이다. 이 개인들은 사적 가정에서, 그러니까 궁정과는 달리 인습적인 이념과 행위에 얽매이지 않은 공간에서 비로소 자율적 역량과 판단 능력을 함양할 수 있었다.[42] 20세기에 들어 독자적인 사적 영역이 소멸하면서 공론장이 변형되기 시작했다. 대중 소비문화가 가정에 침투하여 '내향성'의 영역을 파괴하고 공론장을 침해했다. 대중 매체는 공적인 것과 사적인 것 사이의 경계선을 지워 버려 양자 모두를 소비문화의 획일적인 기준에 종속시켰다.

그럼에도 노동자들에게는 가정이 내향성과 비판 의식의 토대가 결코 아니었다. 여러 식구들이 어두컴컴한 데서 바글거리는 노동자 가정은 생산과 재생산의 터전이었지, 여가와 성찰의 터전은 아니었다. 대신에 정치적 판단 능력은 노동조합 사무실이나 협동조합 같은 장소에서 배양되었다. 하버마스의 모델에서는 오직 "자기 자신과 의사소통"함으로써 "그 자신에 대해 명료한 의식을 얻는" 개인만이 공론장에 참여할수 있었다.[43] 그러나 이러한 하버마스의 전망은 지나치게 개인주의적이고 그러면서 여전히 자율적 지성에 대한 데카르트식 신화학에 포박되어 있다. 민중의 정치에서 공적인 것과 사적인 것이 서로를 침범하는 경우가 있는데, 이를 정치적 실패로 볼 것이 아니라 민중적 공론장의 활력을 나타내는 신호로 해석해야 한다. 정치적 권리를 박탈당한 노동자들은 고립되지 않고 타자와 소통함으로써 계급적 이해관계를 비롯한 자신들의 이해관계를 뚜렷이 의식할 수 있다. 이러한 만남은 '1차 결사,' 즉 동네 '서클'(circolo)이나 상조회처럼 서로 비슷한 배경을 지닌 개인들이 비교적 동질적인 집단을 이루고 있는 공간에서 일어났다. 이 '1차 결사'는 '사적' 가정과 비슷한 역할을 통해 회원들이 다양한 시각을 얻는 데 도움을 주었고, 나아가 정치적 사회화를 가능하게 했다. '1차 결사=가정'이라는 등식에서 가정보다 좀 더 공적인 공간은 예컨대 노동회의소였다. 여기서 다양한 사회집단(공업 노동자와 수공업자, 막노동자)이나 당파(최소강령파와 최대강령파, 생디칼리스트)들이 노동자 운동의 이데올로기와 제도에 관한 리더십을 얻기 위해 경합했다.

또한 민중적 공론장은 부르주아 공론장과는 구별되는 고유한 경제적·정치적 특징이 있었다. 부르주아 공론장이 '부르주아'의 역할과 '시민'의 역할이 서로 충돌하지 않는다는 환상에 근거한 반면, 민중적 공론장은 양자 사이의 긴장을 강조했다. 노동자들은 협동조합 운동을 벌이며 이 운동에 대한 반대를 극복하고 대안적인 경제구조를 몸소 체험했다. 사적 소유권이 부르주아적 주체성을 뒷받침한 반면, 하위 계급의 경우에는 경제적 자율성에 바탕을 둔 정치적 정체성을 발전시키기 어려웠다. 따라서 개인의 사적 소유권에 대한 대안은 '사회적 부,' 다시 말해 집단적 자원들에 근거한 경제구조일 수밖에 없었다. 그리하여 푸리에의 팔랑스테르와 오언(Robert Owen)의 뉴라나크(New Lanark)*를 비롯해, 그보다는 덜 원대하고 덜 공상적이지만 필경 실질적인 결과를 낼 수 있는 소비자 협동조합이 사회적 경제의 일부로서 유럽 전역에 확산되었다. 이러한 경제적 대안이 자본주의를 대체하거나 심각하게 위협하지는 못했지만, 경제생활에 대한 집단적 통제권을 향한 열망이 다양한 계급적 분파들을 통합하고 저항의 기획을 위한 자원을 산출하며 정치투쟁을 위한 기반을 제공하면서 널리 공유되었다.

민중적 공론장에는 정치적 차원도 있었다. 자유주의가 부르주아 공론장에 대한 정치 이론이었던 반면, 급진 민주주의와 사회주의는 민중적 공론장에 대한 정치 이론이었다. 자유민주주의를 제도적으로 구현

---

* 스코틀랜드의 글래스고 부근의 촌락. 1786년에 데일(David Dale)이 아크라이트(Richard Arkwright)와 힘을 합쳐 이곳에 면직 공장을 세웠다. 그 후에 사회 개혁가인 오언이 경영을 맡아 유토피아적 사회주의를 상징하는 공장·촌락으로 발전했다. 오언 시대에 뉴라나크에는 약 2,500명의 노동자들이 살고 있었고, 오언은 훌륭한 주거지와 생활 시설을 대외적으로 홍보했다. 1825년에 오언은 미국에 새로운 공장·촌락인 뉴하모니(New Harmony)를 세우기 위해 뉴라나크를 떠났다.

한 것은 전략적인 권력투쟁 대신에 공공선을 둘러싼 행동과 토의를 명시적으로 떠맡았던 기구인 의회였다. 실제로 의회는 막 출현하는 민족적 부르주아지의 권력을 공고히 했다. 반면에 지방자치체들은 민중적 공론장의 제도적 성취물이었다. 지방자치체들은 노동회의소와 같은 새로운 대의 기구를 창출하고 이것을 지방정부 시스템에 통합시킴으로써 민중이 투표뿐 아니라 통치에까지 참여하는 과정을 촉진했다.

이 책은 민중적 공론장의 친숙한 이데올로기적 측면보다는 공간적 차원에 초점을 맞추고자 한다. 더 구체적으로 말하면, 사회 공간이 어떻게 "눈에 보이고 손에 잡히는 연대성"[44]을 창출하는지를 탐구한다. 대부분의 민중, 특히 빈민은 개별적으로 거의 자원을 보유하지 못한다. 따라서 그들의 권력은 머릿수에서 나온다. 연대성은 민중의 가장 큰 힘이며, 원자화는 가장 큰 약점이다. 민중이 한데 모여 자신들의 통일성을 경험하고 기념하며 강화할 수 있는 물리적 장소들이야말로 최고의 정치적 중요성을 갖는다.[45]

네크트와 클루게에 따르면, 바리케이드의 중요성이라고도 말할 수 있다. 여기서 바리케이드는 군사적이라기보다는 도덕적인 중요성을 갖는다. 바리케이드는 연대성의 실현이자, 협동과 상호 보호의 물질적 구현인 것이다. 개인들은 다양한 해석을 공유하고 지속적으로 수정하는데, 바로 이 암묵적인 과정은 물리적 근접성을 통해 촉진되며 그럼으로써 연대성이 창출된다. 몸과 몸이 한 곳에서 부대끼는 것이야말로 (문자적으로건 은유적으로건) 저항의 무기가 없는 사람들에게는 유일하게 이용할 수 있는 저항 전술이다. 기실, 공적 공간 또는 유사 공적 공간은 결정적으로 중요하다. 왜냐하면 "노동자들은 실제로 함께 투쟁함으로써 투쟁이 더 이상 단순한 환상이 아니라는 것을 확신할 수 있는데, 그럴 수 없는 노동자들로서는 오직 한데 군집함으로써만 자신들이 세계 속에 실제 존재한다는 사실을 서로 확신할 수 있다. …… 오직 이렇게 서로 간에 확인된 현실 속에서만 집단적 반란의 분위기가 나타나며, 그제서야 노동자들은 말하기 시작하고 주장하며 행동하게 되기” 때문이다.[46] 그렇다면 (공장으로 상징되는) 작업장의 사적 영역도, 대중 소통의 원자화된 영역도 민중적 공론장에 고유한 연대와 비판, 실험을 위한 적절한 공간을 창출할 수 없을 것이다.

· · ·

공론장의 개념은 정치 이론과 사회 이론에 중요한 기여를 해왔다. 하버마스의 접근법에 내재된 강점과 약점은 지성사와 사회사를 접목하려는 시도 자체에 있다. 오래전에 칸트가 〈계몽이란 무엇인가〉라는 논고에서 공론장에 관한 계몽사상의 이상을 웅변조로 표명했지만, 그것은 또한 사회적 상승을 꿈꾸며 도시에 군집한 수천 명의 수공업자와 지식인, 상점주, 예술가, 몰락한 귀족이 실제로 경험한 바이기도 하다. 수천 곳이나 되는 카페에서 미리 주도면밀하게 마련된 것이 아니라 즉흥적으로 만들어진 새로운 사회적 상호작용 양식이 구축되었다. 그들은 변화무쌍한 만남을 가졌고 공식적이며 배타적인 결사를 창출했다. 프리메이슨 지부와 살롱, 정치 클럽이 바로 그런 결사였다. 비록 ‘공적인 것’이라는 개념이 길고 복잡한 역사를 갖고 있지만, 하버마스는 ‘공론장’의 속성에 대한 신선한 사회학적 통찰을 제공해 주었다. 공론장의 이념은 어떤 물리적 공간도, 문화적 양식도, 이데올로기도 아니다. 그것은 그 모든 요소를 접속하려는 시도이다.

부르주아 공론장은 명시적으로 위계적이고 귀족적인 정치 시스템 아래에서 기성의 권력 독점에 대한 저항의 터전이었다. 그러나 자유주의적·자본주의적 시스템이 공고화된 이후에 '합리적인' 공적 논쟁이라는 이상은 기성의 합의를 위협하는 여러 쟁점과 합의의 전제에 도전하는 개인들을 배제하는 것을 정당화했다. 합리성과 공공성, 보편성에 대한 이상화된 염원은 그 이상이 남긴 모호한 측면, 즉 부르주아적 사회성을 떠받치기 위해 위계와 신화, 배제가 재구성되었다는 사실을 은폐한다.

공론장은 다양한 정치 이데올로기와 관행, 이념과 공간을 한데 접속한다. 그러나 이데올로기적 요소가 사회 현실과 분리될 때 위험천만하게도 이데올로기가 현실을 은폐하는 경향이 나타난다. 우리는 계몽사상을 프리메이슨 지부의 현실보다는 칸트의 이론에 연결시키곤 한다. 이념의 역사를 연구하는 것이 더 수월하기 때문이다. 학술 논문은 비교적 일관되고 명시적인 결론을 갖고 있으며, 민중의 정치적 실천과 그 의미를 기록한 해독하기 어려운 사료들보다 훨씬 더 이해하기 쉽다. 공간 분석은 정치의 물질적 토대를 해명할 수 있는 기회는 물론이요, 정치철학의 자족적인 이해 방식에 도전하는 전술적인 개입과 이론화 작업을 포함한다. 나아가 왜 다양한 유형의 사료를 읽어야 하는지를 밝혀줄 것이다.

3장
규율 공장

프리츠 랑(Fritz Lang)의 영화 〈메트로폴리스〉(1927)는 공장 생산의
어두운 측면을 생생하고도 표현주의적인 방식으로 보여 준다. 이 영화
는 육중한 기계들과 환상적이고 미래주의적인 도시 속에서 학대받고
절망에 빠져 당장에라도 폭발할 것 같은 인간 군상으로 가득 찬 불길
한 세상을 포착하고 있다. 첫 장면은 서로 상반되지만 연관되어 있는
두 공간을 나란히 보여 준다. 즉 부유한 자들의 바로크적인 쾌락의 정
원과 가난한 자들의 지하 감옥으로 둘러싸인 어두컴컴한 공장이 바로
그것이다. 이 두 세계를 나누는 장벽을 허물어뜨릴 수 있는 유일한 힘
은 가난한 자들의 성인인 마리아에 대한 프레더의 사랑, 즉 특권층이지
만 동시에 친절한 마음씨를 갖고 있는 자의 사랑이다. 그럼에도 영화의
메시지는 계급투쟁이 필요하다는 것이 결코 아니다. 〈메트로폴리스〉의

논리에서 기계 파괴는 자기 파괴로 귀결되며, 집합 행동은 쉽사리 대중 히스테리와 비합리적인 군중 폭력으로 변질된다. 해결책은 프레더의 자비로운 개입에 있다. 그의 선한 마음이 노동자들(손)과 부르주아지(뇌)를 통합하는 것이다.

〈메트로폴리스〉는 전간기 문화 생산에서 공장이 차지하고 있는 모호한 위상을 효과적으로 보여 준다. 공장은 억압과 통제의 상징으로 기능했다. 그러나 영화는 또한 1920년대에 특징적인 기계에 대한 환상, 그러니까 러시아 혁명가들과 이탈리아 파시스트들, 미국의 공업 부문 기업가들을 비롯하여 노동자들과 부자들이 다함께 공유했던 그 환상을 포착하고 있다. 정치 이론이 공장을 다루는 방식도 이와 똑같은 모호함을 반영한다. 애덤 스미스(Adam Smith)는 노동자들을 백치로 만들며 생산성을 극적으로 향상시키는 분업의 역설적인 유산을 인식한 최초의 이론가 가운데 한 사람이었다.[1] 마르크스와 레닌, 그람시는 각기 공장의 이중적 성격에 맞서 투쟁했다.[2] 이 세 사람은 저마다 다른 방식으로 산업주의의 지배를 상징하는 공장이 어떻게 자본주의에 저항하는 가장 중요한 터전일 수 있는지를 보여 주었다.

공장은 정말로 효과적인 저항의 터전이었던가? 부르주아 공론장을 비판한 사회주의자들은 공장을 정치 동원을 위한 가장 유망한 터전으로 파악했다. 그중 일부는 심지어 공장을 새로운 사회의 교차점으로 보았다. 그럼에도 부르주아 공론장의 세계와는 달리, 공장이 합리성과 합의가 이상적으로 실현되는 공간이라고 상상하기는 힘들었다. 공장은 지배의 터전이었고, 기본적으로 자본주의에 맞선 투쟁을 유발하는 공간이었다. 공장에 내재된 디스토피아적 속성 때문에 공장은 자본주의 체제에 대한 저항의 잠재적인 터전이었던 것이다. 마르크스는 공장 경험이 자본주의 아래 놓여 있는 실질적인 노동조건을 밝혀 주며, 그럼으로써 계급의식을 함양하고 계급투쟁을 촉진했다고 주장했다. 이 장에서도 공장이 노동자들을 고립시키고 통제하는 유별나게 정교한 공간 시스템이었다는 사실을 보여 줄 것이다.

사회주의 이론가들은 공장을 자본주의 논리의 한 계기, 우리가 때때로 포드주의라고 부르는 생산 시스템에 대한 은유로 다룬다. 이 고도로 추상적이고 은유적인 접근법을 통해 공장을 새로운 생산자 사회의 맹아(레닌과 초기 그람시)나 자본주의적 파괴의 터전(마르크스)으로 볼 수 있다. 공간으로 하여금 스스로 말하게 하려는 시각에서 보면, 공장의 모순적이고 복잡한 성격을 훨씬 더 쉽게 인식할 수 있다.[3] 이 장에서는 산업화 초기 국면에서 노동자들이 집합 행동에 나서는 것을 금지하려는 목적에서 공장이 본질적으로 노동과정에 대한 감시와 통제를 증대하기 위해 고안된 공간적 배치였음을 보여 줄 것이다. 그럼에도 하나의 경험으로서 공장은 사방이 벽으로 둘러싸인 하나의 장소로서의 공장과는 다르다. 비록 공장이 정치 동원이 일어나는 절대적이거나 일차적인 터전이었음을 입증하기는 힘들더라도, 공장 노동자들은 자신들의 경험을 선술집과 민중회관, 클럽으로 가져갔고, 그럼으로써 바로 그곳에서 서로의 경험을 접속하고 동지를 얻고 새로운 이념을 수용했다.

공장의 논리

비록 마르크스는 '저항의 공간'이라는 용어를 사용하지는 않았지만, 이 용어는 자본주의와 계급 갈등, 혁명에 대한 그의 분석에 암묵적으로 깔려 있다. 그는 유토피아적인 코뮌에 대한 탁월한 비판자로서 장소와 권력의 관계를 날카롭게 인식하고 있었다.[4] 마르크스는 집합 행동을 유발하는 결정적인 단계가 개별적인 착취 경험을 그보다 더 넓은 구조적 역학의 결과로 인식하는 순간이라고 보았다. 경제구조가 투명한가 불투명한가, 노동자들이 집중되어 있는가 분산되어 있는가 여부는 정치 변혁에서 가장 중요한 문제였다. 비록 마르크스는 사회 공간을 새롭게 배치함으로써 인류를 변화시킬 수 있다고 믿지는 않았지만, 자본주의에 고유한 공간적 실천이 계급의식에 영향을 준다는 점에 주목했다. 공장의 디스토피아에 대한 마르크스의 분석은 미시 공간을 해방으로 연결시키는 가장 중요한 이론 가운데 하나이다. 그럼에도 공장에서 착취가 심화되어야만 공장과 변혁 정치의 연결도 뚜렷해진다는 것은 역설이 아닐 수 없다.

마르크스 전통 안에는 공장이 사회변혁 과정에서 담당하는 역할을 두고 심오한 긴장감이 존재한다. 수많은 초기 사회주의자들은 물론이요 공산주의자들조차 수공업 노동의 창조성과 자율성에 향수를 품고 있었던 반면, 후대 사상가들은 기계화된 근대 공장을 독자적인 프롤레타리아 정체성과 권력의 토대로 보았다. 이런 긴장은 널리 언급된 초기 마르크스의 낭만주의, 그러니까 "아침에 사냥하고 오후에 낚시하며 저녁에 가축을 돌보고 저녁 식사 후에 비평하는 것"[5]을 가능하게 해주는 낭만주의와, 프롤레타리아의 통일성의 터전으로 공장을 찬양하는 그람시의 거의 미래주의적인 논조 사이에 보이는 차이에서 명백하게 드러난다. 이 두 입장은 얼핏 보아 상반되는 것 같지만, 내가 보기에는 하나의 개념에 내포된 딜레마가 서로 다른 방식으로 표명된 것으로 읽어야 한다. 그렇다면 단연코 규율 권력과 착취의 터전인 공장은 어떻게 노동자들의 예속에 맞선 투쟁에서 교차점으로 기능할 수 있는가?

마르크스와 그람시는 공히 공장이 자본주의적 상품은 물론 혁명적 주체도 생산한다고 가정했다. 마르크스가 보기에 계급의식은 공장에서 겪는 소외에 대한 반응으로 출현한 것이었다. 그람시에게 프롤레타리아 정체성은 공장의 규율과 통일성이 고스란히 연장된 것이었다. 마르크스와 그람시는 둘 다 공장을 지나치게 이상화하고 양식화한다. 그들은 공장이 고유한 물질적 속성을 지닌 장소라는 점을 간과하고서 프롤레타리아트라는 혁명적 주체가 출현하는 구조적 토대라고 설정한다. 공장을 저항의 잠재적 터전으로 보는 생각에 어떤 난점이 있는지를 해명하기 위해, 나는 마르크스와 그람시의 이론 분석을 20세기로 넘어오는 시기 이탈리아의 공장 생활에 관한 사료들에 비추어 검토해 볼 것이다. 이 작업은 다시 두 단계로 나뉜다. 첫 번째는 공장에서 생산된 정치적 주체성 유형들을 드러내기 위해 공장 '안으로' 들어가는 것이고, 두 번째는 공장이 다른 정치권력의 터전들과 맺고 있는 관계를 이해하기 위해 공장 '밖으로' 나가는 것이다.

마르크스와 공장

마르크스에게 공장은 착취의 터전일 뿐 아니라 궁극적인 해방의 토대였다. 그는 팸플릿이나 신문 기사에 나오는 비인간적인 노동조건에 대한 묘사에 근거하여 공장 시스템을 비판했다. 초기 사회주의 비평가들은 근대 공장 노동의 억압적인 조건에 초점을 맞췄다. 극도의 장시간 노동과 반복적이고 스트레스를 주는 과중한 노동, 충격적이리만치 심각한 건강 및 안전 기준의 위반, 중단 없는 기계 리듬에 대한 노동의 완전한 예속 등이 바로 그런 억압적 조건이었다. 마르크스와 엥겔스는 자본주의가 가져온 생산력 증대를 긍정적으로 평가했지만, 공장 생활을 낭만적으로 보지는 않았다.

엥겔스는 영국의 공장과 슬럼가의 생활 조건을 폭로한《1844년 잉글랜드 노동자계급의 조건》에서 산업 시대 이전의 생활을 '목가적인' 모습으로 묘사했다.[6] 마르크스와 엥겔스는 다른 사상가들을 두고 그런 향수를 버리지 못한다고 비판했지만, 정작 자신들도 특히 초기 저작에서는 그런 향수를 재생산하고 있었다.《공산주의 선언》은 자본주의의 성취를 부각시키기는 했지만, 동시에 공장 시스템에 대해서는 긍정적으로 언급하지 않는다. 마르크스와 엥겔스가 주장하기를, "프롤레타리아의 노동은 기계 장치의 확산과 분업으로 말미암아 모든 자립적 성격을, 따라서 노동자들에게 주는 모든 매력을 상실했다. …… 그들은 단순한 기계의 부속품이 된다. …… 공장에 한데 모인 노동자 대중은 군대식으로 조직된다."[7] 마르크스와 엥겔스는 프롤레타리아를 개별 노예주가 아니라 기계 자체, 그리고 부르주아계급과 부르주아국가에 얽매인 노예에 빗댄다. 두 사람은 공장 시스템이 착취의 과학에 기초를 두고 있다는 사실을 인식하고 있었다. 부르주아지는 경영진의 통제력을 증대하고 기계 사용을 촉진하며 노동에서 기능을 제거함으로써 자본주의 시장에서 경쟁하는 데 필요한 더 많은 이윤을 뽑아낸다.

그럼에도 공장 시스템은 스스로를 파멸로 이끄는 씨앗을 뿌린다. 공장은 자본주의 체제의 일반적인 특징인 착취와 저항의 역학과 마찬가지로 자기 자신의 무덤을 파는 인부를 길러 낸다. 총체적으로 통제된 공장 환경에서 과잉 착취를 통해 얻을 수 있는 역설적인 이점은, 시장에서는 은폐되는 자본주의의 진정한 성격이 눈에 드러난다는 데 있다. 마르크스와 엥겔스가 주장하기를, "이 전제정치는 영리가 목적이라고 공공연하게 선포하면 할수록, 더욱더 좀스럽고 증오스럽고 잔인한 것으로 바뀐다."[8] 공장 시스템은 착취를 증대시키지만, 그 착취를 점점 더 가시적이고도 투명한 것으로 만든다. 비록 자본주의 이전의 모든 생산도 인간 노동을 노동수단에 예속시키기는 했지만, 공장 시스템은 공장 안에서 "이러한 주객전도가 처음으로 기술적 현실이자 생생하게 체험하는 현실이 된다"[9]는 점에서 독특하다. 공장 노동자는 자신이 생산과정에 들어가는 또 다른 '투입물'일 뿐이며, 복잡하고 값비싼 기계보다도 훨씬 더 값어치 없는 소모품이라는 사실을 안다. 일단 프롤레타리아트가 개인적인 의무나 의존 관계에 더 이상 맹목적으로 순종하지 않게 되면 경영과 노동의 이해관계 사이에 점증하는 균열을 제대로 볼 수 있다. 이러한 지식이야말로 계급의식을 발전시키고 끝내 혁명적 행동에 나서는 첫 번째 결정적인 단계를 대표한다.

두 번째 단계는 공장이 노동자계급을 점점 더 균질적인 집단으로 변화시키는 것이다. 마르크스와 엥겔스는 《공산주의 선언》에서 근대적 기계가 예전에는 노동자들을 차등화시켰던 기능과 훈련의 중요성을 침해한다고 설명한다. 힘과 정밀성, 계산, 창조성은 모두 기계 가동이라는 단 하나의 동기에 의해 무력화된다. 수공업자와 기능공이 노동과정에 대한 통제권을 상실함에 따라, 노동자들 사이의 차등화는 감소한다. 이러한 조건에서 노동자들은 서로를 잠재적인 경쟁자로 간주하기는커녕 오히려 똑같은 착취의 경험을 갖는 같은 계급의 구성원으로 여기게 된다. 공장이 노동 착취를 심화하고 가속화하는 터전이라는 바로 그 이유 때문에, 공장은 저항의 교차점이 된다. 자본주의가 잇따른 상업적 위기나 주기적 경기 후퇴와 끊임없이 씨름하는 가운데 노동자들의 삶은 예전보다 훨씬 더 불확실해지는 한편, 공장 시스템은 프롤레타리아트가 하나의 계급으로서 공장 경험을 공유한다는 사실을 드러낸다.

마르크스와 엥겔스는 1848년에 발표한 《공산주의 선언》에서 공장 경험이 사용자에 반대하는 노동조합은 물론이요, 궁극적으로는 계급에 기반을 둔 정치적 지향성이 강한 국민적 또는 국제적 조직을 낳을 것이라는 낙관론을 표명했다.

> 부르주아지에 대항하는 프롤레타리아트의 투쟁은 프롤레타리아트가 존재하는 순간 시작된다. 처음에는 개별 노동자들이 그다음에는 한 공장의 노동자들이, 그다음에는 한 지역에 있는 한 노동 부문의 노동자들이 자신들을 직접 착취하는 개별 부르주아에 맞서 투쟁한다. …… 그러나 공업의 발전과 더불어 프롤레타리아트가 그저 증가만 하는 것은 아니어서, 프롤레타리아트는 더 커다란 대중으로 한데 모이며 그 힘이 커지고 점차 자신의 힘을 더 느끼게 된다. 기계 장치가 점점 더 노동의 차이를 지워 없애고 임금을 거의 모든 곳에서 똑같이 낮은 수준으로 떨어뜨리기 때문에, 프롤레타리아트 내부의 이해관계나 생활상의 처지는 더욱더 균등하게 된다. …… 노동자들은 부르주아에 대항하는 연합체들(노동조합)을 형성하는 일부터 시작한다.[10]

부분적으로는 역사이고 어느 정도는 예언이라고 할 수 있는 《공산주의 선언》의 설명은 계급의식과 노동자 정당, 계급투쟁에서 정점에 이른다. 돌이켜 보면, 이런 전망은 너무 기계적인 견해인 것도 같다. 비록 생산의 긴급한 기술적 필요 탓에 과도하게 착취당하는 과정에서 계급의식을 갖추고 동질적인 프롤레타리아트가 형성되는 경향이 있기는 하지만, 그러한 전망은 부르주아가 회유와 강압을 결합하는 전략으로 프롤레타리아트의 도전에 대응할 수 있다는 점을 과소평가하고 있다.[11] 마르크스는 공장을 "하나의 시스템으로 조직된 기계"로 정의했지만, 이 결정적으로 중요한 통찰에 내포된 함의를 간과했다.[12] 공장은 상품 생산과 유순한 노동자들에 대한 통제권을 둘러싼 투쟁, 즉 경영진이 거의 언제나 유리한 위치를 차지하고 있는 투쟁의 터전이다. 마르크스는 기계의 기술적 가능성과 증대된 위계적 통제 사이의 연관성을 이끌어 내는 정치적 언어를 사용한다. "모든 동작이 비롯되는 중앙의 기계는 자동 인형이자 전제군주이다."[13] 공장은 새로운 기계의 집적체일 뿐 아니라 정제된 권력 시스템인 것이다.

이탈리아 공장 안으로

공장은 규모와 기계화 정도, 노동의 세분화 정도, 경영 구조, 생산과정의 유형을 자유자재로 바꿀 수 있는 고도로 유연한 형태였다. 그럼에도 자본주의 아래에서 공장이 그렇게도 능란하게 변신한 목적은 오로지 하나였다. 곧 수익성을 증대하기 위해 생산을 합리화하는 것이었다. 그동안 무수히 많은 연구는 이 목표가 기계를 도입함으로써, 그리고 공장 직원들을 기계의 리듬에 완전히 종속시키기 위해 그들을 규율에 따라 훈련시킴으로써 달성되었다는 사실을 보여 주었다.[14] 비록 세기 전환기 이탈리아의 공장 조건이 극도로 열악했다는 사실을 보여 주는 자료가 많지만, 공장 생활의 세부적인 면을 보여 주는 자료들은 매우 다양한 결론을 뒷받침해 주는 것으로 이용되어 왔다.[15] 농촌의 보수 반동적인 인사들은 봉건제에 준하는 도덕적 질서를 다시 정당화할 요량으로 공장의 난잡함을 부각시켰다.[16] 한편 도시의 개혁가들은 정부의 자비로운 감독을 기대하며 합의를 구축할 요량으로 공장의 지저분함과 질병, 위험을 상세히 열거했다. 노동조건 또한 다양했다. 확산되고 있던 중공업 분야에서 일하는 고도로 숙련된 남성 금속 노동자들의 경험과 담배 제조 공정, 방적, 염색, 짚 짜기, 식품 가공, 재봉 같은 노동집약적인 직종에서 압도적 다수를 차지하는 여성 및 아동 노동자들의 경험은 너무도 달랐다. 그럼에도 19세기 말 이탈리아에서 공장은 노동자들 대부분에게 사회통제와 착취가 이루어지는 극단적인 지점을 대표했다. 공장은 노동 투사들의 저항 터전으로 기능했다기보다는 차라리 유순한 몸을 생산하는 데 기여한, 고도로 강압적인 시스템의 교차점이었다.[17] 공장주와 경영자가 보유하고 있던 전제적인 권력은 적어도 공장의 권위주의적 성격이 공장 밖에서 조직된 정치 세력에게 도전받을 때까지 보통선거권을 위한 투쟁을 막아 내는 효과적인 방파제였다.

처음에 전제적 공장은 한편으로는 자유주의, 다른 한편으로는 통일 이후 이탈리아 정치의 특징인 강압적 무력에 의해 보호받았다. 자유주의 이데올로기는 공장의 조건을 사적인 문제로 치부했고, 권력정치가 파업을 분쇄하고 '전복적인' 노동자 조직을 해체하기 위해 국가의 개입을 정당화했다. 예컨대 1880년에 북부 이탈리아의 공업 지대인 비엘라의 시정 당국은 공장 실태 조사를 가리켜 "가정의 불가침성에 대한 공격"이라고 묘사할 정도였다.[18] 1897년에 공업 부문 기업가들의 이해관계를 대변하는 어떤 신문은 그 무렵의 실상을 솔직하게 인정했다.

하나님과 성자들 덕분에 우리는 루이 14세가 말한 '국가, 그것은 바로 나다'를 그대로 빌려 와 '국가, 그것은 바로 우리다'라고 말할 수 있게 되었다. 왜냐하면 통치하는 정부는 바로 우리 의지와 우리 욕망으로부터 나온 것이기 때문이다.[19]

공장 규율은 인정사정없는 이런저런 복잡한 규칙에 의해 보장되는 경우가 많았다. 규율은 약간의 규칙 위반에 대해서도 여지없이 벌금과 형벌을 부과하는 시스템으로 강화되었다. 이런 규칙은 위계 시스템의 말단에 있는 노동자들의 지위까지 명문화했다. 예컨대 이탈리아 남부 도시인 바리의 시멘트 공장 데 필리피스(De Filippis)의 규칙에는 이런 내용이 나온다. "노동자보다 우월한 지위에 있는 사람은 ① 회사 소유주, ② 경영자와 그 대리인, ③ 십장과 조장, 그 밖의 조력자, ④ 자신의 임무를 수행하는 경비(노동자들의 출퇴근 시간을 기록하는 자로 추정됨)이다."[20] 공장 규칙은 특정 개인이 직무를 수행하는 데 필요한 올바른 절차를 세세하게 제시했을 뿐 아니라 엄격한 위계와 유순한 노동력을 확보하려는 시도를 잘 보여 주고 있다. 한편, 북부 도시인 베르가모의 한 직물 공장 규칙에 따르면, "모든 노동자는 항상 상급자에 순응하고 복종하되, 지체 없이 주저 없이 토를 달지 않고 충실한 마음으로 자신에게 할당된 모든 직무를 수행해야 한다." 또한 "청결과 바른 행실을 유지해야 한다." 이 규칙은 또한 노동자들이 "떠들지 말고" 공장을 출입해야 한다고 명시했다.[21] 담배 공장에서는 다음과 같은 위반에 대해 정직과 벌금이 부과되었다. "노동시간에 …… 과일이나 기타 음식물을 먹는 행위"와 작업장에 '주류'를 반입하는 행위, "담배를 피우거나 씹는 행위," "노래를 부르거나 떠드는 행위," "기계를 사용할 때 제멋대로 바꾸는 행위," 그리고 퍼질러 앉는 행위.[22] 밀라노의 슈티글러(Stigler) 공장에서 노동자들은 아침 7시에 출근하여 저녁 8시에 퇴근했고, 공장에 있는 동안 대화하고 노래하거나 '떠드는 행위'를 삼가야 했다. 볼로냐의 한 주물 공장은 "공장 안에서 작업과 무관한 주제에 관해 토론하는 행위"를 금지했다([그림 1]과 [그림 2]를 보라).[23]

이러한 규칙을 강요하는 가장 강력한 수단은 공탁금 시스템이었다. 노동자들은 급여 일부를 공탁금으로 내놔야 했는데, 그들이 규칙을 위반했을 때 공탁금은 그대로 공제되었다. 또 노동자들은 때때로 자신들의 급여에서 사용자들이 공제해 둔 연금을 잃을 수도 있었다. 이 규칙은 특히 파업이나 작업 중단을 예방하는 데 효과적인 방법임이 입증되었다. 한 공장주에 따르면, "적어도 8일 전에 미리 알리지 않고 작업에 나오지 않는 행위, 특히 집합 행동에 대해서는 공탁금 압수가 뒤따를 것이다."[24] 이보다 더 엄격한 또 다른 내규도 있었다. 작업을 중단하면 이유를 불문하고 즉각적인 해고와 공탁금 압수가 뒤따른다는 점을 명시했다.[25] 심지어 "처벌받거나 해고된 동료에게 연대를 표명하는 것"은 그 자체로 규율 위반에 해당하는 행위였다.[26]

규율과 감시는 공장 문 앞에서도 멈추지 않았다. "공장 밖에서도 상사에 대한 불충과 반항, 불량함"은 공장 규칙의 위반이었다. 노동자들은 "파괴를 불러일으키거나 회사의 이해관계나 회사를 운영하는 사람들의 명성에 해를 끼치는 토론이나 모임을 주선하거나 거기에 참여하는 행위"로 해고될 수 있었다.[27] 피렌체의 라 갈릴레오(La Galileo) 공장은 '버릇없는' 행위나 '불량한' 행위, 심지어 노동시간 이후에 보인 그런 행위들을 들어 노동자들을 해고했다.[28] 그런 규칙에 깔려 있는 진정한 동기 중에는 하급자의 도덕적 자질에 책임감을 통감하는 전통적인

그림 1 20세기 초 이탈리아의 공장 노동

그림 2 20세기 초 이탈리아의 가내 노동
Aris Accornero, Uliano Luca, and Giulio Sapelli, eds., *Storia fotografica del lavoro in Italia, 1900-1980*(Bari: De Donato, 1981).

온정적·봉건적 감각도 있었겠지만, 그보다는 정당이나 저항 단체 같은 전복적인 조직들을 탄압하려는 강한 욕구가 있었다. 19세기 이탈리아 최대의 직물 기업을 운영하던 스키오(Schio)의 기업가 알레산드로 로시(Alessandro Rossi)가 소유한 벨라노 모직 공장의 규칙은 "공장 밖에서 노동자들은 깍듯하고 예의바르게 행동해야 한다"라고 못 박고 있다. 노동자들은 소유권과 공공질서에 반하는 범죄행위는 물론이요, "우호적인 행위 대신 증오의 씨앗을 뿌리는 사람들이 참여하고, 좋은 일을 한다는 핑계로 노동자들에게 해로운 악행을 조장하거나 또 그럴 요량으로 특정한 교의를 주장하는 사람들이 있는 단체에 가입하거나 그 모임에 참석하는 것"만으로도 해고될 수 있었다.[29] 공장 노동자들에게는 공장 안에서 노동조건에 대해 토론할 기회가 주어지지 않았을 뿐 아니라 '남는' 시간에 일터 밖에서 최소한의 기본적인 정치 행위에 참여하는 것도 금지되었다. 스테파노 메를리(Stefano Merli)는 공장 내규를 분석하면서 바로 그런 상황 때문에 1901년까지도 로시가 운영하는 공장에서 일하는 10,000~12,000명이나 되는 노동자들이 변변한 노동조합 하나 구성하지 못했다고 결론지었다. "여성들은 그냥 사회주의 서클(그저 24명 정도 회원을 거느린)의 건물이 자리 잡고 있는 거리조차 지나갈 수 없었다."[30]

이 공장 노동자들이 처해 있던 상황을 설명하는 데는 푸코처럼 공장 규율과 감옥을 미묘하게 구분할 필요조차 없다. 초창기 여러 공장에서 횡행하던 강압과 규율, 감시의 사례를 그 무렵 한 신문 기사는 '공장 감옥'이라는 표제어를 달고 보고하고 있었다. 1887년에 사회주의 계열의 신문인 《노동자 동맹》(Fascio Operaio)은 노동자들을 공장 안에 감금한 나폴리의 모자 제조 공장에 관한 기사를 내보내기도 했다.[31] 또 어떤 공장들은 정해진 휴식 시간에조차 노동자들이 건물 밖으로 나가는 것을 허락하지 않았다. 이는 특히 아픈 아이나 가족을 돌보기 위해 이따금 집에 들러야 했던 여성들을 겨냥하고 있었다. 공장 기숙사에 살고 있던 노동자들은 훨씬 더 심한 통제에 시달렸다. 경영진은 일이 끝난 뒤에도 노동자들이 여가 활동으로 자신들이 보유한 노동력을 회사에서 '훔치는 것'을 방지하기 위해 종업원들의 일거수일투족을 규제하려고 했다. 한 견직 공장에서 노동자들은 밤늦게 잠자리에 드는 것이 허용되지 않았다. 모든 사람이 공장 규칙을 준수하도록 강제하기 위해 경영진은 야간 감독을 두어 사회 통제의 강도를 합리화하는 전략을 채택했다. 이 야간 감독은 노동자들이 볼 수 없는 곳에 숨어서 대개 "램프 두세 개를 켠 채" 일정한 시간마다 한 번씩 자리를 이동했다. 게다가 경영진은 "감독이 잠드는 것을 방지하기 위해" 밤새도록 정해진 시간마다 졸지 않았음을 증명하는 표시를 남기는 "특수 진자 장치"를 갖춘 천공 시계를 고안해 내기도 했다.[32]

직물업이나 식품 가공업처럼 (이탈리아 공장 노동자의 대다수를 고용한) 노동집약적 부문에서 공장이 보여 주는 두드러진 특징은 기술적 근대화 수준이 낮다는 것이 아니라 오히려 새로운 형태의 사회통제와 노동을 '합리화'하는 혁신적인 방식을 도입했다는 점이다. 밀라노에서 과자 제조업계 사용자 단체는 이 분야에 종사하는 노동자들 전체를 기록하고 추적하는 중앙 집중 시스템을 마련했다. 단체 회원은 모두 직원들의 행실과 움직임에 대한 기록을 공유하는 데 동의했다.[33] 노동에 대한 통제권을 확대하기 위해 고안된 또 다른 장치는 가난한 집안의 자식들을 '직종 학교'에 보내는 것이었다. 아이들은 변변치 않은 급여를 받거나 아예 급여를 받지 않고 극도로 오랜 시간을 일해야 했다. 그렇게 되면 이런 장소들에서 학교와 감옥, 공장을 나누는 경계선은 희미해지게 마련이었다. 당시 하원의원이던 알레산드로 카브리니(Alessandro Cabrini)의 말을 빌리면, "가난한 집의 소녀들은 달랑 몇 푼을 받거나 아예 받지 않고 하루 18~20시간씩 일해야 하는 경우도 있었다."[34]

공장 규율을 남용한 최악의 사례는 본래 방적업이나 방직업, 재봉업, 광업처럼 덜 기계화된 부문에서 일상적으로 확인할 수 있지만, 공장 규율은 '첨단' 중공업 분야에서도 점점 더 강화되고 있었다. 금속 분야에서 생산과정은 기능상의 자율성을 누리던 작업반과 기능공들의 통제권을 잠식할 수 있도록 재조직되었다. 도널드 벨(Donald Bell)은 밀라노 외곽의 새로운 공장들의 사례를 연구하면서 그 무렵의 변화를 이렇게 설명하고 있다.

　(예전에) 소규모 공단에서 장인 제조업자들은 양질의 금속을 생산하는 복잡한 공정에서 기능을 보유한 연철공과 주물공(그들 스스로 보조 노동자들을 통제하는)을 지휘했다. 제조 단계마다, 잘 훈련된 직원들은 상당한 근력과 훈련이 필요한 수공 작업으로 금속을 연마하고 주조하며 압연했다. 이와는 대조적으로, 세스토에 있는 팔크(Falck) 같은 새로운 강철 공장들은 노동의 재편성을 단행했다. …… 가장 중요한 변화는 지멘스-마르틴 용광로를 도입한 일인데, 이로써 화로 근처에서 일하던 연철공과 그의 통제를 받는 작업반이 필요 없어졌다. 금속 생산공정에서 이제 화덕은 폐쇄되었고, 연마 작업을 하던 많은 노동자들이 선철을 화덕에 투입하는 작업자 또는 용해된 철을 주형틀에 쏟아붓는 작업자로서 공장 곳곳에 재배치되었다. 작업은 더 이상 한 곳에서 이루어지지 않았다. 제조 과정은 각 부서로 분할되었다.[35]

벨은 이러한 기술적 자극이 금속공업의 노동 경험에 어떤 충격을 주었는지 설명하고 있다. 신설 부서들은 한때는 노동자였지만 지금은 전적으로 감독 책임만을 맡는 십장들이 관할했다. 기술적 과정은 엔지니어들이 완전히 장악했고, 연구 개발은 공장 바깥에서 이루어졌다. 증기해머를 비롯한 새로운 기계의 도입으로 귀를 먹먹하게 하는 소음이 발생했고, 따라서 노동자들 사이에 오가는 단순한 의사소통조차 힘들어졌다. 게다가 생산과정이 공단의 특정 지구로 국한됨에 따라 다양한 노동자들이 서로 접촉할 수 있는 가능성도 낮아졌다.[36] 지정된 장소에서 벗어나는 것을 금지한 공장 규칙은 이동 제한이 분쟁의 원인 가운데 하나였음을 간접적으로 보여 주는 증거이다.[37]

새로운 공장들은 최소 비용으로 최대한의 통제를 실현할 수 있는 공간으로 설계되었다. 1800년대 후반의 견직업에 관한 한 보고서에 따르면, 공장을 위해 발명된 몇몇 새로운 조직 계획이 있었다. 그중 가장 눈에 두드러진 것이 그 무렵 몇몇 공단에 적용된 델프리노(Delprino) 시스템이었다. 이 시스템에 따라 공장은 기본적으로 노동자들의 작업대 위에 별석(別席)을 설치하는 방식으로 설계되었다. 이 별석에서 감독은 노동자들이 표준 견사를 만들기 위해 미리 할당된 수의 가닥을 제대로 합쳐 꼬는지 어떤지를 관찰할 수 있었다. 이 보고서는 "일부 별석은 노동자가 감독을 볼 수 없도록 숨겨져 있었고, 노동자는 실제로 관찰되지 않는 상태에서도 지속적으로 감시받고 있다고 느꼈다." 그럼에도 델프리노 시스템은 "별석에서 방적공들을 관찰하는 직무를 수행하는 감독을 관리자가 관찰할 수 없다"는 이유로 더 이상 이용되지 않았다. 관리자는 별석 감독이 틈나는 대로 졸지 않을까 하는 의심을 품었던 것이다.[38] 이러한 결함은 1897년에 건립된 견본 공장을 위한 계획안을 통해 교정되었는데, 이 안은 경영자가 공간의 맨 위에 놓인 책상 앞에 앉아 문자 그대로 '모든 사람 위에서' 지속적으로 감독할 수 있도록 작성되었다.[39]

공장은 갈수록 정교한 감시와 통제의 방법을 향상시켜 나갔지만, 그렇다고 더 노골적이고 직접적인 형태의 지배가 사라졌음을 뜻하는 것은 아니었다. 이탈리아 북부 도시인 크레모나에서 파업을 일으킨 견직공들이 터뜨린 불만 중에는 여전히 신체적 학대가 있었다. 1896년에 시장이 실태를 조사해서 내놓은 보고서에는 "피가 날 정도로 그들의 귀를 비틀었다"는 사실이 나온다.[40] 아나스타시오 로시(Anastasio Rossi) 신부는 그런 비슷한 학대가 로멜리나의 방적 공장들에서도 벌어지고 있다고 보고했다.

이렇듯 끔찍한 조건들로부터 어떤 결론을 이끌어 낼 수 있는지는 모호하다. 확실히, 애덤 스미스 이래로 기계 한 대를 가동하는 데 따르는 획일적이고 지속적인 동작이 인지 기능을 파괴하는 효과를 낳는다는 점을 강조하는 오랜 전통이 있었다. 다양한 자극과 의미 있는 도전이 없으면 판단력이나 상상력, 학습 능력이 손상된다는 얘기이다. 에르네스토 갈라브레시(Ernesto Gallavresi)는 《여성 및 아동 노동에 대하여》라는 보고서에서 이와 유사한 주장을 펼쳤다. "항상 똑같고 단조로운 기계적 운동이 노동자의 정신과 몸의 자유로운 활동을 옥죄기 때문에, 그로부터 결코 끝이 보이지 않는 직무를 수행하는 데 따르는 피곤에 찌든 획일성과 무관심이 생겨나고 …… 이 때문에 노동자는 금방 불구나 백치가 된다."[41] 이런 분석이 안고 있는 문제점은 분석 주체인 개혁가들이 열악한 공장 조건에 혐오감을 품게 되면서 그대로 노동자들 자체에 대한 경멸감까지 갖게 되는 경향을 드러낸다는 데 있다. 그럼에도 증거는 노동자의 수동성에 대한 다른 설명이 가능하다는 점을 시사해 준다. 노동자들을 그토록 심하게 탈정치화하는 효과를 낳은 것은 노동 뿐 아니라 공장의 권위주의와 규율이었을 것이다. 작업장에서 사회 통제가 확대되고(지속적인 감시와 이동의 제한, 격리, 위계, 공간적 통제) 공장 문 밖에서 정치 참여에 대한 가혹한 처벌이 이루어지는 가운데 고된 노동이 사람의 정신을 멍하게 할 정도로 정신적 소모를 낳기 때문에, 정치 활동에 참여할 기회가 거의 없는 노동자들은 '유순한' 존재가 될 수밖에 없었다.

이러한 조건들을 고려하면, 공업 노동자들이 애초에 정치 평등과 사회 변화를 위한 투쟁의 선봉에 설 수 없었다는 사실은 그리 놀라운 것이 아니다. 감히 좌익 정치에서 눈에 띌 정도로 지도적인 위치에 있었던 공장 노동자들은 어김없이 해고되었다. 장차 이탈리아 노동총연맹 의장이 되는 리날도 리골라(Rinaldo Rigola)나 공산주의청년동맹의 수장이 될 마리오 몬타냐나(Mario Montagnana) 같은 투사들은 공장에서 해고된 뒤 생계를 잇기 위해 자영업으로 돌아서야 했다.

공업 노동자들이 초기 사회주의 운동의 선봉에 서 있지 않았다는 사실을 보여 주는 인상적인 이야기들이 많다. 리골라는 회고록에서 1890년 이탈리아에서 열린 최초의 대규모 노동절 행사에 공업 노동자들이 참여하지 않았다고 회상했다. 그는 언론이 이 국제 노동자의 날에 담겨 있는 불온한 의미를 두고 호들갑을 떨었고, 공업 부문 기업가들도 행사에 참여하느라 결근하는 노동자들을 해고하겠노라고 으름장을 놓았던 탓에 "공장은 평상시와 다름없이 문을 열었고, 극소수를 제외하고 공업 노동자들 대부분이 제자리에 나타났다"는 사실에 주목했다. 리골라에 따르면, 그럼에도 행사는 수공업자들과 기능공들로부터 강력한 지지를 받았기 때문에 성황리에 끝났다. 그날 밤 상조회 '아르키메데스'의 부속 단체인 여가협회 홀에서 집회가 열렸다. 300명에 달하는 인파가 사회주의나 급진 민주주의 같은 정치적 경향을 대표하는 연사들의 말을 경청했으나, 여기서도 "공장 프롤레타리아트를 대표하는 사람은 소수였다."[42]

앞으로 4장과 5장에서 살펴보게 되겠지만, 이탈리아에서 처음 생겨난 저항의 터전은 수공업자들이 세운 곳(상조회 형태)과 토지 없는 농민들이 세운 곳(노동자 협동조합 형태)이었다. 자본주의 체제에 맞선 최초의 대규모 시위에서도 주력이 실업자들, 곧 잃을 게 거의 없는 사람들이었다는 사실도 놀라운 일이 아니다. 5월 사태(1898)와 같은 초창기 정치 폭동과 시칠리아 파쇼(1893)도 정치적으로 대표되지 못하는 현실에 대한 항의와 시장 체제가 불러온 새로운 경제적 비상사태에 따른 부당한 징세에 대한 항의를 결합시켜 다양한 계층에서 참여자를 이끌어냈다.[43] 사회주의 운동의 힘은 농민과 분익 소작농, 실업자, 공장 노동자, 수공업자가 벌인 각종 투쟁들 사이의 모호한 연대를 구축할 수 있는 역량에서 나왔다. 이러한 연대는 공장 안에서는 쉽게 구축될 수 없었다. 극도로 억압적인 공장 조건을 고려하면, 개별 공장 안에서 노동자들 사이의 연계를 유지하는 일은 거의 불가능했다. 바꿔 말하자면 그들이 모일 수 있는 새로운 터전이 중요하다는 점을 뜻한다([그림 3]과 [그림 4]를 보라). 정치 서클과 협동조합, 상조회, 선술집처럼 노동자들의 사회성을 위한 자율적인 터전이야말로 개인들이 경제적 등락을 이해하고 전략을 토론하며 정치 행동을 계획할 수 있게 한 장소들이었다.

물론 공장이 그 무렵 막 출현하고 있던 민중적 공론장의 반명제는 아니었다. 공장과 공장의 그늘에서 번성한 노동자협회 사이에 건설적인

그림 3 밀라노의 브레다 공장 내부(1910년 무렵)

그림 4 이몰라의 사회주의 서클(1904년)
Aris Accornero, Uliano Luca, and Giulio Sapelli, eds., *Storia fotografica del lavoro in Italia, 1900-1980*(Bari: De Donato, 1981).

관계가 있었다. 공장의 규율과 권위주의 때문에 노동자들을 한데 연결하고, 공적이고 자율적인 공간을 창출하는 일이 무엇보다 정치적 급선무가 되었다.

그럼에도 한 가지 골치 아픈 변칙이 남아 있다. 만일 공장이 순수하게 착취의 현장이기만 했다면, 공장 노동자의 이미지가 어떻게 긍정적인 사회주의적 이상이 될 수 있었을까? 이 점과 관련하여 어쩌면 내가 공장의 모습을 너무 처량하게 묘사했다고 대답할 논평자도 있을지 모르겠다. 내가 장소의 특수성을 강조함으로써 시간의 중요성을 간과했다고 주장할 수도 있다. 다른 말로 하자면, 세기 전환기 공장 규율의 남용에 초점을 맞춤으로써 내가 프롤레타리아트의 꿈인 통일성을 통해 공장을 광범위하게 공유된 권력의 꿈으로 변형시킨 과정을 무시했다고 볼 수 있다. 1920년 무렵 노동자들은 공장평의회를 공장의 착취에 맞선 보호처이자 새로운 형태의 정치권력에 토대가 되는 소비에트라고 보았다. 영웅적인 공장 노동자를 이상화하는 것이 그저 무력과 기계를 혁명적 주체라는 프롤레타리아트에 결합시킨 미래주의적 환상의 산물만은 아니었다.[44] 이런 생각은 또한 정치적 스펙트럼을 가로질러 깜짝 놀랄 정도로 광범위하게 나타난 경향이기도 했다.

사회주의 진영에서 이러한 입장을 대표하는 가장 주목할 만한 인물이 바로 안토니오 그람시였다. 그의 입장에 내재된 긴장을 분석한다면 우리는 공장 이데올로기를 올바르게 이해할 수 있는 실마리를 찾을 수 있을 것이다.

프롤레타리아 영웅과 공장평의회

그람시는 초기 저작에서 분업을 옹호했다. 그에 따르면, 분업은 생산력을 향상시키는 결정적인 방법일 뿐 아니라 노동자계급의 연대를 강화하는 유력한 방법이었다. 공장 노동은 필요악이라기보다는 생산주의라는 이상에서 정점을 찍었다. 마르크스가 소외의 본질을 등급화되고 격리되며 일상화된 직무들로 생산과정을 파편화시키는 데에서 찾았던 것과는 반대로, 그람시는 전문화가 노동자계급에게 바람직한 상호 의존감을 불어넣어 준다고 주장했다. 그람시는 공장의 직무를 전문화시켜 편제하는 것을 비판하기보다는 프롤레타리아트가 습득한 규율에 찬사를 보냈다.

한편으로, 노동자계급은 완전히 새롭고 전례 없는 인류 모형을 향해 발전하고 있는 중이다. 이는 곧 공장 노동자, 즉 …… 공장에서 생활하고 생산을 경험함으로써 열정적이고 질서 있는 삶을 체득한 프롤레타리아이다. 프롤레타리아의 생활은 공장 밖의 사회적 관계와 관련하여, 또 부의 분배 시스템 내부의 정치적 관계와 관련하여 무질서하고 혼란스러울지도 모른다. 하지만 공장 안에서 그들의 삶은 질서정연하고 정확하며 규율 잡혀 있다.[45]

그람시는 산업사회와 기술 진보를 기탄없이 받아들였다. 이탈리아 미래주의의 주요 이념들을 둘러싼 어느 토론에서 그람시는 노동자계급의 혁명적 역량을 공장에 대한 고유한 적대감이 아니라 다름 아닌 규율과 질서 속에서 찾았다. 노동자는 기계의 부속품이 되었지만, 이 사실이 반드시 개탄해야 할 현상만은 아니라는 것이었다. 그람시는 기계의 특징인 힘과 통일성, 획일성, 합리성, 근대성, 생산성이 혁명을 성공시키는 데에도 필요한 것이라고 보았다.

그람시는 분업이 소외를 야기한다고 비판하기보다는 오히려 분업을 통해 더 높은 수준의 복합성과 통일성을 달성할 수 있다고 평가했다. 그람시가 보기에 공장의 현실이 그저 극복해야만 할 자본주의의 산물만은 아니었다. 그는 직무의 전문화와 결합되어 한층 더 심화된 노동자들의 집중을 통해 프롤레타리아의 연대성이 발현될 수 있다고 주장했다.

노동자계급은 공장, 나아가 생산과 동일시되었다. 프롤레타리아는 일하지 않고서, 그것도 질서정연하게 일하지 않고서는 살 수 없다. 분업은 프롤레타리아 계급을 심리적으로 통합시켰다. 그것은 프롤레타리아의 세계에서 '계급 연대'로 표현될 수 있는 느낌과 본능, 사상, 관습, 습관, 정서 등으로 이루어진 어떤 실체를 함양했다. 공장 안에서 모든 프롤레타리아는 자신이 작업 동료와 불가분의 관계에 있다고 느끼기에 이르렀다. 공업 생산의 노동 시스템에서 단 하나의 공정이 없어지기만 해도, 창고에 저장된 원자재가 사회 속의 인간에게 필요한 물품으로 세상에 유통될 수 없지 않겠는가? 프롤레타리아는 전문화된 직무에 정통할수록 자신의 동료가 필수불가결한 존재임을 더 뚜렷하게 의식하게 된다. 프롤레타리아는 자신을 응집력 있는 유기체의 한 세포라고 느낄수록 더 큰 내적 통일성과 응집력을 갖추게 된다. 프롤레타리아는 질서와 방법, 정확성이 필요하다고 느낄수록 세상 전체가 자신이 일하는 공장에서와 똑같은 정확성과 방법, 질서로 조직된 거대한 공장처럼 되어야 한다고 느낀다. 그리하여 점점 더 어떤 공장을 다른 공장과, 어떤 도시를 다른 도시와, 어떤 민족을 다른 민족과 접속시키는 관계 시스템 전반으로 공장의 활력인 질서와 정확성, 방법을 투사해야 한다고 느끼게 된다.[46]

1920년 이 글을 쓸 때 그람시가 취한 입장은 명확했다. 공산주의 사회는 하나의 대규모 공장처럼 조직되리라는 것이었다.

공장평의회는 혁명과 그 결과로 출현할 사회주의국가에 대한 그람시의 독창적인 사유에서 중요한 역할을 했다. 그람시나 톨리아티(Palmiro Togliatti) 같은 공장평의회 운동의 대표자들은 공장평의회가 사회주의국가 내부의 기본적인 정치 단위가 될 수 있다고 주장했다.[47] 공장평의회는 1920년 9월 토리노의 공장점거 운동에 기여한 역할 덕분에 유명해졌는데, 그때 40만 명이 넘는 노동자들이 점거에 참여하여 이탈리아를 혁명의 문턱까지 몰아붙였다.[48] 이 운동은 토리노의 금속공업을 중심으로 일어났는데, 사용자들은 노동쟁의에 가담한 노동자들을 공장폐쇄로 맞서며 위협했다. 공장폐쇄를 막기 위해 노동자들이 공장을 점거했으나, 생산은 공장평의회의 명령을 받으며 비록 단속적이기는 하지만 어쨌든 유지되었다. 이 공장평의회 조직은 비단 정규직 노동자뿐 아니라 공장 안의 모든 노동자를 아우르고 있었다는 점에서 노동조합과는 달랐다. 공장평의회는 기능적 구별에 기초했다기보다는 안전 문제나 노동 규칙 같은 공장 내부의 특정한 쟁점들에 대해 문제를 제기하는 자문 기구인 내부위원회를 기반으로 성장했다. 공장평의회는 농민·노동자·병사 소비에트로부터 크게 영감을 받으면서 자본주의 아래에서 정치적 삶과 경제적 삶의 분리를 극복하는 방식으로서 이론화되었다. 공장평의회는 부르주아국가의 순수한 정치제도를 사회적·경제적 삶의 중심(생산과정)에 뿌리를 둔 일종의 대의체로 대체하려는 시도였다.

토리노의 공장점거는 전적으로 공장에 기반을 둔 저항 전략의 한계를 고스란히 드러냈다. 이러한 사실은 몇 달 뒤 점거가 그보다 더 넓은 정치적·사회적 혁명으로 이어지지 못했을 때 분명해졌다. 첫 번째 한계는 당시 대다수 이탈리아인들이 소규모 작업장이나 가내 또는 농장에서 일했다는 사실을 고려할 때, 점거가 단지 공업 노동자들에게만 영향을 주어 주변적인 현상에 머무르고 말았다는 점이다. 공장평의회의 구조는 공업 프롤레타리아트와 나머지 다른 노동자들을 연결해 주는 아무런 기제도 제공하지 못했다. 물론 공장평의회가 순수한 경제적 수단이라기보다는 새로운 사회를 위한 기본적인 정치제도라고 할 수 있는 소비에트로 받아들여진 것은 사실이다. 그럼에도 그런 구조는 가내 작업자와 실업자, 학생, 은퇴자처럼 생산과정에 직접 관련되어 있지 않은 노동자들을 배제했다. 더욱이 농민과 자영업자, 수공업자를 대표하기에도 부적절했다. 두 번째 한계는 일반적으로는 혁명적 생디칼리슴의 전략적 핵심이자, 특수하게는 공장평의회 운동의 중핵이라고 할 수 있는 작업장의 직접행동이 북부와 남부의 괴리라는 이탈리아 정치 특유의 긴장을 완화하기는커녕 더 심화시켰다는 점이다. 점거된 공장들은 거의 대부분 북부의 공업 삼각 지대에 있었다. 남부 사람들은 북부의 전투적인 노동운동을 기성의 특권적인 소수의 이해관계를 방어하는 행위로 여기는 경우가 많았다. 공장점거는 공업 프롤레타리아트와 나머지 대다수 노동자를 분리시키는 장벽을 더 도드라지게 했다. 세 번째 한계는 기술직과 사무직 인력이 이탈하면서 생산을 지속하기 어렵게 됨에 따라 생산주의의 이상이 실추되었다는 점이다. 분업으로 말미암아 노동자들은 화이트칼라 기술자들의 기능에 크게 의지해야만 했는데, 이 기술자들은 공장평의회 운동의 엄격한 프롤레타리아 이데올로기로부터 소외되어 있었다. 마지막 한계라고 할 수 있는 것은 대다수 자본주의 기업과 제도로부터 원자재나 재원을 조달하기 어려웠다는 점이다. 점거를 시작한 지 한 달 만에 노동자들은 투표를 통해 점거를 끝내고 작업에 복귀할 것을 결정했다. 그 대가로 노동자들은 사용자와 정부 측으로부터 작업장에서 노동조합 통제권을 확대하는 법안을 마련하기 위해 노사위원회를 구성해도 좋다는 약간의 양보를 얻었다.

점거가 조금이나마 성공을 거둘 수 있었던 것도 공장평의회와 다양한 기구들을 연결해 준 기성의 유대 관계가 있었기 때문이다. 토리노 협동조합연맹이 파업 노동자들에게 재원과 식량을 제공해 주었다. 토리노 노동회의소도 공장들 사이에서 물품 교환을 중개해 주었다.[49] 그처럼 폭넓은 기반을 확보한 조직들이 작업장의 선동을 그보다 더 넓은 자본주의 비판과 연결하지 못한 곳에서 운동은 빠르게 소멸하고 말았다.

· · ·

공장의 역할은 이탈리아 노동자계급 역사에서 핵심적인 쟁점이다. 스테파노 메를리는 선구적인 저작 《공장 프롤레타리아트와 산업자본주의: 이탈리아의 경우, 1880~1900》에서 공장을 정치 변화를 위한 투쟁의 으뜸가는 터전이라고 옹호한다. 그리고 그는 두 가지 이론, 공장 프롤레타리아트는 통일적이고 균질하며 혁명적인 전위였다는 이론 또는 공장 프롤레타리아트는 불완전한 자유주의적-부르주아 혁명을 수행한 민족 블록의 종속적인 일부였다는 이론을 나란히 제시한 뒤 앞의 이론을 옹호한다. 메를리가 공장 노동자들의 비참한 상태를 무척 상세하게 보여 준 이 작업은 타의 추종을 불허하지만, 그의 이론적 결론은 끊임없이 도전받아 왔다.[50] 현실은 그가 제시한 두 가지 선택 대안보다 더 복잡했다. 사회주의는 공업 노동자계급이 존재하기 전에 이미 광범위한 기초를 갖춘 정치 운동이었다. 게다가 에밀리아-로마냐 지역 같은 여러 사회주의의 요새들은 대부분 농업 지대에 있었다.[51] 명백히, 노동자들은 정치적 배제와 경제적 종속에 맞서 투쟁의 선봉에 있었지만, 이 운동은 공장을 비롯해 들판에서, 소규모 작업장에서, 가내에서, 부두에서, 철로에서 일하는 노동자들을 아우르고 있었다.[52] 노동자계급 구성의 이질적인 성격을 인식한다고 해서 곧바로 갈등과 투쟁의 중요성을 부정하는 것은 아니다. 공업 프롤레타리아트의 리더십에 의문을 제기한다고 해서 곧바로 정치 변화의 이해에서 경제적 요소의 역할을 무시하는 것으로 이어지는 것도 아니다. 하위 계급의 정치적 권리 획득은 엘리트에 의해 달성되지도 않았고, 계몽적인 합의의 산물도 아니었다. 그것은 협동조합과 사회주의 서클, 노동조합 홀, 노동자 여가 단체 등 요새화된 장소에서 수행된 진지전의 결과였다.

공장과 사회를 나누고 있던 장벽은 중대한 사회적 균열을 상징하는 그야말로 장애물이었다. 평의회 운동이 붕괴한 일차적인 이유는 여성을 비롯해 남부인들과 농민, 수공업자, 실업자, 기술직 노동자, 학생, 가내 노동자 등 공장 문 바깥에 있는 사람들을 움직이는 데 실패했기 때문이다. 공장평의회는 영토에 기반을 둔 정치적 대표성의 대체물로 기능할 수 없었는데, 그 이유는 복합적이고도 간접적인 방식으로 생산과정에 연결되어 있던 사람들을 배제했기 때문이다. 투옥된 뒤에 그람시가 발전시킨 이론적 혁신(역사적 블록과 헤게모니 개념을 포함한)은 공장평의회의 한계에 대한 지속적인 성찰의 결과로 나온 것이었다. 그람시는 《옥중수고》에서 서구의 경우에 근본적인 사회적 변화가 부르주아 국가에 대한 결정적인 일격보다는 하위 집단들 사이의 동맹을 공고히 하는 문화적·정치적 투쟁이 누적됨으로써 이루어질 수 있다는 점을 꿰뚫어 보았다.

19세기 말 이탈리아의 공장은 민주주의의 급진화를 위한 이상적인 터전이 아니었다. 비록 프롤레타리아트의 경험이 일부 노동자를 움직이기는 했지만, 공장 그 자체는 저항의 공간으로서 부적격이었다. 그러기는커녕 공장은 노동자들을 무력화하는 데 효과적이라고 입증된 규율과 감시, 억압을 강화했다. 비록 공장이 착취의 경험을 심화시켰지만, 이 경험은 오직 자율적인 정치의 터전에서 일어나는 끊이지 않는 대화와 모임, 논쟁을 통해 재해석될 때에만 의미 있는 결과를 내올 수 있었다. 마르크스와 그람시가 공장 시스템의 핵심이라고 보았던 바로 그 특징(공장이 프롤레타리아트의 독자성과 고립을 구체화한 방식이라는 점)이 접속을 창출하기보다는 장벽을 강화함으로써 변화를 위한 투쟁에 도움이 되기는커녕 방해물이 된 것으로 판명 났다. 특히 이탈리아에서 너무나 이질적이고 파편화된 계급 구성 탓에 공장이 노동자를 동원하는 교차점으로서 핵심적인 역할을 떠맡는 데는 결정적인 한계가 있었다. 지금처럼 당시에도 집에서, 들판에서, 사무실에서 또는 소규모 작업장에서 일하던 대다수 노동자들은 공장평의회가 세력화의 터전이라고 미처 인식하지 못했다.[53]

이 장에서 나는 사회적·정치적 변화를 위해 싸우는 과정에서 공업 노동자와 전국적 노동조합이 맡고 있던 중요한 역할을 부정한 것은 아니지만, 공장을 사회민주주의 정치의 지배적인 아이콘으로 보는 견해에 도전해 보았다. 공장과 프롤레타리아트의 신화는 협동조합과 민중회관, 노동자 연석회의 등 오늘날에도 옛날 못지않게 의미 있는 제도로 구실을 하는 다양한 저항의 터전들이 행한 변혁적 역할을 희석시켜 왔다. 역사는 토리노 공장평의회는 기억하지만, 토리노 협동조합연맹을 기억하지는 않는다. 과거를 좀 더 진실되게 알기 위해서나 과거에 대한 지식이 현재에 좀 더 쓸모 있는 지식이 되기 위해서는 그러한 실수를 바로잡아야 한다. 생산의 통제권을 둘러싼 논쟁을 소비와 여가의 문제에 결합함으로써, 노동자와 잠재적 동맹자들 사이의 연합을 구축함으로써, 일상생활에 뿌리를 둔 투쟁을 정치로 바꾸어 냄으로써 노동자들은 지방적·지역적 권력의 지형을 창출했다. 이 책에서 분석한 저항의 터전들은 20세기 초 민중 권력을 구축하는 블록이었을 뿐 아니라 오늘을 위한 본보기로서도 무척이나 의미 있는 정치 공간이었다.

4장
협동조합

장소에 대해 꿈꿀 수 있는 것만을 기억할 수 있다.
– 미셸 드 세르토, 《일상생활의 실천》

1919년 겨울, 사르데냐 섬 출신 병사들의 부대인 사사리 연대가 토리노에 파견되었다. 이 사르데냐 병사들은 1917년에 파업자들에게 발포하여 노동 소요를 진압하는 데 결정적인 역할을 함으로써 근왕주의적 신념으로 똘똘 뭉친 부대였다. 당시 유럽에서 가장 전투적인 노동운동이 전개되던 토리노는 상트페테르부르크의 혁명적 열정과 규율의 명백한 상속자라고 할 만한 곳이었다. 토리노 노동자들은 사사리 연대의 악명을 익히 들었기에 증오심을 표출했다. 노동자들과 병사들은 서로 적으로 대면할 운명이었던 것처럼 보였다. 양쪽 모두 임박한 결전에 두려움을 느끼고 있었을 것이다. 그럼에도 폭력적인 충돌이 될 수 있었던 것이 변혁을 추진하는 만남이 되었다.

이번의 만남은 바리케이드 위에서 일어나지 않았다. 1919년 말이나 1920년 초쯤에, 그러니까 이탈리아 역사가들이 '붉은 2년'(Biennio Rosso)이라고 부르는 시기에 노동자들과 병사들은 거리에서, 협동조합 카페에서, 그 밖에 동네 축제가 벌어지는 곳 언저리에서 만났다. 안토니오 그람시는 도시 곳곳에 있던 동네 사회주의 서클에서, 자신의 고향이기도 한 사르데냐에서 전개된 억압의 역사나 남부 농민과 북부 노동자가 공유하는 착취의 경험을 부각시키면서 연설했다. 도시 전역이 "사회주의와 프롤레타리아 선전"으로 들썩였다. 선전은 거리에 있는 병사들에게도 전해졌고, 노동자들의 고향인 토리노와 그 도시에서 살아가는 노동자들의 삶과 희망에 관해 이야기하기 위해 병사들에게 포도주 한 잔을 건네기도 했다. 그 결과는 다음과 같았다.

몇 주 지나지 않아 사사리 연대 병사들 다수가 마음이 바뀌었다. 일요일마다 열리는 동네 서클(이를테면 협동조합 카페 주위에 조직된 사회주의 클럽)에 병사들이 참여했다. 병사들은 막사에서 장교들이 늘어놓는 반혁명적 훈시에 예전처럼 진지하게 귀 기울이지 않았다. …… 막사에서 소총 몇 자루가 사라지기도 했고, 장교들은 대관절 그 소총들이 어디에 있는지 찾아낼 길이 없었다. 대중 시위가 벌어지는 동안에 병사들이 시위대에 공감을 표했다는 것이 명백해졌다. 사사리 연대는 이제 더 이상 사사리 연대가 아니었다. …… 그리고 병사들이 토리노에 도착한 지 몇 달 뒤에 이 "위험한 감염의 진원지"에서 부대가 철수했다.[1]

만남

　감염의 은유는 물리적 접촉으로 새롭고 위험한 이념의 확산이 촉진된다는 것을 뜻하는 한에서 적절한 비유이다. 사회학자 어빙 고프먼(Erving Goffman)은 만남을 정의하기를, "각 개인이 서로의 옆자리에 물리적으로 가까이 있을 때 생겨나는 사회적 유형의 배치"라고 했다.[2] 비록 고프먼이 만남의 정치적 함의까지 파고들지는 않았지만, 그의 조사가 사회질서를 수립하고 유지하는 복잡한 과정을 이해하는 데 기여한 바는 독보적이다. '만남'의 개념은 행위의 주체와 평등, 시민권의 감각이 형성되는 과정을 이해하는 새로운 방법을 암시한다. 다양한 사람들이 특정 유형의 장소들에서 서로 만나는 방법에는 그들이 자율성과 정체성, 그리고 타자와의 관계에 대한 감각을 형성하는 과정과 관련하여 중요한 함의가 있다.[3] 상황에 따라 낯선 사람에 노출된다면, 동등한 부류 사이에서나 아니면 다양한 등급으로 구별되어 있는 사람들 사이에서 연대 관계가 맺어지고 강화될 수 있다.

　19세기 후반 유럽 노동자들에게 만남의 터전이라면 교회나 막사, 술집, 때로는 증명서를 발급하고 세금을 부과하는 지방 관공서 등이 있었다. 새로운 공업 노동자들 역시 공장에서 서로 접촉했다. 농민과 가내 작업자, 상점주도 때때로 시장에서 서로 만났다. 하지만 이러한 만남 대부분은 지배와 종속으로 뚜렷하게 규정된 역할이 주어진 개인들 사이에서 일어났다. 말하자면 신부-교구민, 관리-민원인, 장교-사병, 사장(지주나 기업가)-노동자의 관계였다. 따라서 이러한 기성의 역할이 뒤바뀌거나 변형될 기회는 거의 없었다고 보아도 무방하다.

　만남의 개념은 또한 언어적이거나 인지적이지 않은 상호작용 양식이 갖는 중요성에도 주목한다. 만남은 물리적 공간에서 두 몸이 부대끼는 것과 관련되어 있다. 또 만남의 터전은 개인의 태도나 침묵 같은 일반적인 경의의 표시뿐 아니라, 모자를 벗거나 옆 사람을 지나갈 때의 표시 같은 특정한 예법과 결부되어 있을 것이다. 사람들이 무리를 짓거나 헤어지는 경우뿐 아니라 개인의 제스처와 자세에도 분명히 물리적 속성이 존재한다. 만남은 기본적으로 몸의 영역이다. 다양한 사회 계급의 구성원들이 한데 모이는 곳에서 자세와 말투, 지배계급 특유의 통용어 등은 의식적으로나 전략적으로 미리 결정되지 않는 경우에도 중요할 것이다. 종속적인 지위에 따른 적절한 자세와 품행을 일평생 익힌 후라면 어김없이 경의를 표하는 습관이 몸에 밸 것이다. 몸에 대한 통치를 통해 개별 주체가 만들어진다는 푸코의 통찰은 규율이 직접 강요되는 상황 말고도 다양한 맥락에 적용될 수 있다.[4]

20세기 초에 설립된 협동조합의 존재 이유 가운데 하나는 모름지기 협동조합이 연대와 평등을 강화하는 새로운 형태의 상호작용을 촉진한다는 데 있었다. 그럼에도 협동조합은 종속의 몸짓과 상징, 관행을 일시적으로 또는 전략적으로 배척하지 못한다면 기대하는 성과를 거둘 수 없었다. "본능적인 기억 회로"의 영향을 알면, 이런저런 노동자 조직에서 (부르주아나 귀족 출신의) 명예 회원을 포함할 것인지 말 것인지를 둘러싸고 신랄한 토론이 벌어지곤 했던 이유를 설명할 수 있다. 분리주의가 타당한지는 그저 이론적인 쟁점만 된 것은 아니다. 전문 직업인과 엘리트가 늘 사회주의 운동의 지도부를 이루었지만, 그들이 언론과 의회에 미친 영향은 그들이 지방 조직에 미친 영향과는 구별된다. 서로 얼굴을 대하는 만남이라는 맥락에서 적정한 거리와 접촉, 앉는 방식과 말투 등 몸에 배인 습성은 지위의 차이에 따른 위계를 과시하는 무대를 창출한다. 중요한 것은 근접성이다.

그럼에도 만남의 터전을 그저 물리적 차원이나 건축적 속성으로 환원할 수는 없다. 특정한 터전은 봉쇄된 시스템이 아니라 오히려 서로 교차하는 힘들이 만나는 일종의 그물 조직과 같다. 집중과 변형의 교차점으로서 그것은 외적인 맥락이나 역학과 완전히 분리되지 않는다. 예컨대 사사리 연대의 경우에 병사들은 여전히 권력이 재생산되는 원형적인 터전이라고 할 막사로, 즉 새로운 터전과 만남에 따라 다소 약화된 예전의 경험으로 되돌아갔다. 병사들은 토리노 노동자들의 자율적인 하위문화와 만나고 나서는 전사의 정체성을 재충전하는 곳으로서가 아니라 외부에서 통제가 가해지는 규율의 터전으로 막사를 경험했을 것이다.

만남의 터전은 단지 더 큰 사회구조의 축소판이라고만 볼 수 없다. '축소판'이라는 은유가 암시하듯이, 바깥세상의 특징들이 단 한 차례의 만남 속에 그저 반영되고 재생산되는 것은 아니다. 상호작용의 패턴이 더 큰 세상의 패턴에 그대로 따르는 것이 아니다. 그러기는커녕 어떤 속성이 부각되는가 하면 또 다른 어떤 속성은 은폐되기도 한다. 명시적이거나 암묵적인 일련의 규준에 따르면, 어떤 특징은 강화되고 어떤 특징은 약화된다. 이는 종교 의례에서 스포츠 경기에 이르기까지 오늘날에도 확인되는 진실이다. 고프먼에 따르면, "특색 있는 역할과 행사로 이루어진 지방 세계에 참여하는 사람들은 지방 세계와 연관이 있을지도 모를 바깥 세계의 문제들과 거리를 두지만, 이 바깥 세계의 문제들 가운데 일부는 지방 세계의 공식적 일부로서 상호작용의 세계 속에 진입할 수 있다."[5] 만남에 내재된 변혁적 잠재력은 정확히 현실의 어떤 양상을 부각시키기 위해 다른 양상을 유예할 가능성에 있다. 고프먼은 미시적 과정을 해부하면서 미시적 과정이 그보다 더 큰 거시적 구조들과 맺는 관계를 무시했다고 비판받아 왔다. 그럼에도 다양한 규모의 다양한 공간에서 작동하는 사회적 과정들을 그저 나란히 제시하는 것으로 만족한다면, 사회적인 것에 내재된 어떤 동질성을 놓칠 우려가 있다. '다른 공간'을 조직하는 원리는 그보다 더 큰 사회를 조직하는 원리에 도전할 수 있다. 비록 이러한 위치 변경이 상징적인 것에 불과할지라도, 그것은 또한 상호작용을 미리 결정짓고 있는 상투적인 행위와 정체성을 일시적으로나마 유예시킴으로써 얼마든지 변혁적 효과를 불러올 수 있다.

사르데냐 병사들과 토리노 노동자들의 경우, 특정한 유형의 만남이 지방의 협동조합 바(bar)나 동네의 사회주의적(또는 사회적) 삶의 현장에서 이루어졌다. '동네 서클'에서 친숙한 환대와 유대감의 전통이 "적대적인 낯선 주민들 사이에 주둔한 병사"라는 정체성과 갈등을 일으켰다. 이러한 긴장은 '동네 서클'이 순수하게 지방적이지도 않았고 따라서 배타적이거나 편협하지 않았기에 환대와 유대감의 전통에 유리한 방향으로 해소되었다. 또한 이러한 긴장은 더 폭넓은 이상, 즉 노동자와 농민의 연대감을 아우르는 것으로 새로이 해석된 사회주의의 이상으로까지 이끌리기도 했다.[6] 그와 같이 의사소통과 동지애를 느낄 수 있는 공간적 은신처가 없었더라면, 노동자들과 병사들은 각자의 편견에 사로잡혀 거리에서 충돌하고 말았을 것이다. 이런 종류의 만남은 확실히 20여 년에 걸친 작업을 통해 지방에 단단히 뿌리박고 있지만 느슨하게 연결되어 있는 다양한 자율적 터전들의 네크워크를 구축함으로써 가능했다.

만남을 통해 '판단 주체로서의 우리'(we-rationale)가 출현하고 인식되고 확인될 수 있다. 만남은 '세계를 건설하는' 행위이며, 대중민주주의라는 새로운 세계는 새로운 만남의 터전을 필요로 했다. 부르주아지와 같은 신흥 엘리트는 곧 배타적인 클럽과 살롱으로 변질될 카페에서 만났다.[7] 카페는 민중의 정치 참여의 모델이 되기도 했으나, 2장에서 논의된 것과 같은 이유에서 부적절하다는 점이 입증되었다. 이탈리아에서 민중의 사회성을 위해 중요한 최초의 교차점은 바로 '치르콜로'(circolo)였다. 이 서클은 프랑스의 '샹브레'(chambrée)처럼 노동자들이 카드를 치고, 포도주를 마시며 노래하고, 신문을 읽으며 정치를 토론하는 일종의 협동조합 부설 바였다. 1919년에 토리노 노동자들과 사르데냐 병사들은, 북부 공장으로 이주해 온 노동자들이 이런 서클에서 수십 년 동안 일시적으로 북부에 온 계절노동자들을 만났던 것과 똑같이 이곳에서 만났다. 이 서클은 그다지 많은 자원이나 조직도 필요 없었고, 비공식적인 사회생활의 자연스러운 연장처럼 보였다. 그럼에도 초창기부터 서클은 노동자들의 연대라는 하부구조를 구축하는 과정에서 결정적인 역할을 했다. 서클은 이따금 카드 게임이나 포도주 판매로 얻은 수익금을 적립해 놓았다가 불행을 당한 동료의 장례식 비용이나 구호금으로 사용했다는 점에서 원초적인 형태의 상조회로 기능했다. 저녁이면 누군가가 큰 소리로 신문을 읽었고, 그렇게 되면 인쇄 문화와 구술 문화가 접속할 수 있었다. 그렇다면 모리스 아귈롱이 프로방스에 관해 서술한 내용은 똑같이 이탈리아에 대해서도 진실이다. "하층계급에게 …… 그 무렵 '샹브레' 회원이 된다는 것은 읽는 법을 배우는 것만큼이나, 아니 그 이상으로 무엇이 되었건 새로운 것과 변화와 독립성에 다가서는 것을 의미했다."[8]

정치 공간으로서의 협동조합

협동조합 운동은 20세기 초에 유럽에서 가장 규모가 큰 민중 조직이었다. 협동조합은 19세기 잉글랜드에서 처음 나타난 대단히 근대적인 현상이었다. 협동조합은 지방의 전통적인 생산과 소비 패턴을 해체하던 새로운 자본주의 경제에 대처하는 과정에서 유럽 전역으로 확산되었다. 이탈리아에서는 1902년 당시에 법적으로 협동조합으로 간주된 여러 단체에 567,450명의 회원이 있었다. 대개 한 집안의 가장만이 회원이었음을 고려하면, 이 수치는 실제로 50만 가구 이상을 대표한다고 할 수 있다. 20세기로 접어들 무렵 잉글랜드에는 200만 명의 회원이 있었다. 같은 시기 프랑스에서는 300만 명에 육박했는데, 여기에는 상조회 회원도 포함되어 있었다.[9]

'협동조합'이라는 용어는 집단적 조직화를 통해 사회적 필요를 충족시키기 위한 목적으로 결성된 비영리 단체이자 민주주의적으로 운영되는 단체임을 나타내기 위해 사용되었다. 나는 이 용어를 사용할 때 1844년 잉글랜드에서 숙련 노동자 집단이 창설한 로치데일(Rochdale) 시스템을 준거로 삼는다. 로치데일의 선구자들은 오늘날의 협동조합에서도 통용되는 일련의 조직 혁신을 도입했다. 즉 '회원 한 사람당 한 표'에 기초한 민주주의적 통제권과 (소비자 협동조합의 경우) 투자한 자본이 아니라 구매한 양에 비례하여 배분되는 적립금, 교육에 대한 강조, 정치적·종교적 중립성, 수익금을 오직 집단적인 사회적 서비스에 필요한 재원을 조달하는 경우에만 사용하는 것 등이 바로 그것이다. 협동조합은 (생산자이건 소비자이건) 회원들이 구매한 적립금으로 운영되는 식료품점과 바, 제과점, 작업장 같은 형태를 취할 수 있다.

이탈리아 사회주의 운동의 지도자 안토니오 베르냐니니(Antonio Vergnanini)는 1903년에 발표한 글에서 협동조합의 사회적·정치적 역할을 강조한 자칭 '통합 협동조합주의' 이론을 옹호했다.[10] 그는 협동조합이 노동자 운동의 교차점이라고 주장했다. 말하자면 협동조합은 노동자들과 노동자 조직들 사이에 의사소통을 촉진해 준다는 것이다.

> 소비자 협동조합은 …… 지방 노동자 운동의 참모본부요, 다양한 결사의 공식 수뇌부이자 일과가 끝난 주민들을 끌어당기는 모임의 중심지가 …… 된다. 동맹체들이 모임을 갖는 곳도 협동조합이고, 자신들의 이해관계를 토론하는 곳도 협동조합이다. 노동회의소가 입장을 발표하고 다른 단체와 소통하는 곳, 각종 회의나 공적 모임 등이 개최되는 곳도 협동조합이다.

베르냐니니에게 협동조합은 투쟁의 도구이자 사회주의적 정치체의 축소판이었다.

> 프롤레타리아트가 다시 기지개를 펴고 있는 이때, 프롤레타리아트 세상의 새로운 삶과 더불어 새로운 재생력을 응축하여 발산시키는 중심지가 창출되고 있다. (협동조합은) 미래 사회질서의 씨앗이자 미래 유기체의 맹아로서 현실의 필요에 따라 형성되고 계급투쟁의 분위기에서 준비되며 노동회의소의 지부 가운데 하나가 된다.

베르냐니니는, 협동조합 사회주의로 이행할 수 있는지 여부는 저항 공간을 얼마나 확장할 수 있는지에 달려 있다고 강조했다.

그런데 협동조합을 확산시키는 데 따르는 어려움 가운데 하나는 바로 그 목표에 적합한 공간이 없다는 사실이다. 각 마을은 다양한 형태의 노동자 조직들을 조율하기 위해 주민들의 집을 모임방이나 사무실, 극장, 공공시설, 약국, 노동 및 생산 협동조합, 농산물 창고로 이용할 것이다. 이러한 전망은 매우 밝다. 그렇게 되지 않으리라고 의심할 하등의 이유도 없다. 모든 노동자에게게![11]

베르냐니니는 협동조합을 경제적 전술이라기보다는 일차적으로 사회정치적 공간으로 보았다. 협동조합은 비공식적인 사회생활의 중심지이자 의사소통의 교차점, 그리고 다양한 결사들의 접속점 구실을 하는 현장이었다. 협동조합은 흩어져 있는 개인들의 필요를 하나로 응축하고 개인들을 하나의 정치 세력으로 변모시켰다.

언뜻 보아 협동조합에 대한 베르냐니니의 묘사는 풀뿌리 참여가 민주주의의 결정적 요소라는 익숙한 주장을 말해 주는 것 같다. 참여 민주주의자들에 따르면, 자발적 조직에 참여하는 개인들은 정치적 수완과 자부심을 얻어 시민으로 세력화된다.[12] 나도 이런 주장에 기본적으로 동의하지만, 그렇게 접근하면 아무리 효과적인 참여도 곧장 권력으로 이어지지 못한다는 엄연한 사실을 은폐하지나 않을까 하는 의문이 든다. 때때로 참여는 사전 결정을 정당화하는 차원에서 엘리트에 의해 이용되곤 한다. 이와는 달리, 활동가들은 지방의 풀뿌리 단체들이 활동에 참여하는 데 만족함으로써 오히려 기성의 불평등을 재생산하는 심층적인 경제구조를 분석하거나 거기에 도전하는 일을 방기할 수도 있다. 이탈리아 파시즘은 특정한 형태로 대중의 참여를 촉진했지만, 민주주의를 진전시키거나 권력을 재분배하지는 않았다. 파시스트적인 볼거리와 공공 의례는 민중과 최고 지도자 사이에 위계 관계를 확립할 목적으로 고안되었다.[13] 참여와 정치권력의 관계는 경제적·정치적 구조에 의해 매개되는 것이다.

사회운동 이론가들은 지배 엘리트 일부가 분열되고 무기력해지는 순간(외부인에게 더 큰 운신의 폭을 제공하는 순간)을 지칭하기 위해 '정치적 기회 구조'라는 용어를 쓴다.[14] 마르크스주의자들은 오래전부터 경제적 붕괴의 순간이 급진적인 정치 변화에 절호의 기회라고 주장해 왔다. 이제부터는 협동조합 운동의 출현을 촉진한 특정한 구조적 조건을 밝혀 볼 텐데, 세계화가 불러온 경제 위기가 정치 변화를 위한 필요조건이 되기는 했어도 충분조건은 아니었다는 점이 드러날 것이다. 만일 정치적 동원이 단지 거시 경제 변화의 산물이라면, 우리는 동원이 계급에 바탕을 두고 생겨나리라고 기대할 수 있다. 우리는 경제 집단 및 직업 집단별로 정치적 태도가 비교적 균등하게 분포하리라고 예견할 수도 있겠지만, 실제로 우리가 발견하게 되는 것은 일련의 정치적 행위가 경제적 변수들에 부합하지 않는다는 사실이다. 이러한 패턴은 '감염의 진원지들,' 그러니까 우리가 권력의 지형이라고 부를 수 있을 만한 어떤 것을 드러낸다. 정치란 단지 경제적 자기 이해관계나 착취와 같은 자극에 대처하는 개인의 문제가 아니다. 그것은 현존하는 다른 사람들과 그들의 이념 및 열망에 반응하는 사람들의 문제이다.

계급, 협동조합, 세계 자본주의 체제

19세기 말 이탈리아에서 협동조합의 이념은 점점 불거지는 '사회문제'에 접근하는 유력한 개념 틀이 되었다. 이탈리아에서는 계급 구조가 복잡하고 공업 부문 고용 비율이 상대적으로 낮았기 때문에, 소비에 기반을 둔 협동조합 운동이 정치적 사회화를 위한 핵심적인 터전이었다. 그 무렵 막 진행되던 산업화와 상업적 영농의 발전, 특히 앞서 발전한 국가들과의 경쟁으로 인해 이탈리아의 사회적·경제적 조건에 심각한 변화가 나타나고 있었다.[15] 도시화의 진전, 실업(특히 농촌에서), 높은 물가와 정체된 임금 등이 공업 노동자와 농업 노동자의 집합 행동을 촉진한 배경이 되었다. 비록 1890년대에 이탈리아가 동질적인 노동자계급을 보유한 공업국은 결코 아니었지만, 적어도 심오한 변화를 경험하고 있던 사회였다는 점은 틀림없다. 그러한 변화는 생산양식의 재조직화가 낳은 결과였다기보다는 그 무렵 이탈리아가 점점 더 깊이 연루되고 있던 자본주의 세계경제에서 종속적인 위치에 처해 있었던 상황에서 나온 결과였다.

민족 통일에서 파시즘에 이르는 시기 동안에 이탈리아는 리비아 전쟁과 제1차 세계대전을 치르느라 막대한 군비를 지출했다. 그 결과로 중공업이 어느 정도 팽창하고 있었음에도 이탈리아는 전반적으로 여전히 농업경제 국가로 남아 있었다. 1881년에 이탈리아 전체 노동력의 56퍼센트가 농업 부문에 종사하고 있었다. 공업 부문 종사자로 묶을 수 있는 주민은 전체 인구의 25.2퍼센트였고, 그중에서 86퍼센트 이상이 직물업과 의류업 부문에서 일했다. 비록 100만 명이 넘는 노동자가 신발 제조나 목공 부문처럼 숙련 기능이 필요 없는 전통적인 부문에 종사하고 있었지만, 그중에 공장에서 일하던 사람은 단지 60만 명에 불과했다.[16] 제1차 세계대전 이후에도 노동력 구성에서 근본적인 변동은 나타나지 않았다. 이탈리아에서 제조업에 종사하는 노동력 비율이

표 2 1901~1936년 이탈리아의 노동력 구성　　　　　　　　　(단위 : %)

연도	농업	공업	서비스업	공공 부문
1901	59.8	23.8	16.4	집계되지 않음
1911	59.1	23.6	15.3	2
1936	52	25.6	19	3.4

Vera Zamagni, *The Economic History of Italy, 1860-1990*(Oxford: Clarendon Press, 1993).

농업 인구 비율을 뛰어넘은 것은 1957년에 이르러서였다. [표 2]는 이탈리아 통계청(ISTAT)이 집계한 직업별 인구 통계를 정리한 것이다. 다른 나라와 비교해 보면, 1901년에 농업 노동력 비율은 영국이 8.7퍼센트였고 프랑스가 33.1퍼센트였다.[17]

그럼에도 농업 노동의 범주가 광범위했다는 사실은 무언가를 말해 주는 만큼이나 무엇인가를 숨기고 있다. 이탈리아의 다양한 지역과 지방의 농촌에는 분익 소작에서 소농 경영을 거쳐 일용 노동자를 고용하는 상업적 영농에 이르기까지 무척 다양한 생산관계가 편재해 있었다. 또한 생산관계가 비슷하더라도, 그 내부에는 분익 소작 기간이나 노동 계약 유형에 따라 사회구조가 다양했다. 따라서 농업 총고용 비율에서 뚜렷한 안정세가 확인된다고 하더라도, 토지 없는 노동자의 수가 증가한다거나 분익 소작 시스템이 쇠퇴한다든가 하는 문제는 잘 드러나지 않는다.[18]

이렇듯 노동력 구성을 대략적으로만 일별하면, 연속성과 안정성이 지배적이었다는 잘못된 인상을 받게 된다. 실제로 당시 이탈리아는 세계 자본주의 체제에 편입된 결과로 심오한 변화를 경험하고 있었다. 1866년부터 1913년까지 이탈리아의 연간 수입 성장률은 3.1퍼센트였던 반면, 수출 성장률은 2.7퍼센트에 그쳤다.[19] 같은 시기에 세계무역에서 이탈리아가 차지하는 수출 점유율은 3.1퍼센트에서 2.6퍼센트로 떨어졌다. 이탈리아는 점점 더 외국의 제조업 상품에 의존하게 되었고, 심각한 무역수지 적자는 오직 해외로 이주한 노동자들이 고국으로 부치는 송금과 관광 수입으로만 메울 수 있었다. 비록 이탈리아가 점점 더 세계시장에 통합되어 가기는 했지만, 그러한 이행은 세계시장에서 이탈리아가 종속적인 지위에 빠지게 되는 과정과 일치했다.[20]

세기 전환기 이탈리아에서 농민들과 기타 노동자들은 산업화 이전 자본주의로 이행하는 데 따른 혼란을 경험했다. 사회적 격변은 잉여가치의 전유를 통한 착취 이상으로 실업과 투기, 인플레이션의 결과였다. 이미 엥겔스는 1880년에 쓴 글에서 "자본주의가 불러온 계급 간 갈등뿐만 아니라 자본주의에 의해 창출된 바로 그 생산력과 교환 형태 사이의 갈등"이 나타날 수 있다는 사실을 꿰뚫어 보았다.[21] 다시 말해, 노동자들(여기서는 공업 프롤레타리아트뿐 아니라 주부, 농민, 일용 노동자까지 두루 포함하는 것으로 볼 수 있다)은 단지 생산 현장에서 벌어지는 착취만이 아니라 교환 형태의 근본적인 변화로 자본주의가 불러온 혼란을 경험했던 것으로 보인다. 이는 중요한 통찰이다. 그렇기는 해도 엥겔스는 계급투쟁에 특권적인 지위를 부여하면서 이러한 마르크스주의적 사회 변화 이론에 내포된 의미를 적절하게 고려하는 데는 실패했다. 통합·불균등 발전의 구조적 함의를 고려한다면, 협동조합이야말로 점증하는 사회적 균열을 해석하고 그에 대적하는 방식으로서 계급투쟁의 이념에 강력한 대안을 제공해 주었다.

협동조합 운동은 시장과 복합적인 관계를 맺고 있었다. 이 관계는 비영리적이고 연대에 바탕을 둔 대항 경제(counter-economy)를 제공했지만, 동시에 수요·공급 법칙에 따라 제한을 받기도 했다. 협동조합의 이념은 얼굴을 직접 맞대는 전통적인 사회관계에 뿌리를 둔 집단적 가치에 주목하기는 했지만, 그 자체만으로도 대단히 근대적인 현상이었다. 협동조합은 그 무렵 막 출현하던 시장에 맞서 개인의 취약성을 극복하는 데 도움을 주는 방법이었다. 그것은 예전의 생계 경제가 점점 더 상품화되는 과정에 대한 반응이었고, 종종 투기와 관세, 독점이 불러온 물가 상승에 대한 해결책으로 정당화되었다. 1898년에 작은 소도시인 폰드레멜의 소비자 협동조합이 작성한 〈농민들과 노동자들에게 보내는 편지〉에서 협동조합은 누가 봐도 근대 경제의 논리 속에서 파악되고 있었다. "자본가들은 자신들의 이해관계를 위해 은행에서 뭉친다. …… 자본가들이 수백만 리라의 예금에 대해 더 많은 이자를 얻기 위해 그러하듯이, 왜 수천 수백의 노동자들은 더 나은 가격으로 빵을 얻기 위해 돈을 예치하면서 한데 뭉치면 안 되는가?"[22] 이러한 수사학에서 협동조합은 새로운 시장 세력에 맞서는 대안으로 규정되고 있었다.

민주주의적이고 급진적인 세력이 자본주의적 독점과 경쟁에 대한 해결책으로서 협동조합의 이념을 의식적으로 표명했을지라도, 협동조합의 이념은 계급 분석에 대한 대안으로 기능하기도 했다. 프롤레타리아화에 대한 정통 마르크스주의의 예언은 본디 잉글랜드의 경험에서 추론된 일반화에 근거를 두고 있는데, 그 경험은 너무나도 다양한 경제적 조건들 아래에서 산업화된 다른 나라들에서는 복제할 수 없는 것이었다.[23] 우리가 협동조합의 경제적·정치적 권력을 제대로 이해하기 위해서는 그러한 전략을 자본주의 체제 속의 특정한 순간과 위치 안에 설정하지 않을 수 없다. 산업화가 반드시 점증하는 동질화와 계급의식으로 귀결되는 것은 아니었다. 그러기는커녕 산업화는 때때로 틈새시장을 채우기 위해 다양한 생산양식(서비스를 비롯한 비공식 부문, 사치품에 대한 수공업 생산 등을 포함하는)을 확산시키곤 한다.[24] 이런 조건에서 통일된 계급의식은 생산의 경험으로부터 자생적으로 나타나지 않았다.

실업과 불황, 농업 위기, 부동산 투기, 높은 세금, 관세로 인한 인플레이션 등은 이탈리아에서 자본주의가 등장하면서 즉각적으로 나타난 결과들 중 일부였다. 협동조합은 이와 같은 경제적 변화의 부정적인 결과에 대한 해결책을 찾았다. 협동조합은 통합·불균등 발전이라는 현실에 맞서는 적절한 전술이었던 것이다. 협동조합은 그저 시대에 뒤떨어진 산업화 이전 사회의 유산이 아니라 세계적인 통합과 그 결과로 나타난 자본주의적 발전 단계(또는 자본주의 주변부라는 특이한 공간적 배치)에 대한 대응이었다. 비록 자유주의자들이 협동조합을 일종의 자조(self-help)라고 부추겼고 또 가톨릭 계열에서는 계급 갈등에 대한 대안으로 만들려고 했지만, 협동조합 운동의 이데올로기적 본질은 사회주의적이었다. 전체 협동조합 조합원 가운데 가톨릭 정치 블록과 연계된 협동조합에 속해 있는 사람은 10퍼센트가 되지 않았다.[25] 1886년에 결성된 이탈리아 전국협동조합연맹(Lega Nazionale delle Cooperative Italiane)의 개량적 사회주의 성향의 지도부는 그와 같은 사회주의적 경향을 반영했을 뿐 아니라 강화했다.

협동조합은 출신이 다양한 회원과 연대 구조, 영토적 기반을 확보하며 정치 동원의 토대로 구실하기에 아주 적합한 조직이었다. 농민과 수공업자가 공업 노동자를 압도하고 있던 이탈리아에서 계급투쟁을 편협하게 이해하게 되면 운동이 취약해질 우려가 있었을 것이다. 그람시가 《옥중수고》를 쓰면서 깨달았듯이, 자본주의(파시즘이든 자유민주주의이든 어떤 정치적 의상을 걸치고 있든지 간에)에 대해 가능한 유일한 저항은 다양한 하위 집단으로 구성된 대항 헤게모니 블록을 구축하는 것이었다. 또한 그러한 연대는 항상 경제구조에 뿌리를 두고는 있었지만, 아마도 연대를 지탱하고 유지하는 새로운 이념과 제도, 관행을 필요로 했을 것이다.

마르크스주의 연구자이든 아니든 모두 정치 동원을 계급 구조의 견지에서 설명하려고 애써 왔다. 이탈리아 사회주의를 연구하는 역사가들은 흔히 토지 없는 일용 노동자로 이루어진 일종의 농업 프롤레타리아트인 '브라치안티'(braccianti)를 에밀리아-로마냐 지역의 사회주의 운동 배후에 있는 핵심 사회 세력이라고 믿어 왔다.[26] 카를로 트리질리아(Carlo Trigilia) 같은 사회학자는 붉은 하위문화가 지속적으로 존재한 사실을 분익 소작농 가족의 안정성으로 설명해 왔다.[27] 그럼에도 그 어떤 설명도 완전한 설득력을 보여 주지는 못한다. 투표 행위를 직업 범주에서 연역하여 설명하려는 그 어떤 시도도 실패하기 마련인데, 왜냐하면 정치적 정체성의 형성에서 정치 과정이 수행하는 결정적인 역할을 간과하기 때문이다. 교조적인 마르크스주의자들은 사회주의적 행동이 공업 지역에 집중될 것이라고 예언할지도 모르지만, 실상 공업 부문 고용과 이탈리아 사회당(PSI)에 대한 지지율 사이의 상관관계(correlation)는 취약하다(r=.494, p=.052).[28]* 사회당 당원이 가장 많은

---

* 여기서 r은 상관계수이며, p는 유의확률이다. 상관계수는 두 변수 간 상관관계가 어느 정도인지를, 유의확률은 상관계수가 통계적으로 얼마나 의미 있는지를 보여 주는 값이다. 상관계수는 -1과 1사이의 값을 갖는데, 0의 값은 두 변수가 상관이 없다는 것이고 음의 값은 한 변수가 증가하면 다른 변수는 감소한다는 것이며 양의 값은 한 변수가 증가하면 다른 변수도 증가한다는 것이다. 한편, 상관계수의 제곱인 결정계수는 독립변수가 종속변수의 변동(variation)을 설명해 주는 정도를 나타낸다. 본문의 수치에서 독립변수는 공업 부문 고용, 즉 산업화이고 종속변수는 사회당에 대한 지지율이다. 상관계수가 0.5이므로 결정계수는 0.25이며, 이는 산업화가 사회당에 대한 지지율 변동의 25%를 설명해 준다는 것을 의미한다.

표 3 1911년 지역별 공업부문 고용비율 최고치와 1914년 지역별 사회당 당원 수 최고치

공업 부문 고용 비율 최고치(1911)		사회당 당원 수 최고치(1914)	
지역	%	지역	수(10만 명당)
롬바르디아	35.6	에밀리아-로마냐	552
리구리아	31.7	피에몬테-발다오스타	298
토스카나	27.4	토스카나	282
피에몬테-발다오스타	26.4	마르케	222
프리울리-베네치아	25.2	롬바르디아	200
에밀리아-로마냐	21.4	리구리아	190
베네토	20.1	움브리아	150

Vera Zamagni, *The Economic History of Italy, 1860-1990*(Oxford: Clarendon Press, 1993), p. 32; Maurizio Ridolfi, *Il PSI e la nascita del partito di massa, 1892-1922*(Rome: Laterza, 1992), p. 36.

지역인 에밀리아-로마냐는 북부에서 가장 산업화가 덜된 지역에 속한다. [표 3]은 이탈리아의 북부와 중부 지역의 경우에 사회당 당원과 산업화 사이에 별로 긴밀한 관계가 없음을 보여 준다.

마찬가지로 농촌의 생산관계와 사회당에 대한 지지를 연관시킬 수 있는 지속적인 경향도 존재하지 않는다. 예컨대 포를리 지방에서 분익 소작농은 유권자의 63.3퍼센트를 이루었고, (1914년에) 사회당은 66퍼센트의 득표율을 기록했다. 한편, 분익 소작농이 주민의 17.3퍼센트밖에 되지 않고, 토지 없는 노동자가 60퍼센트를 차지한 레지오-에밀리아에서는 사회당이 61퍼센트의 득표율을 기록했다.[29] 이러한 데이터는 정치 동원이 생산관계를 그대로 반영한 결과가 아니라 세계 자본주의 체제에 통합됨으로써 겪은, 서로 유사하지만 완전히 똑같지 않은 지위

표 4 농촌 생산 관계

지방	자영농 (contadini)	분익소작농 (mezzadria)	소작농 (affittuari)	농업노동자 정규직	농업노동자 비정규직
볼로냐	2,886	41,387	3,595	8,039	39,852
페라라	915	1,433	595	9,122	24,746
포를리	606	14,423	403	4,005	3,339
모데나	1,852	11,796	2,990	7,099	11,458
파르마	7,138	4,220	1,915	16,137	10,846
피아첸차	8,080	1,757	3,498	33,816	12,334
라벤나	674	8,073	491	4,965	4,477
레지오-에밀리아	8,915	10,386	4,509	24,052	12,218
만토바	6,356	2,293	5,375	34,132	32,637
베르가모	8,550	26,608	1,101	13,484	8,733
브레시아	7,740	8,245	2,310	17,649	23,677
아레초	6,464	61,421	143	11,062	13,791
피렌체	3,488	54,649	1,386	23,553	14,469
그로세토	7,297	1,590	177	13,662	11,328
리보르노	943	517	160	2,663	1,694
루카	16,150	14,605	6,248	29,115	15,064
마사	8,634	3,398	241	10,541	6,366
피사	3,034	28,659	979	3,584	18,130
시에나	1,574	25,755	83	2,663	9,173
안코나	3,866	58,418	781	14,254	16,949
아스콜리	4,412	17,152	102	5,565	4,141
마체라타	5,863	42,469	682	17,974	13,575
페사로	1,257	17,319	193	6,098	18,329
페루자	4,776	29,627	285	33,977	14,357
벨루노	16,215	9,376	852	17,898	19,627
우르비노	4,848	17,024	165	8,808	5,237
파도바	6,488	1,192	24,945	48,397	35,025
트레비소	10,618	26,025	23,284	35,612	29,430
우디네	44,277	11,608	18,958	64,737	60,054
베네치아	1,913	4,862	13,276	28,509	22,399
베로나	11,550	7,503	3,490	36,943	31,790
비첸차	22,347	5,392	8,665	27,447	36,100
로비고	5,580	346	2,110	28,714	21,470

Ministero di Agricoltura, Industria, e *Commercio, Censimento della populazione del regno d'Italia: Populazione Classificata per condizioni e professioni*(Rome; Tipografica Bodoniana).

하락의 경험을 바탕으로 정치적 주체가 형성되는 과정의 산물이었음을 보여 주고 있다([표 4]를 보라).

직업 분류와 사회주의 투표 성향 사이에 큰 관련성이 없다는 사실은 내가 펼치는 주장, 다시 말해 저항의 터전이 권력의 지리학을 창출하는 방식에 관심을 기울임으로써 구조 분석을 보완해야 한다는 주장을 뒷받침하는 증거가 된다. 사회적 연대는 생산양식의 자동적인 표현이 아니라 오히려 함께 생각하고 행동하는 과정의 결과이다. 그것은 협동조합 매점과 바 또는 노동회의소에서 이루어지는 만남을 통해 창출된다. 바로 거기서 마르크스가 '감자 포대'[30]라고 경멸했을 정도로 고립된 농민들이 자신들의 유사한 경험을 인식하고 해석할 수 있었던 것이다.

협동조합은 생계를 위해 충분한 수입을 얻지 못하는 노동자들의 자발적인 기부금에 기댄 것이 아니라 상인이나 중개인에게로 돌아갈 잉여가치의 일부를 자원으로 나누어 주는 방식이었다.[31] 다양한 농민과 노동자가 사회문제를 해결하고 정치적·경제적 투쟁을 위한 자원을 획득하는 방식이 되었다. 그러한 자원들 가운데 하나가 바로 연대감, 즉 생산과 소비 과정에서 발생한 구조적 변화의 결과로 비슷한 지위 하락을 경험하던 다른 개인들과의 수평적인 유대감이었다.

상조 관행과 노동자 운동의 탄생

이탈리아 농촌 지역에서 사회주의가 상당한 힘을 발휘했다는 사실은 마르크스주의 이론의 견지에서 보면 놀라운 일이다. 마르크스는 〈루이 보나파르트의 브뤼메르 18일〉이라는 글에서 농민층의 반동적 성격을 강조한 바 있다. 거기서 그는 선거권의 확대에도 불구하고 프랑스인 대다수가 여전히 진보적인 정권이 아니라 반동적인 정권에 투표하는 이유를 분석하고자 했다. 마르크스에 따르면, 농민층은 자신들의 이해관계를 파악할 수 있을 만한 충분한 사회적 교류를 갖지 못했다.

소농은 방대한 대중을 이루고 있다. 그 성원들은 비슷비슷한 조건 속에 살지만, 서로 다방면의 관계를 맺지 않은 채 살아간다. 그들은 생산 방식으로 말미암아 서로 교류하기보다는 고립적으로 살아간다. 이러한 고립은 프랑스의 열악한 교통수단과 농민들의 빈곤으로 한층 더 촉진된다. 그들의 일터인 소규모 보유지에는 경작에 필요한 그 어떤 분업도, 그 어떤 과학적 방법도 적용되지 않고 있다. 따라서 다양한 발전이나 서로 다른 재능, 풍부한 사회적 관계 역시 불필요하다. 이처럼 동일한 단위의 양을 단순히 더함으로써 프랑스 국민의 거대한 대중이 형성된다. 이는 한 포대 분량의 감자를 모으면 감자 한 포대가 되는 것과 꼭 마찬가지 이치이다.[32]

여기서 마르크스는 계급 구조보다 공간 분포를 더 강조한다. 그는 주장하기를, 소(小)소유자인 프랑스 농민들은 루이 나폴레옹이 자신들의 불확실한 경제적 지위를 보호해 주리라고 합리적으로 인식했다기보다는 흩어져 사는 농민 생활의 특성(생활이 천편일률적이고 고립적이라는 특성) 탓에 상상력은 질식되고 정치적 판단을 실천하기가 불가능했다. 고립과 분산, 그리고 사회적 교류의 결여 탓에 그들은 행동할 수 없었던 것이다. 이어지는 수십 년 동안, 마르크스가 확인한 바 있는 그런 패턴은 바뀌었다. 모리스 아귈롱이 잘 보여 주었듯이, 어떤 지역에서 농촌

주민들은 19세기 중반 무렵에 이미 상조회와 '샹브레'를 통해 그런 고립에서 탈피하기 시작했다.[33] 프로방스에서 그런 경향을 보여 준 지역들은 루이 나폴레옹을 황제로 인정하는 투표에서 반대표를 던졌고, 제3공화정에서는 사회주의 계열의 의원들을 선출했다. 50년이 지나 고립과 의존에서 연대와 시민권으로 나아가는 그런 변형이 이탈리아의 농촌 지역과 소도시들에서도 나타나고 있었다. 비록 마르크스가 분산과 고립 때문에 진보 정치의 확산이 제한된다고 본 점은 옳다고 하겠지만, 근대 공업이 분산과 고립을 극복하는 유일한 방법이라고 가정한 것은 잘못이다. 도시화와 산업화가 자동적으로 복합적인 사회 공간을 창출하지 못하는 지역에서 이러한 공간은 의식적으로 창출되어야만 했다.

상조회야말로 회원들이 질병이나 상해를 입어 어려운 상황에 처했을 때 생계에 도움을 주기 위해 자원을 저장하는, 민주주의적으로 운영되는 보장 시스템이었다. 지방마다 직종마다 노동자들은 정규적인 회비를 내는 데 동의했고, 질병 때문에 일하지 못하는 경우 최소한의 생계수입을 보장받았다. 상조회는 협동조합과 마찬가지로 정치적 자유화와 교통 통신의 개선, 19세기 말에 일어난 경제적 변화의 결과로 번성한 근대적인 조직이었다.[34] 상조회는 의사소통의 교차점을 창출하고 전통적 엘리트의 지배력이 소거된 자율적인 공간을 유지하면서 농민층의 고립을 극복하는 유력한 방법이었다. 협동조합과 상조회는 실로 중요한 사회적 공간이었다. 마르크스가 1851년의 프랑스 농민층에 결정적으로 결여되어 있다고 확인한 바 있는, 바로 그 사회적 교류와 '다방면의 발전,' 그리고 '다양한 재능'을 촉진했던 것이다.

상조회는 노동자계급의 조직으로서 성격을 유지하기 위해 명시적인 규칙과 비공식적인 기준을 이용했다. 예컨대 1896년에 설립된 바콜리의 산 로렌초 농민·노동자 상조회연합(Associazione di Mutuo Soccorso fra gli Agricolturi e gli Operai di San Lorenzo)은 엘리트층 출신의 기부자가 모임에서 발언하고 투표할 수는 있지만 공식 직함을 가질 수는 없다고 못 박았다. 그보다 3년 후에 설립된 (피사 자치시의) 세지올라 노동자협회(Società fra gli Operai di Seggiola)도 명예 회원을 받아들였지만, 지주와 공장주, 그들의 자식은 배제했다. 게다가 정관은 오직 노동자만이 투표권과 공식 직함을 가질 수 있다고 명시했다.[35] 수많은 상조회가 본래 특정 직종 출신만을 회원으로 받아들임으로써 사회 구성을 동질적으로 만들려고 했다. 하지만 보편적 민주주의의 이상이 영향력을 미치면서 노동자계급 결사들도 점점 더 "모든 종류의 직업이나 조건을 가진 모든 시민"에게 문호를 개방하기 시작했다.[36] 그럼에도 반드시 잠재적 동맹자들을 배제하지 않고서도 노동자계급 또는 수공업자의 독자적인 정체성을 강화할 수 있는 여러 가지 방법이 있었다.

예컨대 1898년에 설립된 주세페 가리발디 노동자 상조회(Società Operaia di Mutuo Soccorso Giuseppe Garibaldi)는 회원 자격을 노동자계급으로 못 박았으나, 실제로는 누구라도 회원이 될 수 있었다. (1910년에 설립된) 산 니콜로 상조협동조합(Cooperative Sociali di Previdenza San Niccolò)도 노동자계급의 경제적 개선이라는 "단체의 목적에 반하는 이해관계를 갖지 않은" 모든 사람을 회원으로 받아들였다. 이리하여 각 정관은 다양한 출신을 아우르는 개방성을 강조하면서 침입자를 배제하기 위한 장치를 유지했고, 노동자 출신이 아닌 회원이 잠재적으로 온정주의적인 통제권을 행사하는 것을 제한하는 법적 기반을 확보했다. 이는 일찍이 그람시가 말한 대항 헤게모니 블록의 개념을 반영한 것이었다. 요컨대 정치 동맹은 경제적 이해관계의 근본적인 갈등에 의해 해체되지 않을 때 유지될 수 있다.

세기 전환기에 상조회의 성장세는 상조회가 사회적 회합의 메커니즘으로서 얼마나 중요했는지를 보여 준다. 1862년에 443개의 상조회와 111,608명의 상조회 회원이 있었다(사용자가 후원한 단체는 계산에 넣지 않음). 1904년 무렵이 되면 합법적으로 인정된 상조회만 6,347개가 있었고, 회원 수도 거의 1백만 명에 육박했다.[37] 이 상조회들은 세 가지 서로 다른 종류의 필요성(경제적·사회적·정치적 필요)을 동시에 충족시켰고, 또 이 세 가지 서로 다른 차원을 접속시켰다는 점에서 성공적이었다. 이 단체들에서 질병이 났을 때 필요한 경제적 부조와 사회성에 대한 열망이 결합되었다. 또한 상조회의 법적 형태 역시 부가적으로 도구적 이점을 제공했는데, 상조회는 논란을 불러일으키는 정치 활동을 인정하고 합법화하는 토대가 되었던 것이다. 비록 그러한 활동이 비밀리에 전개되었기 때문에 어느 정도였는지는 가늠하기가 어렵지만, 행정당국이나 경찰서 보고서들은 여러 '전복적' 집단들(예컨대 사회주의자나 무정부주의자)이 상조 관행을 자신들의 조직을 숨기는 보호막으로 이용했다고 주장했다.

상조 관행과 대항 경제

이탈리아 노동자계급의 역사는 초기의 민중주의적이고 이질적이며 지방에 뿌리를 둔 조직들이 후기의 좀 더 근대적이고 동질적이며 계급에 기반을 둔 노동조합 및 정당으로 발전하는 논리를 따르지 않았음을 보여 준다. 그러기는커녕 상대적으로 동질적인 노동자계급의 상조회들이 주부와 수공업자, 소농, 비정규적인 농업 노동자를 사회주의 운동으로 이끌어 낸, 고도로 복합적인 조직망을 건설하는 토대를 마련했다. 농상공부의 전국 통계가 이러한 경향을 확인해 준다.

1878년에 실시된 상조회에 대한 센서스는 처음으로 이 단체들이 회원에게 부가적인 서비스를 제공하는지 여부를 조사했다([표 5]를 보라).[38] 이 센서스는 상조 관행이 초창기의 목적을 뛰어넘어 일련의 새로운 활동을 통해 발전했음을 드러내고 있다. 비록 상조회가 포괄하는 활동의 압도적 다수가 궁핍한 노동자들에게 소액 대출을 제공해 주는 것과 같은 영역에서 이루어졌지만, 일부 혁신적인 상조회들은 높은 생활 물가와 투기, 주기적인 고용 불안에 맞서 싸우기 위해 소비자 협동조합과 주택 협동조합, 생산자 협동조합을 결성하기 시작했다. 1904년 무렵 전체 상조회의 8.8퍼센트가 부속 협동조합을 거느리고 있었다. 이 노동자 단체들은 자신들의 활동 범위를 좁히기보다는 오히려 넓히면서 잠재적 회원을 확보해 나가고 있었다.

피렌체 국립중앙도서관에 소장되어 있는 상조회 정관들은 노동자계급 결사들이 서로 긴밀히 연관되어 있었음을 입증해 준다. 토스카나 지역에 설립된 상조회 1,063개 가운데 48퍼센트가 부차적인 목표로서 전문 직종이나 노동조합과 관련된 기능을 수행했고, 19퍼센트가 협동조합을 운영했으며, 15퍼센트가 정치 활동에 명시적으로 관여하고 있었다.[39] 우리는 다양한 유형의 단체들 사이에 차이가 점차 확대되고 있었다는 점보다는, 기능적으로는 자율적이지만 고도로 상호 통합된 활동들 사이에서 긴밀한 연관성이 나타나고 있었다는 사실에 주목해야 한다.

물론 노동자 단체의 발전이 항상 상조 관행에서 협동조합을 거쳐 노

표 5 상조회의 다양한 활동

활동	1878년	1885년
전체 상조회 수	2,091	4,896
대출	243	981
소비자 협동조합	176	287
도서관	162	161
실업 연금	0	173
교육	578	469
여가	0	36
생산자 협동조합	0	38
노동자 주택	0	6

Ministero di Agricoltura, Industria, e Commercio, *Statistica delle Società di Mutuo Soccorso e delle istituzioni cooperative annesse all medesime*(Rome, 1878, 1885).
※ 1885년의 교육과 관련하여, 상조회가 후원하는 교육 활동의 절대적·상대적 수는 아마도 지방정부에 초등학교 재정 지원을 위임한 1877년의 법률 때문에 하락한 것으로 보인다.

동조합주의를 향해 한 방향으로만 이루어진 것은 아니었다. 전국적으로 조직된 노동조합에서 정점에 다다른 노동자 운동의 부단한 진화에 초점을 맞추다 보면, 본래 저항 조직들(예컨대 막 출현하던 노동조합들)과 협동조합들 사이의 긴밀한 유대 관계를 놓쳐 버릴 우려가 있다. 많은 단체는 자신들의 목적이 "노동자계급의 경제적·도덕적 향상"이라고 명시했고, 이런 목적을 달성하는 다양한 방식을 열거했다. 도덕적 향상의 언어는 정치조직이 여전히 정부에 의해 정기적으로 해산되곤 하던 당시에는 필수적인 것이었다. 비록 그 용어가 낡아빠진 것으로 들리기는 하지만, 그것은 우리가 오늘날 정치 교육이라는 용어로써 뜻하는 바를 담고 있었다. 읽고 쓰고 공중 앞에서 말하며 대안들을 토론하고 의제를 구성하는 능력이 바로 그것이었다. 협동조합과 노동조합주의 또한 서로 다른 여러 경제적 조건에 적합한 전략들이었다. 실업률이 치솟고 구매력이 떨어지는 불황기에 생산자 협동조합은 경제적 생존을 위한 더 없이 좋은 해결책을 제공했다. 그러나 경제가 성장하는 시기에는 파업이 훨씬 더 성공적인 방법이었다.[40]

그러한 다차원적인 전략은 특히 직업적 정체성에 기반을 둔 단체들 사이에서 널리 통용되었다. 상조와 저항, 협동이라는 세 가지 축은 서로 다르거나 심지어 적대적인 조직 원리로서가 아니라 공통의 목표를 성취하는 서로 연관된 전술로 이해되었다. 이는 종종 저항 동맹체(막 출현하던 노동조합들) 구실을 했던 생산자 협동조합의 경우에 특히 명백하다. 예컨대 1898년에 설립된 건설노동자 협동조합(Società Cooperative Operai Esercenti dell'Arte Muraria)은 공공사업을 비롯한 건설 기획을 "해방의 수단으로" 이해하고 거기에 개입하려는 주요한 목표를 가진 노동자 협동조합이었다. 이윤의 20퍼센트가 상조회에 적립되었고, 정관 역시 보조적인 목표가 "협동조합, 저축, 교육 원칙의 확산"이라고 못 박고 있다. 협동조합에 참여하는 것은 또한 정당 활동가로 일할 때 느끼는 위험 부담을 피하면서 사회주의적 하위문화와 일체감을 형성하는 좋은 방법이었다. 1914년에 100만 가구 이상이 조직된 협동조합 운동에 속해 있었다.[41] 그 가운데 압도적 다수는 사회당의 개량주의 분파와 연결된 연합 조직인 이탈리아 전국협동조합연맹(Lega Nazionale delle Cooperative Italiane) 산하의 협동조합에 속해 있었다. 대조적으로 사회당은 1914년에 57,274명의 당원만을 거느리고 있었을 뿐이다.[42]

이 조직들은 단지 경제투쟁과 정치투쟁을 접속하기만 한 것은 아니었다. 조직들은 연대의 새로운 기반을 만들어 내기 위해 기성의 계급

분할에 도전하기도 했다. 1919년에 설립된 피스토이아 소작농총협회(Associazione Generale fra i Coloni del Pistoiese)는 "자기 소유 토지에서든 임차한 토지에서든 또는 분익 소작의 형태이든 상관없이 육체 농업 노동을 통해 생계를 잇는 모든 가장"에게 문호를 열었다. 주된 목표는 "비폭력적이고 합법적으로 상호부조와 형제애를 통해 농업 노동자계급의 삶을 향상시키는 것"이었다.[43] 이런 목표들을 달성하기 위해 이 단체는 세 가지 활동 방식을 명시했다. 상조 관행과 공동 구매 및 판매 협동조합, 대토지 소유자와 빚는 분쟁에 대한 법률 지원이 바로 그것이다. 제1차 세계대전 직후에도 상조회 활동과 협동조합 활동, 노동조합 유형의 활동은 서로 유기적으로 연관된 구성 요소로 간주되는 경우가 많았다.

협동조합 활동은 경제적·정치적·문화적 조직화에 의미 있는 재정 지원을 제공했다. 초창기 협동조합 활동이 모든 '수익금'을 회원들에게 돌려준 반면, 점차 선전에서 구호에 이르기까지 집단적 노력에 들어가는 비용이 커졌다.[44] 노사분규 시기에 노동자들을 물질적으로 돕기 위해 협동조합에서 갹출된 재정 자원을 사용한 일은, 본래 개인적 혜택을 얻기 위한 자족적인 조치로부터 노동자 운동의 형성으로 이어지는 과정에서 중요한 혁신이었다. (에밀리아-로마냐의) 파르마 군에서 이러한 논리는 1907년 12월 21일 도 단위 협동조합 회의에서 이루어진 결정에서 정점에 달했는데, 33개의 소비자 협동조합들이 모든 수익금을 저항 조직들을 지원하는 데 쓰기로 동의했던 것이다.[45]

리프레디 상조회

처음에 비영리 보장 시스템으로 출발한 상조회는 점차 경제적 세력화와 연대를 추구하는 광범위한 강령의 토대가 되었다. 리프레디 상조회(Società di Mutuo Soccorso di Rifredi)의 역사가 그런 변모 과정을 잘 보여 준다. 1900년에 출발하여 파시즘 치하에서 해체될 때까지, 리프레디 상조회 평의회에서 다수를 이루었던 사회주의 계열 간부들의 영향력 아래 몇몇 중요한 조직상의 변화가 나타났다. 첫째, 평의회는 상조회가 질병 이외에 "기타 제한된 환경"에 노출된 노동자들에게 생계를 지원해 줄 수 있다는 조항을 추가했다. 이는 실질적으로 상조회 기금이 파업자들을 지원하는 데 이용될 수 있고, 그럼으로써 노동자들이 사용자들에게 확실히 맞설 수 있는 능력을 강화하는 데 큰 도움을 줄 수 있다는 것을 의미했다. 둘째, 1905년 정관은 8개 하위 부서들을 아우르는 방식으로 기성의 조직 단위(상조회와 소비자 협동조합, 독서 서클)를 확대했다. 이 새로운 부서들에는 노동자 주택 건설과 생산자 협동조합, 여성분과, 저축 및 대출 단체, 새로운 교육과정, 건강 클리닉 등이 포함되었다.[46] 비록 이 모든 계획이 궁극적으로 실현된 것은 아니었지만, 그런 목표는 상조회의 역할에서 중요한 변화가 일어나고 있음을 보여 주었다.

이제 상조회는 그저 불운을 감수해야 할 사람들의 실용적인 전략이라기보다는 노동자계급의 삶을 향상시키기 위한 일련의 능동적인 활동의 중심지가 되었다. 이러한 변화를 달리 해석해 보자면, 리프레디 상조회는 순수하게 도구적인 조직에서 다목적 공간으로 변형되었다고 할 수도 있다. 말하자면, 다방면에 걸쳐 변화무쌍한 능동적 활동을 전개할 수 있는 맥락을 마련한 회합의 터전이 되었던 것이다.

상조회나 소비자 협동조합처럼 명백히 단기적인 혜택을 베풀어 주는 실용적 제도는 이제 저렴한 노동자 주택 건설 같은 좀 더 복잡하고 장기적인 활동을 지원해 주는 기능과 구조를 마련했다. 이러한 발전 논리는 협동조합 운동 전반에서 두루 확인되는데, 가령 소비자 협동조합 활동에서 축적된 자원들은 도서관과 모임 공간, 교육 프로그램 같은 집단적 재화를 구비하는 데 재정적 기반이 되었다. 1908년에 리프레디 상조회의 정관이 개정되어 사회기금이 설치되었다. 소비자 협동조합 활동에서 나온 수익금의 5퍼센트가 실업자들을 보조하는 데 사용되었고, 10퍼센트는 협동조합 직원들의 복지에 쓰이게 되었다.[47]

이러한 조직상의 변화에 담겨 있는 정치적 함의는 무엇일까? 피렌체 교외의 노동자계급 지구에 있던 리프레디 상조회의 경우, 상조회는 피렌체 시 당국과 자치시(comune)* 당국에 대해 지방의 이해관계를 대표하는 핵심적인 역할을 했다. 루이지 토마시니(Luigi Tomassini)는 심층적인 제도사 사례 연구를 통해 리프레디 상조회가 도로 조명과 공공 운송을 비롯한 도시 편의 시설을 노동자계급 거주지에까지 확대 설치하는 등 지방의 이해관계를 관철시키는 데 도움을 주었다고 주장했다. 이러한 사실은 상조회 같은 조직들이 토착 지역에 깊이 뿌리내리고 있었음을 보여 준다. 개별 직종들을 전국적인 기반 위에 조직하려고 했던

---

* 이 책에서는 중세 이탈리아의 자치도시 또는 도시국가에서 유래한 용어인 '코무네'(comune)를 현대 이탈리아의 행정 단위인 '자치시'로 표기한다. 이 책에서 '지방자치체'(municipality)로 표기된 것도 실제로는 '자치시'를 가리키는 만큼, '자치시'는 이탈리아 지방자치주의(municipalism)의 핵심이다. 그 밖에 '레지오네'(regione)는 '도'(道)로, '프로빈치아'(provincia)는 '군'(郡)으로 표기하되, '레지오네'는 맥락에 따라 '지역'으로도 표기했다. 참고로 현재 이탈리아는 20개 도와 110개 군, 8,092개 자치시로 이루어져 있다.

신생 노동조합과는 달리, 상조회와 협동조합을 비롯하여 생디칼리슴에서 영감을 끌어온 노동회의소 등은 모두 지방색(locality) 짙은 조직들이었던 것이다. 이런 조직의 회원으로는 미숙련 공업 노동자와 수공업자, 주부, 실업자, 농민이 모두 포함되어 있었다. 그런 조직은 정치적 전략으로 선회할 가능성이 무척 높았는데, 왜냐하면 제도적 이해관계(의료와 건강보험, 취로사업, 물가 안정)를 관철시키려면 반드시 정치 행위가 필요했기 때문이다.[48]

점차 이웃 간의 사회성과 연대의 중심지가 되어 감에 따라, 리프레디 상조회는 정치적 조직화를 위한 자원이 되기도 했다. 상조회 수뇌부는 만남과 집회, 회합의 기회를 마련했다.[49] 카페와 집회소, 모임방, 협동조합 매점, 사무실 같은 곳은 공장과 경영진의 통제권 바깥에서 노동자들의 회합을 촉진했다. 이와 관련하여 나는 특정한 목표를 지향한다기보다는 사회생활이 자연스럽게 연장된 것으로 보이는 그와 같은 "거기에 함께 있기"의 양식을 가리켜 '공현존'(co-presence)이라는 용어로 부르고 싶다.

전통적인 마르크스주의 이론도 이와 비슷하게 공장 시스템이 촉진한 노동자들의 공현존 속에서 계급의식이 발전하는 논리를 가정했다. 확실히, 공간과 일상을 공유하며 살아가는 경험을 통해 서로 비슷한 이해관계와 정체성이 형성될 수 있다. 그러한 공현존은 자연스러운 것처럼 보일지도 모르지만, 실제로는 그 자체로 투명하지만은 않은 여타의 사회구조들(도시화와 포드주의 생산양식, 생산성 향상을 위한 테일러주의 전략 같은)의 산물이다. 공장은 연대의 터전일 수도 있지만 고립의 현장이 될 수도 있다. 이러한 공간들의 의미는 그 자체로 끊임없는 투쟁의 대상이었다. 몇몇 사회사가들은 계급의식이 오직 이웃 간의 연대가 작업장에 기반을 둔 프롤레타리아 정체성을 강화할 때만 발전했다고 지적해 왔다.[50] 이러한 지적은 사실이다. 물론 이웃 간의 연대가 사회경제적 집단들을 끼리끼리 모아 놓는 경향이 있는 주택 시장의 자동적인 결과는 아니지만 말이다. 연대는 각 집단이 자신들의 공유된 경험을 표시하고 해석하며 거기에 의미를 부여하는 과정의 산물이다. 지방에 뿌리를 두면서도 동시에 지방을 뛰어넘는 광범위한 구조들과도 연관된 터전들은 연대를 촉진하는 데 결정적인 역할을 했다.

희망의 공간

사르데냐 병사들이 토리노 노동자들과 만났던 '감염의 진원지'인 동네 '서클'은 공간의 세 가지 기본적인 사회적 기능, 즉 만남과 회합, 집회를 촉진했다.[51] 흩어져 있는 개인들을 한데 모을 수 있는 능력이야말로 새로운 정치 공간이 낳는 가장 기본적이면서도 가장 중요한 효과이다. 더 많은, 더 다양한 종류의 사람들을 한데 뭉치게 함으로써 이념과 이해관계, 경험의 소통을 촉진할 수 있다. 협동조합에서 쇼핑을 하고 음료를 마시는 남녀들은 그렇지 않은 남녀들보다 정치 이념들에 노출될 가능성이 훨씬 더 높다. 협동조합은 공동체를 인지하거나 구성할 수 있는 기회를 제공했고 공식·비공식 협력 과정을 창출했다. 협동조합은 정치적 발언의 맥락뿐 아니라 궁극적으로 정치적 행동의 기반을 제공했던 것이다.

협동조합은 그 어떤 작은 시골 읍내에서도 통상 가까운 친구나 가족보다는 큰 집단이 만나는, 그것도 노동자들이 통제하는 최초의 공간이었다. 그러한 공간들은 직접적인 사적 유대를 넘어 공동의 이해관계와 이념을 중심으로 조직된 하나의 집단을 형성할 수 있게 해주었다. 협동조합과 상조회는 교회나 국가와는 공간적으로나 제도적으로 분리되어 있었기 때문에 정치적 반대를 은폐할 뿐 아니라 지속적인 집합 행동에 필요한 논쟁과 합의, 계획 따위를 촉진할 수 있었다. 또 이 협동체들은 집단들이 회합할 수 있는 모임방을 제공했다. 회합이 공식화된 집회는 특정한 목표를 추구하는 자기 의식적인 회합이라고 할 수 있다. 집회는 흔히 외부를 지향하며, 특정한 청중을 대상으로 조율한 퍼포먼스가 될 수 있다. 찰스 틸리가 말했듯이, 집회는 동지들이나 적들 모두에 대해 우리 또는 그들이 얼마나 강한지, 얼마나 통일되어 있는지를 생생하게 보여 준다.[52]

당대의 관찰자들은 그런 장소가 갖는 결정적인 중요성을 잘 인식하고 있었고, 또 명료하게 밝혀 놓았다. 예컨대 1920년 밀라노 자치시가 발표한 보고서에 따르면, 선술집은 사회성의 터전으로 제구실을 했던 덕분에 성공했다. "'베톨라'(bettola, 선술집)가 진정 비할 데 없이 큰 성공을 거둘 수 있었던 이유는 노동자들이 그냥 거기서 포도주를 마셨기 때문이 아니라 공개적이고(liberamente) 편안한 장소에서 친구들과 이야기하며 하루를 마무리할 필요성(일하는 사람들에게는 대단히 큰 욕구인)를 느꼈기 때문이다. …… 포도주를 마시고 술집 주인에게 지불하는 것은 단지 포도주 값이 아니라 포도주를 마신 사람이 잠시 동안 점거한 술집 공간에 대한 값이다."[53] 공장이라는 강도 높은 규율이 통용되는 환경에서 고생한 노동자들은 사교와 자율, 평등이 한데 뒤섞인 장소를 특히나 갈망하기 마련이었다. 비록 위 인용문에서 이탈리아어 원문의 '리베라멘테'(liberamente)를 '공개적인'이라고 번역했지만, 실은 문자 그대로 '자유로운'이라고 번역해야 한다. 노동자들이 한잔 술을 마시는 카페이자 스낵바인 '베톨라'는 인간적인 곳이었고, 따라서 자유를 만끽할 수 있는 장소였던 것이다.

집회와 만남을 주선하는 장소들이 모두 정치화되고 있었던 것은 아니다. 특정한 집단이 정치와 같은 갈등의 잠재적 원천을 배제함으로써 불분명한 공동체 감각을 유지해 나가는 일도 가능했다. 그럼에도 협동조합은 사회성을 정치적 행동에 접속시키는 데 특히나 적합했다. 협동체들은 개인이 혼자서 처리하기 힘든 광범위한 사회경제적 문제들을 해결하기 위해 만들어졌기 때문에, 집단적 해결책을 찾으려면 먼저 목적과 이해관계의 공통성을 전제로 삼아야 했다.

협동조합 운동은 여러 가지 모순으로 인해 혼란에 빠지기도 했다. 그 운동은 자본주의적 시장과 경합하는 가운데 대항 경제를 구축하려고 했다. 그것은 자유민주주의의 유산과 계급투쟁의 전략 모두와 결합될 수 있었다. 협동조합은 내적으로 갈등의 터전인 동시에 연대의 터전이었다. 협동조합은 타자를 부하나 주인으로서가 아니라 동료이자 동지, 동맹자로 만날 수 있는 공간을 제공했다. 하지만 회원들은 집단적인 노력의 과정에서 좌절을 맛보기도 했다. 집단적 의사 결정의 비효율성, 서로 다른 전망들 사이의 적대, 부정부패, 적대적인 경제적 제한들이 바로 그런 경우이다.[54] 요컨대 협동조합은 생계가 불확실한 사적인 가정과 자본주의적 시장, 권위주의적 공장과는 구별되는 공간, 즉 투표권이 없는 사람들이 공적으로 살 수 있는 장소였다. 과연 협동조합은 살롱이나 젠틀먼의 클럽이 아니라 대항 경제의 터전이었던 것이다. 협동조합은 경제적 이해관계를 사회적 정체성은 물론이요 궁극적으로 정치 참여와 결합시켰다. 협동조합이 있다는 사실만으로도 쇼핑하고 빵을 만들며 친구들과 포도주 한잔 마시는 행위와 같은 지극히 일상적인 일들을 사회주의적인 것으로 그려 볼 수 있게 했다. 또 협동조합의 경험은 교조적인 원칙이 아니라 노동자계급의 경제적 변화와 정치적 권리를 획득하기 위한 민중운동으로서 사회주의가 무엇을 의미하는지를 규정해 주었다.

사회주의에서 영감을 끌어온 협동조합들은 기성의 만남의 터전들을 민주화하고 새로운 만남의 터전들을 창출했다는 점에서 유력한 저항의 공간이 되었다. 최초의 협동조합들은 매점이나 작업장, 대출 창구, 바 같은 기성의 기업들과 똑같은 기능을 갖고 있었다. 협동조합들은 기성의 기업들처럼 긴급한 실천적 요구들을 처리했으나, 기업들과는 구별되는 방식을 택했다. 그 중요한 차이는 위계적 관계를 평등한 관계로 대체하는 방식에서 찾아볼 수 있다. 협동조합의 조직 원리는 자본과 노동, 채권자와 채무자, 상인과 소비자, 사장과 직원 사이에 구별을 없애는 것이었다. 협동조합은 노동자들이 연대감을 재구축하고 자기 자신들을 경제적 행위 주체로 경험하며 고객이라기보다는 시민으로서 행동할 수 있는 장소를 제공했다. 이와 비슷한 방식으로, 상조회와 야간학교와 도서관은 예전처럼 온정주의적인 자선 사업의 공간이 아니라 수혜자들이 집단적으로 정책을 결정하는 자율적인 터전이 되었다.

물론 협동조합에 얼마나 많은 참여자와 경제적 자원이 있는지를 보고 그 힘을 평가할 수도 있겠지만, 착각의 힘 또한 중요하다. '착각'이라는 용어를 통해 내가 말하고자 하는 것은, 협동조합 회원들이 스스로를 협동조합과 동일시한 수준이 합리적이고 공리적인 계산을 훨씬 뛰어넘는 현상이다. 회원들이 협동조합의 한계를 인지하지 못하는 경우도 많았다. 그렇다면 우리는 협동조합이 성취한 바를 관찰할 뿐만 아니라 협동조합이 꿈꾸었으되 실현하지 못한 것을 살펴봄으로써 무엇인가를 배울 수 있다. 협동조합은 경제에 대한 집단적 통제라는 노동자들의 꿈이 구체화된 것이었다. 바로 데이비드 하비(David Harvey)가 '희망의 공간'이라고 부른 것이었다.[55]

5장
민중회관

민중회관이 보여 주는 아름다움은 교회나 시청이 보여 주는 아름다움과는 다르다. 교회나 시청의 아름다움은 노동자들의 빈곤을 은폐한다. 민중회관은 허영이 아니라 영감과 교육을 위한 것이다. 민중회관은 우리가 좀 더 노력하게 되고, 그래서 좀 더 문명화되는 법을 배우는 장소임에 틀림없다.

－《정의》(La Giustiza), 1906년 12월 9일자

19세기 말, 사회주의에서 영감을 받은 민중회관이 확산됨으로써 유럽 전역의 상징적인 도시 경관이 바뀌게 되었다. 민중회관은 농민 단체, 여성 그룹, 상조회, 협동조합 같은 개별적인 노동자 조직에 사무실 공간을 제공할 실용적인 목적으로 건립된 사회성의 터전이었다. 게다가 민중회관은 상징적으로나 기능적으로 민중의 삶에 준거점으로서 중요한 역할을 했다. 그럼에도 이 공간들이 갖는 사회적·정치적 반향을 이해하기 위해서는 통상 문자 텍스트에 접근할 때 사용하는 것과는 다른 개념적 도구들이 필요하다.

프랑스 철학자 앙리 르페브르(Henri Lefebvre)가 지적하듯이, 메시지와 코드, 해독과 기록이라는 기호학적 범주들은 단지 공간이 갖는 의미의 일부만을 포착할 수 있다. 르페브르에게 공간은 또한 사회적이다.

특수한 장소들은 사람들 사이의 접촉을 개시하고 유지하며 틀 지우고 중지시킬 수 있다. 공간은 "새로운 행동을 가능하게 하며 어떤 행동은 제안하지만, 또 어떤 행동은 금지한다."[1] 공간을 일종의 텍스트로 읽는 것은 경험의 차원보다 인지적 차원을 우대하는 것이며, 그럼으로써 장소의 실질적인 권력을 은폐하는 것이다.

장소의 권력은 자의식과 그보다 더 광범위한 이상, 제도에 대한 소속감을 접속하는 능력에서 나온다.[2] 이 관계를 해명하기 위해서 우리는 세 가지 분석 수준을 구별해야만 한다. 인지적 차원으로서의 공간(경험 분석), 상호작용을 촉진하고 집단 정체성을 형성하는 메커니즘으로서의 공간(사회 분석), 응축된 의미의 저장소로서의 특정한 장소(상징 분석)가 바로 그것이다.[3] 확실히 이 세 가지 차원은 서로 연관되어 있다.[4] 민중회관은 경찰의 개입과 감시를 피하려는 실용적인 해결책인 동시에 연대와 도시의 상징적 공간에 대한 개입을 구체화하려는 시도였다. 민중회관은 흩어져 있는 사람들과 이념들을 한데 모이게 하는 물질적·상징적 교차점으로 기능했다는 점에서 기성의 정치적·경제적 구조에 도전했다.

공간 이론들

다양한 개혁적 기획들은 흔히 건축학적 변화의 중요성을 강조해 왔다. 사회통제의 유토피아와 해방의 유토피아 모두 특정한 사회적·정치적 효과를 행사하기 위해 흩어져 있는 몸들을 공간 속에 재배치하려고 했다. 아마도 가장 유명한 사례가 제러미 벤담의 원형 감옥에 대한 푸코의 분석일 텐데, 원형 감옥은 지속적으로 감시당하고 있다는 위협을 느낌으로써 자기 규율을 내면화한다는 원리를 통해 고안된 감옥이다. 이와 같은 공간적 통제의 원형적인 사례는 건축학적 모형일 뿐 아니라 학교에서 공장에 이르기까지 다양한 맥락에 적용될 수 있는 개별화의 원리이기도 하다.[5]

마찬가지로 공장 시스템은 효과적인 분업을 통해 이윤을 끌어내기 위해 창출된 것일 뿐 아니라 통제를 확대하기 위해 고안된 것이기도 했다. 초창기 공장들은 상인들이 임대하고 생산도구를 소유한 수공업자들이 전통적인 재화를 생산한 널찍한 공간이었을 뿐이다. 중앙 집중화가 도입됨으로써 관리가 단순해지고 감시가 촉진되었다. 공장의 교육적 목적은 농민들의 전통적인 작업 리듬을 깨고 강화된 생산 리듬에 적합한 습관을 주입하는 것이었다.[6] 수도의 대로(大路)들을 재조정하고 확장하려는 기획인 오스망(Georges-Eugène Haussmann)의 파리 재설계에 깔려 있는 논리도 이와 유사했다. 그의 목표는 근대적 포병대가 주둔할 수 있고, 1848년 혁명기에 그렇게도 효과적으로 사용된 바 있는 바리케이드를 설치하기 어렵도록 도시 지형을 창출하는 것이었다. 그럼에도 이러한 전략적 목표는 민중 거주지의 동원을 파편화시키는 국가의 역량을 제고하는 방식으로 실현되었다. 새로운 도시 경관은 이러한 통제의 변함없는 상징이 되었다.[7]

르페브르에게나 푸코에게나 공간은 공히 규율적이었지만, 르페브르에게는 상대적으로 더 해방적이었다. 기념비적 성격과 물질적 성격을 갖춘 공간 배치는 모종의 완고함을 구현하는 것처럼 보일 수도 있지만, 기본적으로는 인간 행동의 산물이요, 그렇기에 변화에 열려 있었다. 우리가 사는 공간은 자연적인 환경이 아니라 사회적 과정의 퇴적물, 그러니까 르페브르가 '공간의 생산'이라고 일컫는 과정의 산물이다. 공간은 주체를 생산하고 규율하기 위한 양식에만 머물지 않는다. 그것은 또한 인간 창조성의 표현이자 물질생활의 요소이다. 르페브르는 지배받는 공간과 전유되는 공간을 구별하면서 이 공간들의 규율적 양상과 동시에 해방적 양상을 포착한다. 르페브르는 지배받는 공간을 기술적 조작을 통해 주인의 기획이 실현된 무대라고 규정한다. 이와는 대조적으로, 전유되는 공간은 인간의 필요에 부응하도록 변형된 무대이다.[8]

지배받는 공간과 전유되는 장소라는 르페브르의 구별은 자못 시사하는 바가 크지만, 인간의 필요를 당연하게 가정하면서 이 가정 자체를 충분히 이론화하지 않는다는 점에서 궁극적으로는 모호하다. 그는 더 명료하게 양자를 구별하기 위해 "전유는 시간이나 생활의 리듬과 분리되어 이해될 수 없다"고 설명한다. 이러한 진술은 토속 양식 건축물의 특징들, 그러니까 은신과 사생활, 사회성, 아름다움 등 인간의 필요와 환경을 조화시키려는 지속적이고 집단적인 과정에서 나타난 공간들을 환기시켜 준다. 그러나 르페브르가 지배받는 공간의 사례로 지목하는 군사 요새나 성벽, 방파제도 인간의 필요를 충족시키기 위해 만들어졌다. 차이는 어떤 쪽의 필요가 더 두드러지는가, 그리고 우선하는 것이 무엇인가에 있다.

지배받는 공간은 특정한 종류의 지식, 제임스 스콧에 따르면 국가와 결부된 지식에 의해 생산된다. 스콧에게 '국가처럼 본다'는 것은 단순성의 영역, 요컨대 쉽게 복제되고 측정되며 동등한 단위들로 분할될 수 있는 봉쇄된 불모의 공허한 공간을 창출하는 것과 관련이 있다.[9] 지배받는 공간은 시민과 소비자의 필요를 채워 주기 위해 고안되었지만, 그들의 필요는 특정한 방식으로 상상된다. 지배받는 공간은 "남들도 원하는 것을 원하고, 남들도 할 수 있는 일을 하는 표준화된 시민," 즉 독창적 이념이나 독자적 전통과 역사를 완전히 결여한 시민을 위해 창출된다.[10] 그런 공간에는 군사 시설뿐 아니라 맥도널드도 포함된다. 그런 공간들은 원하는 종류의 주체를 창출하는 데 도움이 된다.

　전유되는 공간은 이런 논리를 전복시킨다. 전유되는 공간은 특수한 상황에 적합하고 실험과 수정을 통해 점진적으로 획득되는 이런저런 기능을 이용하면서 보통 사람들에 의해 생산된다. 이런 공간이 보여 주는 다양성은 그것이 생산되는 일련의 조건, 예컨대 당장의 목표를 성취하기 위해 적용된 인간의 창조성과 전수받은 경험과 이용 가능한 자원의 독특한 결합을 반영한다. 이런 공간을 대표하는 것이 바로 민중회관이다. 민중회관은 집단적인 차원에서 '그들만의 방'을 필요로 하는 노동자들의 욕구를 충족시키기 위해 (국가와 결부된 지식이 아니라) 해당 지방에서 통용되는 지식을 이용하여 조금씩 조금씩 만들어진 장소였다. 민중회관이 궁극적으로는 사회주의 운동에서 중요한 교차점이 되기는 했지만, 그렇다고 명령을 전달하고 규율을 유지하기 위해 위로부터 창출된 세포는 아니었다. 그러기는커녕 민중회관 조직은 윌리엄 코널리가 '리좀적'(rhizomatic)*이라고 지칭한 구조, 즉 하나의 뿌리에서 뻗어 나오되 다양한 연결망을 통해 접속된 다양한 사회구성체들로 이루어진

---

* 리좀(rhizome)이란 원래 땅속줄기식물을 가리키는 식물학 개념이다. 들뢰즈(Gilles Deleuze)와 가타리(Felix Guattari)는 이 리좀을 관계 맺기의 방식으로 파악했다. 두 사람에 따르면, 리좀에서 줄기는 그 자체 뿌리처럼 자유롭게 뻗어 가며 다양한 것들과 접속한다. 리좀과 대비되는 것이 수목(tree)이다. 수목에는 굵은 줄기가 있고 여기서 가지가 뻗어 가고 이 가지에서 다른 가지가 나온다. 그러므로 수목형이 중심과 계통이 있는 일원적이고 체계적인 관계 맺기의 방식이라면, 리좀형은 중심과 계통이 없는 다원적이고 유연한 관계 맺기의 방식이다. 단, 양자는 별개로 존재하는 것이 아니라 상관관계를 맺고 있는데, 좀 더 자유로운 흐름 쪽이 리좀형이고 좀 더 경직된 흐름 쪽이 수목형이라고 할 수 있다.

구조와 같다고 할 수 있다.[11] 그런 구조는 중심도 없고 위계도 없는 참여 시스템을 암시한다.

지배받는 공간과 전유되는 공간을 구별함으로써 공간이 어떻게 서로 반대되는 정치적 기획에 기여하는지를 설명할 수 있지만, 이는 부분적인 설명일 뿐이다. 그렇게 접근하면 공간을 다른 사회적·정치적 세력들로부터 분리시켜 다루게 되는 문제가 발생한다. 장소가 어떤 방식으로 필요를 충족시키는지를 고찰하는 것에 덧붙여 장소가 어떤 방식으로 더 넓은 구조들을 강화하거나, 아니면 그런 구조들에 도전하는지를 고려해야 한다. 공간의 기능은 특정한 공간이 지배적인 권력 집중을 강화하거나, 아니면 그런 권력 집중에 도전하는 방식으로 다른 공간과 맺고 있는 관계로부터 생겨난다. 민중회관은 기성 질서에 반대하는 이념들의 은신처이자 새로운 배역을 연습하고 새로운 노선을 학습하는 무대를 마련해 주었다. 어떤 공간도 근본적으로 자유로울 수 없지만, 특수한 형태의 지배에 맞선 자유의 실험실이 될 수 있는 공간은 있다.

그와 같은 공간에 접근하는 이론 틀을 제공하는 개념이 푸코의 헤테로토피아(heterotopia)*이다. 그는 "모든 타자와의 관계 맺음이라는 모호한 속성을 타고난" 공간들, "그러나 스스로가 계획하고 숙고하며 투영한 일련의 관계들을 유예하고 중립화하며 전복시키는 방식으로" 모호한 속성을 드러내는 공간들을 부각시켰고,[12] 그러면서 유토피아와 헤테로토피아라는 두 유형의 공간을 구별했다. 푸코가 보기에 유토피아

---

* '혼재향'(混在鄕)으로도 번역된다. 유토피아와 디스토피아, 정상과 비정상, 이성과 광기, 선과 악의 이항 대립을 해체하고 극복하는 공간이다. 이 공간에서는 서로 다른 모순적 경험들이 공존한다. 푸코는 묘지나 식민지, 사창가, 감옥 등 이질적이고 일탈적이며 위법적인 공간들을 헤테로토피아의 목록에 포함시킨다.

는 현실에 장소가 없는 터전이다. 유토피아는 사회의 전복 또는 급진적 변형을 표현하지만, 본질적으로는 공간적 구성물이라기보다는 정신적 구성물이다. 한편, 푸코는 헤테로토피아에 대해서 다음과 같은 방식으로 정의한다.

> 아마도 모든 문화와 문명에 들어맞는 사실일 텐데, 사회라는 바로 그 제도에서 윤곽이 드러나되, 현실적이고 실제적인 공간들로 이루어진 일종의 대항 배치, 실제로 실현된 유토피아 또한 존재한다. 이 공간들에서는 특정한 사회 안에서 발견될 수 있는 모든 현실적인 배치와 그와는 다른 모든 현실적인 배치가 동시에 표상되고 도전받고 전복된다. 이 공간들은 모든 장소 바깥에 있지만 실제로는 특정한 지방에 위치할 수 있는(localizable) 일종의 장소이다.[13]

푸코는 이러한 터전들과 (이러한 터전들의 토대이면서 동시에 극복 대상인) 나머지 사회 사이에 존재하는 근본적인 대립을 표현하기 위해 헤테로토피아라는 용어를 사용한다.

푸코는 헤테로토피아를 두 가지 유형으로 구별한다. 위기의 헤테로토피아와 일탈의 헤테로토피아가 바로 그것이다. 위기의 헤테로토피아는 기숙학교나 군복무, 신혼여행처럼 인생의 각 단계에서 경계가 되는 지점들을 표시하거나 은폐하는 특권적이거나 금지된 장소들이다. 일탈의 헤테로토피아는 감옥이나 정신병원, 요양원 같은 장소들인데, 정상과 비정상 사이의 경계선을 강화하고 순찰하는 하나의 방식이다.

푸코는 헤테로토피아가 정치적 해방의 원리라거나 사회적 변혁의 모형, 또는 자아 형성을 위한 현장이라고 주장하지는 않았다. 그럼에도 다음과 같은 선동적인 제안으로 강의를 끝맺는다. "(헤테로토피아가) 결여된 문명에서 꿈은 말라 버리고 모험은 염탐으로, 해적은 경찰로 대체된다."[14] 여기서 우리는 헤테로토피아가 타자성의 공간일 뿐 아니라 기성의 지배 형태들에 대항하는 투쟁의 지반(또는 최소한 영감)이라는 느낌을 받는다. 푸코를 추종하는 이들은 그런 결론을 한층 더 명시적으로 부각시켜 왔다.[15] 그들은 헤테로토피아가 기성 관행을 더 이상 자연적인 것이 아니라고 폭로함으로써 광범위한 사회 변화의 기획에 기여한다고 주장한다.

데이비드 하비는 《희망의 공간》에서 공간과 정치의 관계를 이론화하는 이러한 접근법에 도전한다. 그는 지배적인 사회구조에 맞서 위치를 변경하더라도 그 자체만으로는 저항은 고사하고 비판조차 북돋울 수 없다고 주장한다. 이러한 시각에 따르면, 현대 미국의 전형적인 헤테로토피아는 쇼핑몰과 외부인 출입을 통제하는 공동체, 디즈니랜드, 민병대 캠프이다. 이런 헤테로토피아는 자신들의 신화적인 속성을 부각시키기 위해 우리 문화의 다른 현실적인 일부의 터전들이 표상되고 전복되며 삭제되고 악마화되는 장소들이다. 이 장소들이야말로 우리의 "실제로 구현된 유토피아"이다. 그럼에도 이러한 대항 터전들은 지배적인 소비 패턴을 뒤바꾸기보다는 오히려 완성하기 위해 자신들만의 온갖 특수한 것들을 동원한다.

헤테로토피아는 규범화에 맞선 게릴라 투쟁의 기지가 될 수 있지만, 한편으로 미묘한 형태의 사회통제를 완성시킬 수도 있다.[16] 그렇다면 좀 더 정확한 개념이 필요하다. 말하자면 저항의 헤테로토피아라는 개념이다.[17] 저항의 헤테로토피아는 기성의 경제적 또는 사회적 위계를 역전시키고 그에 대항하는 현실적인 대항 터전이다. 그 기능은 도피와 봉쇄, 부정이 아니라 사회 변혁이다. 저항의 헤테로토피아는 지배적인 사회 인습에 도전함으로써 규범화에 맞선 투쟁의 중요한 장소가 될 수 있다.

20세기로 넘어오던 시기 유럽에 건립된 민중회관은 대안적인 현실을 물질화하기 위해 건설된 저항의 헤테로토피아인 동시에 현실적인 공간이요 대항 터전이었다. 그럼에도 민중회관은 역시 기성의 터전과 제도를 모방하고 수정하여 만들어졌다. 프리메이슨 지부나 독서 서클처럼 기성 부르주아적 형태의 사회성을 반영했다는 말이다.[18] 건축학적으로 볼 때, 민중회관은 부르주아 스타일의 요소들을 내포하는 경우가 많았다. 봉쇄되고 고립되지는 않았으나, 지배적인 현실을 표상하는 동시에 그와 경합하는 터전이었다는 말이다. 민중회관은 생산과 소비, 노동과 여가, 정치와 연극이 다시 통합되는 미래 사회에 대한 사회주의적 신념을 상징했다. 민중회관이 물리적으로 존재한다는 사실 자체가 상징적인 차원에서 교회의 도덕적·사회적 독점과 국가 억압 기구의 지배에 도전하는 데 도움이 되었다. 이러한 터전을 건축한 노동자 집단은 연대를 촉진할 수 있는 공간을 설계하고자 했다. 민중회관은 기성 정치체에서는 수사학에 지나지 않았던 민주주의의 개념을 구체화하는 데 도움을 주었다. 이탈리아 전역에 걸쳐 수백여 개의 읍과 도시에서 등장한 민중회관은 완전하게 민주주의적인 공공 생활이 이루어진 원형적인 대항 터전이자 현실적인 유토피아였던 것이다.

푸코가 헤테로토피아를 규정하기 위해 내놓은 다섯 가지의 일반화 가운데 특히 두 가지가 특정한 형태의 저항 헤테로토피아에 잘 들어맞는다. 푸코에 따르면, "헤테로토피아는 양립할 수 없는 공간들과 소재지들을 하나의 현실적인 장소에 병치시키는 권력을 보유한다."[19] 이러한 원리는 광범위한 사회주의적·민주주의적 결사들을 위해 만남의 공간을 제공한 민중회관의 논리를 효과적으로 표현하고 있다. 개량주의적 성향의 협동조합들과 상조회들, 계급들을 아우르는 개방대학 프로그램, 생디칼리슴 성향의 생산자 협동체들, 마르크스주의에 영향을 받은 사회주의 정당들과 같은 조직들은 이따금 이데올로기적으로 대립하긴 해도 한 지붕 아래에서 뭉칠 수 있었다. 이 조직들은 서로 간의 차이에도 불구하고 서로 상징적인 차원에서 소통함으로써 집단생활에 대한 노동자계급의 통제권을 확대한다는 공유된 기획의 일부였다. 또한 물리적 근접성을 통해 노동절 기념행사나 선거 캠페인을 위한 동원 같은 공동 활동을 촉진한다는 이점도 있었다. 민중회관(때때로 사회주의자 회관과 노동조합 회관, 혹은 노동회관 등으로 불리기도 했다)의 물리적 구조는 하나의 조직이 다른 조직에 동화되지 않고 저마다 독자적인 요소들을 한데 모을 수 있는 일종의 느슨한 연합 구조를 제공했다.

헤테로토피아가 보여 주는 또 하나의 두드러진 특징은 "이 헤테로토피아를 고립시키기도 하고 개방하기도 하는 출입 시스템이다."[20] 푸코에 따르면, 헤테로토피아는 공적 공간과 똑같은 방식으로 자유롭게 접근할 수 있는 장소는 아니다. 입회는 병영이나 감옥의 경우처럼 강제적이거나, 아니면 일련의 입회 의식이 뒤따르는 선별적 과정을 통해 규제될 것이다. 겉보기에는 개방적으로 보이는 공간들조차도 실제로는 은밀한 배제의 패턴을 숨기고 있다고 푸코는 주장한다. 헤테로토피아에 대해 푸코가 강조하는 것은 공적 공간이라고 간주되는 모든 영역에도 해당된다. 부르주아 공론장을 이루고 있는 카페와 클럽, 살롱은 매우 사적인 영역이다. 이 영역에 대한 접근은 경제적 자원이나 사회적 인습 같은 계급 분리의 메커니즘을 통해 규제되었다. 이와 유사하게, 도서관과 학술 단체, 독서회, 문학 살롱 등에 입회하기 위해서는 지인의 소개나 동료의 논평, 또는 학위 소지 같은 명시적이거나 암묵적인 자격이 필요했다. 고대 그리스 시대 이래로 공적 공간에서 확실하게 터를 잡은 광장(piazza)조차도 언제나 경찰의 통제로부터 자유롭지 못했다. 시위 허가를 받게 한다든가, 부랑자 법을 제정한다든가 하는 식으로 공공질서를 위협할지도 모를 사람들이 광장에 접근하는 것을 금지한 것이다. 그렇다면 '공론장'의 '공공성'은 공간 원리에도, 공개 참여라는 절차적 이상에도 근거하지 않은 채 오히려 토의되는 주제, 즉 국가와 관련된 주제들로만 국한되었던 것이다.[21]

민중회관도 이러한 준공적 공간의 논리를 반영하고 있었다. 한편으로 민중회관은 부르주아 클럽과 비밀 결사에 나타나는 고도로 배타적인 관행의 대안으로 인식되었다. '민중회관'이라는 이름 자체가 종교적·정치적 신념이나 사회적 지위, 경제적 형편에 상관없이 누구나 접근할 수 있다는 이념을 반영하고 있었다. 다른 한편으로, 1800년대 후반에 접어들면 효과적인 도전을 감행하기 위해 기성 엘리트로부터 기능상의 자율성을 유지할 필요가 있다는 인식이 점증하기 시작한다. 게다가 입회 자격에 어느 정도 이데올로기적 기준을 마련해야 한다는 실용적인 동기도 생겼다. 경찰은 언제나 노동자 조직을 감시했고, 지방 지사는 그런 조직들이 전복을 꾀한다는 첩보를 근거로 결사들을 자의적으로 해산시킬 수 있었다. 많은 민중회관들이 회원의 경제적 이해관계를 돌보고 상호부조를 장려하며 여가 활동을 통해 노동자계급의 지적·도덕적 발전을 꾀한다는 결사의 원칙에 동의하는 모든 사람에게 열려 있던 입회 자격을 심사하여 접근을 통제했다.[22] 또 어떤 민중회관들은 좀더 온건한 원칙을 반영하여 조직 안팎의 민주주의를 증진한다는 목표를 제시했다.[23] 더욱이 입회 자격은 종종 현 회원 두 명의 추천을 받은 개인에게만 허용되었다. 민중회관에 들어가는 일은 이전의 부르주아 협회보다야 훨씬 더 쉬웠지만, 그래도 여전히 제한이 있었던 셈이다. 입회 자격은 대개 사회주의자와 공화주의자, 노동자, 수공업자, 가톨릭 교도, 반교권주의자에게 공히 열려 있었다. 그럼에도 민중회관에 정기적으로 출입하는 것에는 상징적인 반향이 뒤따랐다. 민중회관의 정치적 효과 가운데 일부는 기본적으로 동료들과 포도주 한잔 마시는 것 같은 가장 기본적인 사회생활의 요소들을 사회주의적 행동으로, 적어도 노동자계급의 경제적 변화와 정치적 권리 획득을 추구하는 민중운동이라는 넓은 의미에서 사회주의와 동일시된 행동으로 변모시킨다는 데 있었다.

부르주아 공론장이 경제적 지위와 관련된 문제를 고려 대상에서 제외한 반면, 민중회관은 정치와 경제를 통합해야 할 필요성에 바탕을 두고 있었다. 연극패에서 정치 서클, 농민 조직에 이르기까지 다양한 형태로 노동자계급을 동원하는 일은 협동조합 활동을 통해 확보한 재정 자원 없이는 불가능했을 것이다. 노동자와 부르주아가 법적으로는 평등했을지라도, 정치에 참여할 기회는 사실상 불균등했다. 부르주아에게는 가정생활과 직장 생활, 경제 할 것 없이 완전한 참정권에 필수적인 기능과 자원을 보장해 주었던 반면, 노동자가 그런 똑같은 결과를 얻기 위해서는 민중회관에 의지하는 수밖에 없었다. 부르주아 공론장은 사적 개인들의 공적 대화에 근거를 두고 있었다. 이는 사적 소유권과 가족 친밀성을 통해 공론장 바깥에서 주체화된 시민들 사이에 이루어지는 대화였다.[24] 물론 노동자계급에게는 소유권도 없었고, 또 일시 퇴각하거나 사유할 수 있는 친밀한 사적 영역도 없었다. 비좁고 비위생적인 노동자들의 거주 공간은 "심리적 해방의 무대가 될 수 있는 공간"을 결코 제공해 주지 못했다.[25] 노동자들이 감수해야 했던 극단적인 빈곤을 고려하면, 사적 영역은 그저 또 하나의 무기력함만을 낳는 원천이었다. 오직 집단적인 공간만이 심리적 해방을 위한 기지가 될 수 있었다. 마치니주의* 경향의 언론인이었던 조반니 바치(Giovanni Bacci)는 1901년에 발표한 글에서 이렇게 설명하고 있다.

> 오랜 여행으로 지친 여행객이 …… 긴장을 풀고 휴식을 취할 수 있는 자기 집을 꿈꾸듯이, 노동자도 여러 가지 시설과 상조회, 협동조합, 교육을 제공하는 결사체인 민중회관을 꿈꾼다.[26]

바치는 개인적인 가정생활의 기능과 민중회관의 기능을 뚜렷이 대립시켰다. 엘리트가 살롱에 드나들고 당구실이나 전속 요리사를 두는 등 사치를 부릴 여유가 있었던 반면, 노동자들은 민중회관을 갖고 있었다. 부르주아지는 사적 영역에서 사회적·심리적 자원뿐 아니라 경제적 자원을 획득할 수 있었던 반면, 노동자들은 연대의 구조물들을 통해서 개인적인 박탈감을 상쇄해야 했던 것이다.

---

*마치니(Giuseppe Mazzini)는 19세기 이탈리아의 대표적인 민족주의자이다. 공화주의적 민주주의를 통한 이탈리아 통일을 추구했다. 그의 이념은 훗날 이탈리아의 민주주의와 사회주의에 큰 영향을 미쳤다.

민중회관의 탄생

19세기 후반 및 20세기 전반 유럽 전역에서 민중회관이 건립되었다. 이탈리아에서 '민중회관'이라는 용어가 처음 나타난 시점은 1893년이다. 마센차티코(레지오-에밀리아)에서 소비자 협동조합 활동을 묘사하는 가운데 사용되었다. 그 개관식에는 1만 명이 넘는 노동자들이 참석했다.[27] 대부분의 민중회관은 원래 머릿수는 많지만 경제적으로는 소외된 노동자들로부터 자원을 끌어온 협동조합이나 상조회를 통해 재정 지원을 받았다. 로치데일 원칙에 따르면, 협동조합들은 대부분 시장 가격으로 상품을 판매하고 구매 액수에 비례하여 회원들에게 수익금을 배당해 주었다. 이에 덧붙여, 일정량의 수익금은 협동체들의 운영 기금으로 할당되었고, 또 다른 일부는 각종 사회적·정치적 기획에 충당되었다. 정관에 따르면, 그런 기획들은 정기총회에서 회원들의 승인을 받아야 했다. 민중회관을 건립할 때 사용된 기금은 원래 투자자들에게 자본 이자로 배당되어야 했을 수익금에서 나왔다.

일부 민중회관들은 노동자계급의 정치적 대표성을 확대하기 위해 사회주의자들이 조직한 문맹 퇴치 캠페인으로부터 시작되었다. 그 무렵 현행법이 졸업 증명서를 소지하거나 문자 해득 시험을 통과한 남성 시민들에게만 투표권을 인정해 주었으므로, 노동자계급의 정치 참여는 사실상 제한되어 있었다. 처음에 사회주의자들은 야학을 조직하기 위해 사무실을 임차했다. 이런 활동은 곧 일련의 연관된 활동을 아우르면서 확대되었다. 신문 기사를 읽는 독서방과 도서관, 정치 토론 집단 등이 만들어졌다.

문제는 지방 엘리트가 부동산을 실질적으로 통제하고 있던 도시와 농촌의 작은 센터에서 때때로 사회주의자들에게 공간을 빌려 주기를 거부했다는 사실이다. 그래서 하는 수 없이 정치집단들은 바나 카페에서 모임을 갖기도 했다. 그런데 이런 경우에도 지방 행정 당국은 사회주의 집단이 공적 공간으로 간주된 곳에 접근하지 못하도록 한 법률을 선택적으로 적용하여 그런 장소들을 폐쇄하곤 했다.[28] 그럼에도 가정에서 이루어지는 모임은 해결책이 아니었다. 첫째, 노동자들은 모임 규모가 조금만 커도 회원을 모두 수용할 만한 공간을 보유하지 못했다. 둘째, 그런 모임을 유치하면 경찰에게 보복당할 우려가 있었다. 끝으로, 사회주의 운동의 목표는 폭넓은 참여를 독려하는 것이었으므로, 가정에서 하는 모임은 그런 목표에 비추어 비효율적이었다. 이와 같은 어려움을 극복하기 위해 사회주의 활동가들은 자율적인 모임 공간을 확보하지 않을 수 없었다. 최초의 민중회관들은 현물 기부와 특히 노동 기부에 의지하여 전통적인 건축 양식의 단순한 구조물로 건립되었다. 지지자들에게 민중회관은 민중을 동원할 수 있는 최초의 자율적인 터전으로서 거대한 상징적·실천적 중요성을 갖고 있었다.

이러한 발전 궤적을 보여 주는 한 가지 사례가 바로 아바디아 디 몬테풀치아노(시에나)의 민중회관이었다.[29] 1900년대 초반 인구 1천 명 정도 되던 이 도시는 거대 상업적 영농업자 두 명에게 완전히 지배받고 있었다. 경제 권력과 정치권력의 독점 탓에 사회주의 조직들의 발전은 무척 더뎠다. 돌파구는 (거의 남성 보통선거권에 가까운 선거권을 허용한 선거법이 개혁된 이후인) 1914년에 최초의 사회주의 지방의원이 선출되면서 마련되었다. 그럼에도 이 성공은 당장에는 지방 엘리트들의 억압을 불러왔다. 그들은 사회주의 조직들한테 사무실을 빌려 주기를 거부했던 것이다. 이에 지방 사회주의자들은 건축 자재를 구입할 대금을 확보하기 위해 모금 활동을 개시하는 것으로 대응했다. 건설 작업은 모두 일요일이나 평일 일과를 마친 노동자들의 자발적인 참여로 이루어졌다. 1917년에 완공된 이 민중회관은 이탈리아 사회당(PSI)의 지부를 비롯하여 도서관과 소비자 협동조합, 청소년 및 여성 전용 모임방까지 갖추고 있었다. 1918년의 《이탈리아 사회주의 연감》(Almanacco socialista italiano)은 이 민중회관의 건립을 단지 논리적인 발전으로서가 아니라 중요한 정치적 승리로 해석했다. 연감은 이렇게 쓰고 있다.

> 이 민중회관 꼭대기에 휘날리는 붉은 깃발은 프롤레타리아트의 자긍심이자 그 적들의 악몽이다. 우리의 본보기인 동시에 노동과 선전, 조직에 대한 자극제이다.[30]

민중회관은 노동자 조직들을 위한 영구적인 모임 장소 이상의 의미를 갖고 있었다. 나아가 상징적 경관에 대한 중요한 개입이기도 했다. 민중회관은 교회와 국가,[31] 사적 자본의 권위와 지배에 대한 신랄한 도전의 한 가지 형태였다.

사회주의자들은 국가의 공식적 억압 이외에도 사회생활과 정신생활과 관련하여 교회의 독점과도 싸워야 했다. 예컨대 볼피아노의 민중회관은 사회주의자들에게 공간을 빌려 주는 사람을 파문하겠다는 사제의 으름장에 맞서기 위해 1898년에 건립되었다.[32] 교회 측에서는 이러한 민중 공간의 제도화를 직접적인 위협으로 인식했다. 기실 민중회관은 당시 농촌에서 부유한 토지 소유 엘리트들과 밀접하게 연관된 가톨릭교회의 보수 세력에 대한 명시적인 대안으로 창출되었던 것이다.

민중회관은 여가와 사회화, 그리고 대안적인 도덕 세계의 실현을 위

그림 5 1902년 5월 보데노의 민중회관 개관식
Luigi Arbizzani, Saveria Bologna, Lidia Testoni, and Giorgio Triani, eds., *Storie di case del popolo: Saggi, documenti e immagini d'Emilia-Romagna*(Bologna: Grafis, 1982).

한 터전이었다. 공간의 상징 정치학이 갖는 중요성은 이미 민중회관의 옹호자들도 잘 알고 있었다. 사회주의자인 제누치오 벤티니(Genuzio Bentini)는 민중회관의 조직적·실천적·교육적 장점을 열거한 뒤에 볼로냐의 민중회관이 "미래 공동체의 맹아"라고 결론 내렸다. 그는 또 이렇게 썼다.

하지만 민중회관은 그 모든 것 이상이다. 공중의 눈앞에 솟아오른 이 당당한 건축물은 지나가는 사람들의 발길을 멈추게 하고 이 건물이 무엇인가 하고 생각하게 만든다. 그것은 하나의 상징이다. 상징이란 정확히 선전 수단이자 어떤 사람이 세계에 부여할 수 있는 가장 효과적인 무언의 확언이다. 우리의 상징 앞에 우리의 적인 교회와 병영, 주식시장이라는 상징들이 서 있다.[33]

이 진술은 정치에서 차지하는 상징주의의 중요성을 정확하게 강조하고 있다. 정치가 권력에 관한 것이라고 말한다고 해서 반드시 갈등이 폭력으로 해결되어야 하는 것을 의미하는 것은 아니다. 기성의 권력 분배에 대한 진정한 대안을 육성하는 하위문화를 발전시키고 방어하고 과시하는 것 또한 정치의 일부인 것이다([그림 5]를 보라).

민중회관의 논평자들과 선전가들은 각종 글에서 반복적으로 두 가지 은유를 사용했다. 요새와 교회의 은유가 바로 그것이다. 그중 전형적인 것이 《라 스퀼라》(La Squilla)에 실린 에토레 차나르디(Ettore Zanardi)의 민중회관에 대한 묘사이다. "요새는 위대한 이상으로 무장한 성전으로 변모한다. 노동자계급의 경제적·지적 재생이라는 이상이 바로 그것이다."[34] 확실히, 이러한 진술은 언제라도 손쉽게 이용할 수 있는 상상계를 반영하고 있었다. 교회와 병영은 종교와 국가의 상징적인(동시에 실질적인) 지배를 표현하는 공간이었다. 이 두 가지 은유는 또한 민중회관이 추구한 이중적 목적을 표현했다. 그것은 저항의 조직인 동시에 하나의 세계를 구성하려는 시도였다. 그것은 정치라는 하나의 개념 속에 있는 두 가지 원리를 구현한 것이었다. 처음에는 이 두 원칙이 화해할 수 없는 것처럼 보일지도 모른다. 저항은 변화에 대한 갈등

그림 6 1902년 벨기에 헨트의 보루이트 협동조합이 세운 '우리들의 집'(Ons Huis)

론적이고 변증법적인 이해를 암시하는 반면, 윤리적 보편주의는 합의에 바탕을 둔 합리적 해결책이 상상컨대 모든 사람에 의해 공유될 수 있다는 것을 암시한다. 민중회관은 이 두 가지 원칙을 통합하려는 시도였다. 이 두 원칙은 바로 '일반화할 수 있음'의 원칙을 재규정하려고 한 기성 이데올로기와 근본적으로 다른 지점이다.

이러한 시스템의 전형적인 사례는 벨기에 헨트(Ghent)의 보루이트 협동조합이었다. 보루이트는 높은 물가에 맞서기 위해 직물 노동자 집단이 1881년에 건립한 협동조합이었는데, 수입 관세 폐지 이후 낮은 곡물가의 수혜를 받으면서 세기 전환기에 활동을 확대해 나갈 수 있었다. 1902년에 이 협동조합은 노동자계급의 정치적·사회적·경제적 생활의 중심지 구실을 할 수 있도록 '우리들의 집'(Ons Huis)이라는 본관 건물을 신축했다([그림 6]을 보라). 보루이트는 소비자 협동조합 이외에도 모임방, 식당, 도서관, 성인교육 프로그램, 극장, 바와 카페, 사회주의 계열의 각종 신문, 벨기에 노동당 지도부, 그 밖에 18개 정치 문화 조직을 위한 공간을 갖추고 있었다.[35] 1903년에 보루이트는 방적 협동조합에도 뛰어들어 생산 영역에도 발을 들여놓았다. 또한 보루이트는 생산자 협동조합을 실업에 맞서 싸우는 전략으로 이용했고, 노동쟁의 기간에 해고된 노동자들에게 생필품을 제공했다. 나아가 창업 자본과 창고 대여, 그리고 그런 활동에 필요한 공간을 제공하기도 했다. 나아가 1904년에는 협동조합의 사회기금을 지원받아 최초의 병원을 설립하기까지 했다. 보루이트는 비용을 낮추기 위해 낮은 가격으로 빵을 공급하는 독자적인 제과점을 개점했고, 1910년에는 양조장을 설치하기도 했다. 그리하여 보루이트 복합체는 '우리들의 집'의 보호 아래에서 생산과 소비, 정치, 사회적 서비스, 여가를 통합했다.

수직적으로 통합된 자본주의 기업과는 달리, 보루이트의 부설 협동조합들과 조직들은 수평적으로 조직되었다. 저마다 노동자나 회원에 의해 자율적으로 운영되었으나, 가능한 경우에는 보루이트가 창고나 자금을 지원해 주기도 했다. 느슨한 조직적 연계로 결합된 이데올로기적 친화성은 시장의 규율이나 위계적 통제에 의지하지 않고서 유연한 계약관계를 맺어 나갈 수 있도록 든든한 배경이 되었다. 1913년 총파업 기간 동안에 보루이트는 파업 노동자들을 위해 무료로 빵과 '공산주의자 수프'를 배급해 주기도 했다. 민중회관은 단순한 사교의 중심지를 넘어섰다. 그것은 재정 자원을 축적하고 참여의 길을 터 주는 방식이기도 했다. 사실상 보루이트는 광범위한 시장 기반 시스템 안에 존재한 대안적인 사회적 경제였을 뿐 아니라 경제적 저항을 위한 제도였다. 1913년 무렵 1천 명이 넘는 사람들이 헨트의 사회주의 부문에서 직접 일했고, 그 도시 인구의 5분의 1에 해당하는 10만 명 이상의 가족들이 회원이 되었다.[36]

헨트의 사례는 특별한 사례가 아니었다. 벨기에에서 민중회관의 수는 1890년 17곳에서 1914년 무렵 149곳으로 늘어났고, 나치 점령으로 해산되거나 변질되기 전까지 이어져 1935년 277곳으로 최고점을 찍었다.[37] 비록 각각의 민중회관이 독립적으로 운영되기는 했지만, 모두가 공유하는 몇몇 특징들이 있었다. 첫째, 정치적 편의 때문에 자율성을 훼손하는 일 없이 의회와 지방정부에서 노동자들을 대표하고 있던 벨기에 노동당과 긴밀한 협력 관계를 맺고 있었다. 협동조합이 선전 작업을 위해 제공한 자원으로 당이 이득을 보기는 했지만, '우리들의 집' 모델은 '자원'이라는 용어의 의미를 새롭게 했다. 단순한 재정 수익보다는 폭넓은 기반을 보유한 민중 동원이 당을 구축하는 데 이바지했던 것이다.

민중회관은 또한 계급의식을 창출했을뿐더러 웬만해선 잘 움직이지 않는 노동자들을 사회주의 세계로 이끄는 중요한 메커니즘을 제공하는 데도 도움이 되었다. 민중회관은 높은 물가와 불확실한 고용이라는 일상적인 문제들과도 씨름하면서 동시에 노동자가 자주적으로 경영하는 경제의 가능성까지 보여 주었다. 또한 새로운 결사들의 싹이 되는 중요한 하부구조를 마련했고, 지배-종속 관계가 아닌 진정한 협력 관계를 조율했다. 끝으로, 벨기에의 민중회관들은 점점 확대되고 있던 노동자계급의 힘과 자율성을 구체적으로 표현함으로써 대의 정치에 의미 있는 개입을 시도했다.

벨기에의 민중회관들과 마찬가지로 이탈리아의 민중회관들도 노동조합이나 정당의 전국적 차원의 정치에 예속되지 않았다. 이탈리아의 민중회관들은 지방 사회에 단단히 뿌리내리고 있었다. 따라서 지방의 다양한 사회 세력들 사이의 세력균형에 의존하면서 상당히 고르지 않은 형태를 띠고 있었다. 수많은 민중회관들이 명시적으로 사회주의적인 색깔을 드러내고 파업자들을 지원하는 데 열성을 보였지만, 일부 민중회관은 민주주의적-공화주의적 주도권의 산물로서 계급을 가로지르는 동맹 전략을 추구하는 경우도 있었다. 이러한 비균질성에도 불구하고 민중회관의 특징을 명료하게 보여 줄 뿐만 아니라 부르주아적 결사주의와 비밀 혁명 조직, 그리고 노동자계급의 생활 개선을 위한 온정주의 협회들과 구별되는 네 가지 원칙이 있었다. 첫째, 민중회관들은 다양한 조직을 한데 모으는 복합적인 구조를 지니고 있었다. 둘째, 회원들이 집단적으로 재정을 지원했다. 셋째, 노동자 스스로가 민주적으로 운영했다. 넷째, 경제적 지위나 정치적·종교적 소속 여부에 따라 참여를 제한하지 않았고, 하위 계급들의 사회경제적 삶을 향상시킨다는 공유된 헌신성에 따라 참여가 이루어졌다.

민중회관은 과연 얼마만큼이나 중요한 제도였던가? 불행히도, 이 시기 노동자들과 농민들의 일상생활을 담고 있는 문헌 자료가 별로 많지 않다. 이탈리아는 문맹률이 극도로 높았기 때문에(1913년에도 70%인 것으로 추정된다),[38] 당대의 편지와 일기가 드물다. 출간되었더라도 저자의 선전 목적이 강하고 노동자계급의 경험을 외부의 시각에서 해석한 것이 태반이다. 따라서 민중회관의 의미를 드러내는 가장 좋은 자료는 민중회관이라는 현상 자체, 그러니까 민중회관의 범위와 기능, 상징적 반향, 실천적 효과이다. 불행히도 우리는 민중회관이 얼마나 광범위하게 확산되었는지, 그 수가 얼마나 많았는지를 정확히 알 수 없다. 왜냐하면 전국 수준에서 체계적인 연구가 수행된 적이 없기 때문이다. 이탈리아 전체를 대상으로 무작위로 추출한 164개의 지방자치체 표본에 대한 어느 통계 조사(1919년의 데이터에 근거를 둔)에 따르면, 민중회관 29개와 사회주의회관 15개, 부속 장소(다른 민주주의 조직에 공간을 제공한 협동조합이나 저항 동맹) 15개가 있었다.[39] 그 무렵 이탈리아에 모두 8,000여 개의 지방자치체가 있었음을 고려하면, 전간기 초반에 민중회관과 그런 기능을 하는 부속체가 적어도 1,500여 개가 있었다고 추정할 수 있다. 또 다른 연구는 모두 20개의 지방자치체로 이루어진 페라라 군(郡)을 조사했는데, 그에 따르면 1926년 파시스트들에 의해 불법 단체로 낙인찍히기 전인 1919년에 51개의 민중회관과 14개의 기타 단체들이 있었다.[40]

민중회관은 그저 정당의 참모부가 아니었기 때문에 사회주의자가 아닌 사람들도 참여할 수 있었다. 공장평의회 운동의 지도자 팔미로 톨리아티는 제1차 세계대전 이후 시기에 단지 1,200명의 당원과 수백 명의 활동가들이 토리노 같은 대도시에서 활동한 저간의 사정을 다음과 같이 설명했다.

공장 근처의 동네마다 당 지부와는 다른 서클이 있었다. …… 노동자들이 실천 가능한 행동에 관해 토론하러 오는 장소였다. 보르고 비토리아의 서클에는 여성과 어린이가 다니는 놀이방과 작은 극장이 있었다. …… 또한 협동조합연맹은 노동자들을 사회주의의 주변에 집결시켰고, 도시의 부르주아들이 이구동성으로 불온한 소굴이라고 낙인찍은 한 붉은 집에는 특히 여성이 많았다.[41]

그런데 이 진술은 상호관계의 한쪽 면만을 강조하고 있다. 이런 조직망이 사회당에 대한 광범위한 지지 기반을 제공한 것은 사실이지만, 대중적 민중 참여는 이탈리아 사회주의의 강령적 요소들에 영향을 주었다. 상조회와 협동조합, 각종 서클의 영향력 아래에서 의회 참여를 옹호하고 경제적 개선을 위해 투쟁을 강조한 사회당의 개량주의 분파가 조직 내부에서 헤게모니를 획득했다. 이러한 정치 토론의 터전들은 노동자계급에게 비공식적인 참여를 위한 기회를 제공했다.

민중회관의 구조는 명료한 마르크스주의 정치보다는 개량주의적 사회주의의 원칙을 반영하고 있었다. 일단 고용되어야만 가입하고 참여하여 정체성을 갖출 수 있는 노동조합과는 달리, 민중회관은 언론인과 교사, 변호사 같은 좌파 지식인들뿐 아니라 공장 노동자와 농민, 수공업자, 실업자까지 두루 한데 모이게 했다. 1900년대 초반에 근대적 의미의 노동조합, 그러니까 공업에 기반을 둔 전국적 조직체들이 점차 강력하게 부상했으나, 거기에 소속된 노동조합원들은 사회주의 계열 정당에 표를 던지는 유권자의 일부일 뿐이었다. 1902년에 사회주의적 노동조합 연맹체들에 가입된 공업 노동자의 수는 25만여 명이었던 데 비해, 50만여 명이나 되는 사람이 개량주의적 사회주의 계열의 협동조합 연맹체인 이탈리아 전국협동조합연맹의 조합원이었다. 그런가 하면 1906년에 결성된 노동총연맹의 경우 1913년 당시 조합원 327,000여 명 가운데 거의 절반이 농업 노동자였다.

민중회관은 푸코가 말하는 의미의 유토피아, 즉 실재하는 장소를 결여한 상상계의 터전이 아니었다. 민중회관은 이탈리아 전역의 농촌과 도시의 공동체들 속에 깊이 묻혀 있었다. 푸코에 따르면, 헤테로토피아는 지배적인 문화를 "반영하고 전복하며 투쟁의 대상으로 삼는" 대항 터전이다. 민중회관은 자유주의국가의 제한 선거권과 후원 시스템이 유지하고 있던 정치 참여에 대한 엄격한 제한에 끊임없이 도전하기 위한 토대로서 민주주의의 이상을 반영하고 있었다. 민중회관은 투표와 논쟁, 협상, 캠페인, 축제 같은 민주주의적 절차를 이용함으로써 그때까지 배제되어 있던 노동자들에게 그들 자신의 관심을 대표하는 데 필요한 기능을 훈련시켜 주었다. 민중회관은 소비와 생산과 사회적·정치적 생활을 좀 더 합리적이고 정당하며 평등주의적인 형태로 결합시켰고, 그런 의미에서 바깥 세계의 축소판으로 간주된다. 민중회관은 바깥 세계를 반영하기는 했지만 그 바깥 세계의 한계 지점을 드러내고 그에 대한 더 나은 대안의 윤곽을 제시하는 어떤 것을 뜻하고 있었다.

빅토르 오르타의 민중회관

건축학적 관점에서 볼 때, 단연코 가장 중요한 민중회관은 바로 빅토르 오르타가 브뤼셀에 건립한 민중회관(Maison du Peuple)이다. 1895년에 시공되어 1899년에 개관한 이 거대한 건물은 당시 언론에서 '붉은 부활절'로 명명되었다. 건물 구조는 아르누보 양식의 중요한 사례로 평가되었을 뿐 아니라 건물의 독특한 기능을 실현하는 과정에서 몇 가지 혁신적인 방식을 보여 주었다. 오르타는 이 건물의 건축학적 도전을 이렇게 요약했다.

노동자들의 누추한 가옥에서는 오랫동안 배제되어 온 빛과 공기라는 사치품을 구비한, 으리으리한 저택이라기보다는 '집'이라고 할 수 있는 저택을 건설하는 것.[42]

실상, 오르타는 부르주아 저택의 세련미와 장식성보다는 빛과 공기를 활용하여 장대한 효과를 연출했다. 또 강철 골조를 혁신적으로 이용하여 힘을 표현했다. 이런 구조는 대부분의 기념물 건축에서 채택된 콘크리트의 무거운 특징을 제거하고 안정감 있고 거대하다는 인상을 불러일으켰다. 게다가 강철이라는 새로운 공업 원자재를 사용함으로써 새로운 사회에서 절정으로 치닫게 될, 노동과 산업화를 통해 성취된 진보를 형상화했다.[43]

이 민중회관의 중앙부에 있는 두 공간은 1층의 바-카페-식당과 맨 위층의 1,500석을 갖춘 강당이었다. 건물은 공동체 생활을 최대한 보장할 수 있는 방식으로 설계되었다. 식당이 일차적으로 사교 생활을 위해 설계된 반면, 강당은 정치 생활의 긴박함을 강조했다. 그럼에도 이 두 공간은 사교와 정치의 엄격한 구별을 다시 없앴다. 갖가지 일간 신문이 구비되어 있었다는 점에서 바-카페는 비공식적인 정치 토론의 마당이기도 했다. 강당은 새로운 음향 원리를 적용하여 음악이나 연극 공연을 위한 최첨단 공간을 마련했다.[44] 강당은 최대한 자연광을 사용할 수 있도록 맨 위층에 마련되었다. 바-카페에서 오르타는 공간이 다목적으로 이용될 수 있도록 탈부착이 가능한 판벽을 적용하는 기술을 선보였다.

오르타의 민중회관 설계도는 벤담의 원형 감옥과는 정반대이다([그림 7]과 [그림 8]을 보라). 벤담의 원형 감옥이 개별화의 원리에 따라 구조화되었다면, 오르타의 민중회관은 연대성을 구현할 수 있도록 설계되었다. 원형 감옥의 중심 모티프는 권력의 경제적 이용, 즉 누군가가 지켜보고 있다는 상상을 불러일으킴으로써 감시자가 단 1명에 불과하더라도, 아니 아예 없을지라도 수감자가 스스로 규율을 지키게끔 하는

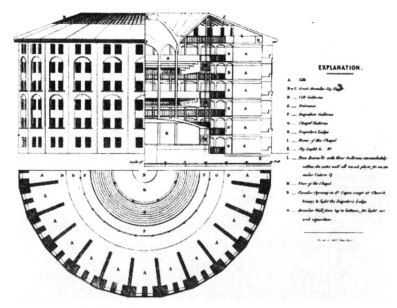

그림 7 제러미 벤담의 원형 감옥 설계도

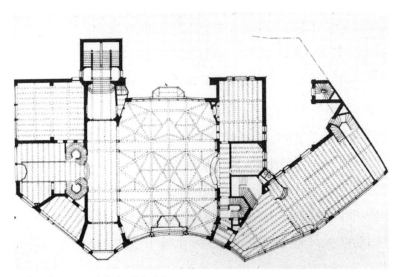

그림 8 빅토르 오르타의 민중회관 설계도
Delhaye, *Maison du Peuple de Victor Horta*.

감시 체제였다. 반면에 오르타의 건축물에 깃들어 있는 핵심 모티프는 음주와 토론, 여흥과 교육을 잠재적으로 전복적인 방식으로 결합시킴으로써 군중의 다양성과 다원성을 강조하는 것이었다. 원형 감옥의 주변부에는 각 개인을 완전히 노출시키는 일련의 투명한 방들이 있었다. 반면에 민중회관의 주변부 공간에는 공동체 공간으로부터 분리된 사무실과 협동조합이 자리 잡고 있고, 그럼으로써 사생활과 차이, 다양성의 필요를 표현했다. 그럼에도 이 공간들은 전체 구조의 유기적인 일부로서 지속적인 상호작용과 협력, 동맹의 필요를 실현하는 방식으로 설계되었다. 권력은 본질적으로 공간적 주변으로부터, 전체 구조물을 이루고 있는 노동조합과 협동조합, 여가 집단 같은 다양한 제도들에서 발산되었다. 설계 도면은 10년 이상에 걸쳐 유사한 터전들의 이용자들이 개발해 온 원리들을 공식화한 것이었다. 원형 감옥의 경우는 정반대였다. 여기서는 권력이 중앙에서 발산되었고, 주변부는 주도면밀한 통제의 대상이었을 뿐이다. 원형 감옥과 민중회관은 지배와 전유라는 연속 평면의 양 극단에 위치한 두 가지 헤테로토피아였다. 이 두 가지 설계는 다양한 방식으로 모방되고 필요에 따라 수정되거나 때때로 정반대의 목적으로 전유된 원형적 모형이었다.[45] 그렇기는 해도 이 둘은 정치와 공간의 관계를 분석하는 두 가지 상반된 방식을 대표한다.

20세기 초반 유럽이라는 맥락에서 '공간과 정치의 관계'라는 쟁점을 조사할 때 제기해야 할 물음은 파시스트들이 '안전 공간'을 소유했는지 여부이다. 파시즘은 자유주의적 의회 체제 속에서 수립된 모종의 타협에 대한 저항의 형태이기도 했다. 파시즘 역시 자신만의 터전을 갖고 있었다. 이러한 문제 제기는 이미 프란체스카 폴레타(Francesca Polletta)가 내놓은 더 큰 도전적 문제 제기의 일부이다. 폴레타는 〈집합 행동에서의 '자유 공간')이라는 논문에서 '자유 공간'(또는 그런 기능을 하는 은 신처와 문화적 자율성의 영역, 공간적 보호 구역)에 대한 학계의 점증하는 연구 성과들에 공히 두 가지 기본적인 결함이 있다고 주장한다. 첫째, '자유 공간'의 은유는 문화적 특징보다 구조적 속성을 부각시킨다. 그녀는 대항 헤게모니적 도전의 토대를 제공하는 것이 종종 구조적 고립 ('공간')이 아니라 이데올로기적 내용이라고 주장한다.[46] 둘째, 그녀는 이러한 전통에서 나온 수많은 연구 성과가 자유 공간의 특징을 파악하는 데 필요한 구체성을 결여하고 있다고 주장한다.

이러한 도전적 문제 제기를 우리의 주제에 적용한다면, 파시즘과 사회주의는 공히 헤테로토피아적인 터전들을 구축했지만 양자를 구별시켜 주는 것은 그 상반되는 이데올로기적 내용이었다는 것이 폴레타의 주장일 것이다. 그러나 이러한 주장은 이데올로기가 공간적 실천에 아무런 영향도 주지 않는다는 의심적은 가정에 근거를 두고 있다. 정치를 공간적 배치에서 연역하거나 거꾸로 공간적 배치를 정치에서 연역할 수 없다는 것은 물론 맞는 말이지만, 특정한 공간적 배치가 어느 정도 특정한 목표에 부합할 수 있다는 것도 사실이다. 파시즘과 사회주의가 서로 다른 정치적 목적을 표방했기 때문에 양자는 서로 다른 방식으로 공간을 이용했다.

파시스트적 공간은 권위주의적 권력을 부각시키는 기념비적 규모로 건물을 세운 경우가 많다. '파시즘 회관'(houses of fascism)조차도 대중을 지도자에 종속시키는 방식으로 구조화되었다. 앞으로 살펴보겠지만, '파쇼회관'(casa del fascio)은 '민중회관'과는 상당히 다르다.[47] '파쇼회관'처럼 '보호받는 공간들'은 딱히 민주적이거나 개방적이지 않았기 때문에 그렇게 조성된 환경이 특정한 정체성과 연대성 또는 국가 지향성을 증진했는지, 아니면 금지했는지를 이해하려면 신중하게 역사적 분석을 해보는 수밖에 없다. 필경 공간의 이론화는 그런 작업(을 대체해 버리는 것이 아니라)에 기여할 수 있다.

파쇼회관

파쇼회관은 민중회관과 어떻게 달랐을까? 이 물음에 답하기 전에 주의해야 할 점이 있다. 공식적인 건축 요소들과 특정한 정치적 효과를 곧장 등식화하는 것은 지나친 단순화라는 점이다. 파시스트적 건축과 연관된 여러 요소가 스탈린의 러시아와 루스벨트의 미국에서도 널리 발견된다. 또한 그 반대도 사실이다. 주세페 테라니(Giuseppe Terragni)가 설계한 코모의 파쇼회관 사례는 빅토르 오르타가 브뤼셀에 세운 민중회관과 몇 가지 형식상의 유사점을 보여 준다. 두 구조물 모두 대중 집회에 적합하게끔 중앙 홀을 빙 둘러싸고 건축되었다. 둘 다 주변부에 사무실과 공공시설을 위한 공간을 마련했다. 두 건물 모두 기념비적인 위용을 과시하면서도 투명하고 개방적인 효과를 내기 위해 유리와 빛의 사용을 강조했다. 그럼에도 파시스트 국민당(PNF, Partito Nazionale Fascista)의 본부이자 단일한 국가권력의 상징으로 고안된 파쇼회관은 희생된 파시스트들의 제단을 마련하고 환호성을 통해 주도면밀하게 조작된 대중 참여를 과시할 수 있도록 하는 배경을 제공함으로써 파시즘 고유의 숭배 요소들을 강화하는 데 중요한 역할을 했다.[48]

그렇다면 이런 유사성은 형식적인 건축적 요소와 정치적 효과 사이에 별다른 연관이 없음을 암시하는가? 이 물음에는 공간과 정치의 관계를 이론화하는 작업에 중요한 딜레마가 있음을 시사해 준다. 만일 유사한 공간적 형태들이 그렇듯 상반된 정치적 기획에 부합할 수 있다면, 우리는 어떻게 장소의 권력에 대해 설득력 있는 주장을 펼칠 수 있겠는가? 그런 물음은 중요한 쟁점을 제기하지만 새롭게 공식화될 필요가 있다. 왜냐하면 공간이 갖는 다양한 차원 가운데 형식적 속성만을 따로 떼어 낼 수 있다는 가정 자체가 의심쩍기 때문이다. 특정한 구조적 유사성만 부각시키는 것은 사태를 호도할 수 있다. 그렇게 하면 형식적 요소만을 취하여 전체적인 설계의 다른 요소와 공간의 생산에서 형식적 요소를 고립시킬 우려가 있다.

빅토르 오르타의 민중회관과 주세페 테라니의 파쇼회관의 형식적 유사성은 부분적으로는 경쟁과 모방의 논리가 낳은 산물이다. 기실 예술적 모델은 널리 유통되고 그 뒤에 나오는 창작물들 속에서 널리 인용되게 마련이다. 강철과 유리를 조합한 오르타의 혁신적인 방식은 널리 찬사를 받았고, 테라니의 합리주의 양식을 포함한 다양한 양식들 속에 편입되었다. 또한 두 건물의 기능에도 유사성이 있었다. 파쇼회관은 예전에는 사회주의 운동의 권력과 연대의 원천이었던 사회적·문화적 서비스를 대체하는 것으로 설계되었다. 파시즘의 목표는 일체의 사회생활을 파괴하는 것이 아니라 그것을 단일한 국가라는 틀 속에 통합시키는 것이었다. 무솔리니(Benito Mussolini)는 이런 논리를 "국가 속에 모든 것이 있다. 국가 바깥에는 아무것도 없다. 국가에 맞서는 것은 아무것도 없다"는 말로 간명하게 표현했다. 일정한 형식적 요소들은 진정한 기능적 유사성을 반영하고 있었지만, 이런 기능들은 매우 다른 구조의 틀 속에 편입되었다.

이 두 건물의 기호학을 면밀히 관찰해 보면 그런 차이의 기호들이 드

MAISON DU PEUPLE DE BRUXELLES

그림 9 1899년 브뤼셀에 건립된 민중회관

러난다. 장황한 설명을 피하기 위해 나는 두 가지 점만을 부각시켜 볼
까 한다. 첫째, 무심한 관찰자조차도 곧 빅토르 오르타의 건물 정면이
곡면이라는 점을 알아차릴 수 있다([그림 9]를 보라). 이는 아르누보 양
식의 상징 가운데 하나로서 유기체적 일체감을 불어넣기 위해 자연에
따르려는 시도였다.[49] 이런 효과는 테라니의 합리주의가 보여 주는 기
하학적 규칙성과 날카롭게 대조를 이룬다([그림 10]을 보라). 그런데 이
두 건물 정면이 보여 주는 대조는 단지 양식상의 선택에서 비롯된 것
만은 아니었다. 오르타의 민중회관을 후원한 벨기에 노동당은 정치적·
경제적 이유로 당 본부를 짓기 위해 도심에 땅을 확보하는 데 문제가
있었다. 따라서 건물 부지를 불규칙하게 매입하는 방식으로 문제를 해
결할 수밖에 없었다. 오르타의 설계는 이렇듯 심각한 물질적인 한계에
창조적으로 순응하면서 이루어졌다.[50] 그런가 하면 파쇼회관은 도심의

그림 10 주세페 테라니의 설계로 이탈리아 코모 시에 세워진 파쇼회관

성당 옆 훌륭한 장소에 건설되었다. 당시 코모 파시스트당 지부의 부서 기이자 훗날 코모 시장이 되는 아틸리오 테라니(Attilio Terragni)의 명령으로 코모 시가 건물 부지를 기부했다.[51] 권력과 결탁함으로써 공간에 대한 '합리주의적' 이용이 가능했던 것이다. 지방 당국과 중앙 당국의 후원을 받는 건축가가 이 기획의 모든 과정을 통제할 수 있었다. 반면에 빅토르 오르타는 당시 도시 공간을 통제하고 있던 기성 권력에 대한 저항 전략의 일환으로 건축을 구상하고 있었으므로 어쩔 수 없이 처음부터 제한된 설계를 실행에 옮겼던 것이다.

두 번째로 주목해야 할 점은 두 건물과 바깥 공간 사이에 나타나는 서로 다른 관계이다. 테라니의 건축물에는 중앙 홀과 건물 앞 광장 사이에 유리벽이 설치되어 있었다. 이 벽은 상징적으로나 실체적으로나 건물을 광장으로 바로 통하게 하는 18개의 문으로 이루어졌는데, 이로써 대중 집회를 위한 내부 공간과 외부 공간의 통합을 촉진했다. 그러한 관통성은 당시 법적 지위가 모호했던 사회주의 조직에게는 애당초 불가능한 것이었다. 민중회관은 진정한 개방성의 원리에 기초를 두고 있었지만, 경찰의 감시와 억압이라는 실제적인 문제에 직면해야만 했던 것이다. 민중회관은 정치적 반대파에게 은신처를 제공하는 일종의 붉은 '요새'라는 전략적 공간의 역할과 정치 참여를 독려하는 공적 공간의 기능 사이에 존재하는 긴장과 타협해야만 했다. 반면에 파쇼회관은 지배적인 사회구조의 연장이자 상징적 구현체였기 때문에 그런 긴장과 타협할 필요가 없었다.

민중회관의 의미를 이해하려면 공간에 대한 형식적인 건축적 분석과 공간이 전유되고 경험된 방식을 분리해서는 안 된다. 빅토르 오르타가 세운 민중회관과 같은 두드러진 예외가 있기는 하지만, 민중회관에서 중요한 것은 건축학적 혁신자의 두드러진 영향력이라기보다는 그 안에서 살았던 사람들에 의한 공간의 생산이다. 민중회관을 세운 이름 없는 건축가들은 자신들의 필요를 충족시키고 그럼으로써 무엇이 필요한지를 집단적으로 표현하기 위해 공간을 축조한 노동자들이었다. 자선 기관이나 정부 기구는 노동조합과 협동조합이 독려한 능동적인 참여를 배제한 채 민중회관 모델에 입각하여 사교 중심지들을 만들려고 했지만, 결국 실패했다.[52] 민중회관은 유토피아적 이론가들과 정력적인 활동가들, 건축가들, 무엇보다 이름 없는 참여자들 사이에 이루어진 상호작용의 산물이었다. 마르코 데 미켈리스(Marco De Michelis)는 1920년대 건축가나 도시계획가들의 오류가 살아 있는 기관(器官)을 배제한 채 제도를 도입하려고 한 점이라고 주장했다. 그들은 민중회관이 민중을 위한 것일 뿐 아니라 민중에 의한 것임을 잊고 있었다. 민중회관은 투쟁을 통해 획득하고 민주주의적인 자주관리를 통해 유지된 연대의 열매였다. 따라서 가장 진실한 박애주의적 노력으로도 결코 성취되거나 대체될 수 없었다.[53]

가정을 향한 열망

민중회관은 특수한 역사적 현상이었다. 하지만 이 현상은 특정한 이상형의 윤곽, 즉 공론장과 가정 사이에 있을 법하지 않은 융합 과정을 반영하는 어떤 것을 제시해 준다. '가정'(home)이라는 용어는 아마도 정치 이론에서 그다지 신뢰받지 못하는 개념일 것이다. 호미 바바(Homi Bhabha) 같은 탈식민주의 문화 이론가들은 '비가정적인'(unheimlich)이라는 용어를 (탈)근대 세계의 조건으로 내세운다. 바바는 지향 없음과 탈구라는 역사적 트라우마가 비판 이론을 정립하는 출발점을 제공한다고 주장한다.[54] 그런가 하면 많은 진보적인 논객들에게 '가정'이라는 용어는 하이데거(Martin Heidegger)의 유산이라고 할 수 있는 향토적인(volkish) 뉘앙스를 풍긴다. 그것은 갈등과 경쟁으로부터의 자연스러운 퇴각, 의심의 여지없는 자연스러운 정체성과 행동의 토대를 암시한다. 그러나 민중회관이 중점적으로 싸운 대상은 정확히 기성의 공간적 배치를 자연스러운 것으로 만들려는 경향이었다. 민중회관은 사적인 것과 공적인 것을 이원화시키는 것이 어떻게 군대와 경찰, 시장에 기초를 둔 지배적인 통제의 원리를 은폐하는지 폭로했다. 민중회관은 경제생활과 정치권력 사이에 존재하는 기성의 구분선을 자연스럽지 못한 것으로 드러내려는 일종의 개입이었다. 그러나 이러한 폭로는 통합적인 재건 기획을 제시하지 못하는 한 늘 불충분하기 마련이었다. 또한 민중회관은 저항의 공간, 즉 일련의 대안적인 가치와 정책, 제도를 탐색하고 발전시키는 보호받는 공간으로 기능했다.

보니 호닉(Bonnie Honig)은 〈차이와 딜레마, 가정의 정치〉라는 논문에서 이렇게 썼다. "만일 가정이 정치의 능동적인 힘이 되려면, 가정은 광범위한 동맹의 일부라는 견지에서 파악된 양육의 터전으로서, 물론 전략적이고 일시적이며 갈등을 빚는 동맹체의 견지에서 완전히 다시 형성되어야만 한다."[55] 단, 그것은 재주조되는 것이 아니라 재발견되어야 한다.

6장
노동회의소

> 만일 뱀이 새 살가죽이 돋아나기 전에 허물을 벗어 버리면, 벌거벗은 뱀은 혼란스런 세상의 먹잇감이 되고 말 것이다. 새 가죽이 없다면 뱀은 무장해제되어 형체 없이 죽어 버릴 것이다. 나의 작은 뱀이여, 그대는 새 가죽이 있는가?
> — 토니 커시너, 《미국의 천사들》

바스코 프라톨리니(Vasco Pratolini)의 네오리얼리즘 소설 《마텔로》(Matello)는 룸펜프롤레타리아트 출신의 한 피렌체 소년의 정치적·개인적 성장담을 이야기하고 있다. 이야기는 19세기 후반에서 시작하는데, 마텔로가 성숙해 가는 과정과 이탈리아 노동자 운동이 성장해 가는 과정이 나란히 전개된다. 소설은 도시 피렌체와 노동자들의 빈곤, 그리고 개인주의와 책임성 사이의 긴장을 묘사한다. 플롯의 절정에서 마텔로가 결정적인 역할을 함으로써 노동자들이 승리하는 모습은 1902년에 일어난 유명한 파업에 바탕을 둔 것이다. 그럼에도 연대성이라는 주제는 이미 소설 초반부에 나타난다. 마텔로는 아버지가 아르노 강에서 일하다 익사하자 고아로 자라게 된다. 시골의 한 유모가 마지못해 그를 길러 주는 데 동의한다. 그러나 마텔로가 입양된 가정이 벨기에 탄광의 일자리를 찾을 때 비자 문제 때문에 마텔로는 가족을 따라갈 수가 없다. 화가 난 그는 도시로 되돌아와 친아버지 옛 친구의 도움으로 직장을 구하게 된다. 마텔로는 처음에는 정치에 휘말리는 것을 회피하면서 눈앞의 이익과 감각적 쾌락만을 추구하지만, 결국에는 다른 사람들에 대한 책임을 더 이상 회피할 수 없다.

그가 정치화되는 첫 단계는 노동회의소에 간 일이다. 처음에는 "그저 사회주의자들 편에 서고, 그렇다는 것을 보여 주는 것으로 충분했다. 모임에 나가고 《계급투쟁》이라는 저널을 읽으며 비록 당은 아니지만 노동회의소에 가입하는 것으로 충분했다."[1] 마텔로는 투사에게 요구되는 희생을 기꺼이 감수할 생각까지는 없는 상태에서 새로운 이념과 자신의 경험에 대한 새로운 해석들에 노출될 뿐이었다. 그러나 경찰의 폭력성과 가난을 감내하는 과정에서 조금씩 바뀌기 시작하여 노동자 운동에 점점 더 다가간다. 그는 정기적으로 일과 후에 노동회의소에 나가기 시작하면서 작은 방에서 먼지를 털고 걸레질을 하며 청소를 돕는데, 그 방은 "20명 정도만 모여도 꽉 차기에 사람들은 문밖이나 계단 아래에서 토론할 수밖에 없다."[2] 건설사 사장들과 갈등이 점점 더 심해지면서 노동회의소도 점점 더 회합의 장소로서, 노동자들의 단결의 상징으로서 유명세를 타게 된다.[3] 파업 노동자들은 전략을 세우기 위해 거기 모이고 거기서 우군을 찾고, 가장 빈궁한 노동자들이 파업 파괴자로 활동하고 싶은 유혹이 일 때 생기는 긴장을 비롯한 갖가지 미묘한 위기를 극복해 나간다. 노동자들은 노동회의소에서 시간을 보내게 되는데, 몸을 부대끼며 함께 지내는 것이야말로 그들에게는 힘이 되기 때문이다. 마텔로는 노동자들이 "더 이상 고립된 개인들, 개인주의자들이나 극단적 자유주의자들이 아니라는" 사실을 깨닫게 되면서 예의 낙관

론을 견지할 수 있었다. 마텔로에 따르면,

　　이들은 아무것도 갖지 못한, 그러나 지금부터 그 무소유를 사용할 의
　향을 갖게 된 민중이었다. 비록 그들 대다수가 변증법도 모르고 변증법
　에 대한 정확한 뜻도 알지 못하지만, 그들이 고백한 교의는 주고받는 관
　계, 그러니까 흘린 땀에 비례하여 위장도 텅 비게 되는 관계, 그들이 말
　했듯이 착취하는 자와 착취받는 자 사이의 명확한 관계에 바탕을 두고
　있었다. 그들은 여전히 문맹자(운율에 맞춰 노래하며 역사를 암송하는
　니케리 씨처럼)였고, 자신들이 아는 게 별로 없다는 것만을 알되 그것도
　상당히 분명하게 알고 있는 민중이었다. 그들은 자신들을 믿었다. 그들
　은 흘린 땀과 텅 빈 위장만을 믿었다. 지성보다는 본능이 훨씬 더 믿을
　만한 것이었다. 그것이 그들을 제정신으로 지탱해 준 가혹하지만 명료한
　진리였다.[4]

이 구절을 읽으면 민중적 공론장인 노동회의소의 세계가 부르주아
공론장과 얼마나 달랐는지를 새삼 깨닫게 된다. 민중적 공론장은 사물
의 세계에 대한 충성심과 논증, 언설로만 생산된 진리에 대한 회의로
이루어진 합리성에 근거를 두고 있었다. 언어 기술과 설득력은 공식적
인 교육을 통해서나 얻을 수 있는 기능, 곧 엘리트의 영역이었다. 그런
기능은 도덕적 통찰이나 정치 갈등의 해결에 유용한 장치였던 만큼이
나 계급적 특권의 징후였다.[5] 의사소통의 합리성은 진리를 넘어서 합리
화로도 이어질 수 있다. 주인들의 이해관계를 정상적인 것으로 규정하
는 사회에서 노동자들의 주장은 쉽게 특수 이익집단의 특권을 방어하
는 것으로 치부된다. 그럼에도 윤리의 담론적 토대에 이의를 제기한다

고 해서, 그것이 반드시 합리성을 거부하는 것이라고 할 수는 없다.《마텔로》같은 이탈리아 네오리얼리즘 영화나 소설들은 부르주아 공론장에 함의된, 숙의적(deliberative) 이상에 대한 유물론적-인간주의적 대안을 제시한다. 작가 프라톨리니는 언설이 가장 중요한 인간의 능력이라는 가정에 도전하고 나선다. 그의 대안은 초기 마르크스를 떠올리게한다. 즉 노동(욕망과 상상력에 따라 세계를 변형하는 데 필요한 전망과 기능)이 인간 본성의 토대이며 노동하는 개인이 양육과 휴식, 사회생활을 비롯한 기본적인 인간적 필요를 충족할 수 있어야 한다는 초기 마르크스의 이념이 바로 그것이다.

밀라노의 사회주의 의원이자 노동조합 조직가인 오스발도 뇨키-비아니(Osvaldo Gnocchi-Viani)는 부르주아지의 목표와 노동자들의 목표에 어떠한 차이가 있는지를 명확하게 설명했다. "부르주아지는 더 많은 발전과 사상의 자유를 얻고 싶어 한다. 반면에 거의 모두 육체노동을 하며 하루 12~14시간을 보내는 노동자는 사상의 가능성, 즉 조금이라도 생각할 수 있는 가능성을 얻고 싶어 한다. 전자에게는 정치 혁명이 필요한 반면, 후자에게는 사회질서의 변화가 필요하다."[6] 뇨키-비아니에 따르면, 자유와 평등 같은 정치적 이상은 내용이 아니라 형식적으로 이론화되는 한, 그런 이상이 불러일으키는 보편주의적 영감은 이데올로기적일 뿐이고 권리의 언어는 특권의 방어가 될 뿐이다. 부르주아 공론장의 개방적이고 평등주의적 열망이 실현되려면 먼저 거기에 내포된 부르주아적 특징이 제거되어야 한다. 이는 본질적으로 사회경제적 관심이 더 이상 정치에서 배제될 수 없다는 것을 뜻한다.

노동회의소는 기성 노동자 조직들의 지방 차원의 동맹체로서 경제적·정치적 이해관계를 대표하기 위해 설립되었다. 또한 노동회의소는 노동자들이 회합하고 조직하며 이해관계를 토론하고 전술을 조율할 수 있는 장소를 제공했다. 그것은 오로지 단일 사업장이나 단일 산업 부문 출신의 노동자들로만 이루어진 생산자 협동조합과 저항 동맹체의 고립성을 극복했다. 노동회의소는 노동자들이 한데 모일 수 있는 장소, 공장이나 부르주아 공론장과는 달리 기성 엘리트들에 의해 지배된 적이 없는 장소를 제공했다. 1895년에 일간지 《가제타 디 베네치아》(Gazzetta di Venezia)는 노동회의소를 가리켜 "노동자들이 그들 자신의 권리와 이해관계에 대한 의식을 획득하고 자유롭게, 그리고 합법적으로 스스로를 영예롭게 하는 장소"라고 묘사했다.[7] 뇨키-비아니에 따르면, 노동회의소는 "상업회의소와 꼭 마찬가지로 노동자들이 서로 만나 자신들의 이해관계를 돌보고 방어할 수 있는 잘 엄폐된 장소"였다.[8]

직업 집단이나 이웃 집단에 의해 조직된 더 작고 더 균질적인 집단들과는 대조적으로, 노동회의소는 논쟁과 신랄한 토론을 펼치는 공적 공간이었다. 노동회의소는 일차적인 사회경제적 집단과 정부 기구 사이에 발생하는 갈등을 중재했다. 지도자들이 유권자들을 향해 발언하고 유권자들의 말을 청취하는 장소를 제공했다. 노동회의소는 또한 지방 자치체 정부를 비롯한 다른 토론의 장에서 노동자들의 이해관계를 대표했다.

노동운동 지도자 리날도 리골라(Rinaldo Rigola)는 파시즘 정권 초기에 쓴 글에서 "노동회의소는 가장 놀랍고도 독보적인 우리 시대의 창조물이었다. …… 이탈리아에서 (그것은) 모든 지방에서 프롤레타리아적 삶의 중심으로서 더 많은 저항을 위한 통합적 기구를 배태했다. 중세 자치시(코뮌)가 부르주아지를 위한 것이었듯이, 노동회의소는 진실로 프롤레타리아트를 위한 것이었다"고 회고했다.[9] 자치시(자치 공동체)는 중세 후기 이탈리아에서 발흥하던 상업 부르주아지를 상징적으로 표현한 제도였다. 경제 권력과 정치권력을 결합시키는 교차점으로서[10] 자치시는 포함과 배제의 원리에 따라 조직되었고, 교역의 중심지이자 군사적 요새였다. 자치시는 경제 권력이 집중된 지점인 동시에 이 권력을 돌에 새겨 외국 선원이나 지방 수공업자, 방문 상인, 지방 농민이 이 권력의 존재를 분명히 알 수 있도록 한 상징이었다. 이처럼 다양한 집단들이 서로 맺는 관계가 도시 공간에 반영되고 또 강화되었다.[11] 축제 행렬은 모든 사람이 권력의 원칙을 알 수 있도록 했다는 점에서 공공 생활의 중요한 일부였다. 축제 행렬은 공적으로 위계를 과시함으로써 위계를 강화했고, 각 개인이 사회질서와 일체감을 느낄 수 있도록 했다. 광장과 부르주아지의 저택은 부르주아지의 지배를 반영하고 확립했다. 노동회의소도 그와 비슷한 방식으로 노동자계급들을 위해 기능했다. 말하자면 점차 확대되고 있는 노동자 권력의 교차점이자 상징적 표현이었던 것이다.

노동회의소가 보여 주는 실용적 차원을 명백히 확인할 수 있다. 노동회의소는 파업을 중재하고(나중에는 조직하고) 사회문제를 연구하고 다양한 해결책을 옹호하며 고용을 규제하려고 한 조율의 중심지였다. 그것은 균질적이지 않고 고립된 노동자 조직들을 효과적인 동맹으로 이끌었다. 참여자나 관찰자의 눈에 노동회의소는 노동자계급의 정치권력을 점점 더 가시화하는 상징적인 장소로 보였다. 물론 노동자들은 오래전부터 늘 공적 생활에 참여해 왔다. 예컨대 18세기에 수공업자 단체들은 교회 당국과 지방 엘리트가 앞장서서 고도로 위계화된 축제 행렬에 참여했다. 그러나 이제 참여 양식은 달라졌다. 노동자의 조직들은 더 이상 교회나 명사들에게 종속되지 않고 서로 수평적인 유대감을 형

그림 11 이탈리아 몬차의 한 작업장에서 수녀들이 말한다. "진실로 여러분께 말하노니, 노동회의소와 천국 중에서 하나를 선택해야 할 순간이 왔습니다." *L'uomo di pietra*, 1901.

성했다([그림 11]을 보라). 이는 하층계급들이 공적 공간에 거주하는 새로운 방식을 보면 뚜렷이 드러난다. 노동자들은 예전처럼 위계적인 축제 행렬에서 성직자들이나 명사들의 뒤에 서지 않는다. 노동절이나 각종 시위에서 그들은 하나의 대중으로 거리에 나온다.[12] 노동회의소는

바로 "도시에 대한 권리"의 상징이었다.[13]

노동회의소에 대한 나의 설명은 투사들의 회고록과 지방사, 사회주의 언론, 문학 텍스트를 비롯한 다양한 사료에서 끌어낸 것이다. 노동회의소의 초기 역사에 대한 가장 중요한 문헌은 1899년에 출간된 오스발도 뇨키-비아니의 《노동회의소 10년의 역사》이다. 저명한 사회주의 지식인이자 활동가인 뇨키-비아니는 몇몇 초창기 노동조합을 조직했고, 밀라노 하원의 좌익 대표로 선출되었다. 제2인터내셔널에 대한 비판자로서 그는 민주주의와 사회주의의 필수불가결한 연관성을 하나하나 방어하고자 했다. 그의 저작들이 이론적인 것에서 논쟁적인 것에 이르기까지 매우 광범위한 영역을 아우르고 있지만, 무엇보다 그는 노동회의소를 옹호한 사실로 가장 잘 기억되는 인물이다.[14] 두 번째 중요한 문헌 자료는 사회주의 언론, 특히 밀라노에서 격주로 발행된 《사회 비평》(Critica Sociale)인데, 이 저널은 1891년에 개량주의적 사회주의의 지도자인 필리포 투라티(Filippo Turati)와 안나 쿨리쇼프(Anna Kuliscioff)가 창간했다. 이 지적인 저널은 당시 대중적으로 더 인기가 있었던 《계급투쟁》(Lotta di Classe)과 더불어 전략과 이데올로기를 둘러싼 중요한 토론의 장이 되었다. 노동회의소에 접근하는 세 번째 방법은 간접적으로 프라톨리니의 네오리얼리즘 소설 같은 참고 텍스트들을 읽는 것인데, 그럼으로써 노동회의소가 어떻게 정치 동원의 배경으로 작용했는지를 알 수 있다. 끝으로, 나는 미시 공간과 이 미시 공간이 변형시킨 지방의 정치적 맥락의 관계를 가늠해 보기 위해 여러 개별 노동회의소와 특정 도시에 대한 사회사를 자세하게 묘사한 자료들에 의존했음을 밝힌다.

밀라노 노동회의소

때는 1889년 겨울 밀라노. 건설 직종의 계절적 실업으로 가뜩이나 심각한 건설업자들과 건설 노동자들 사이에 긴장과 갈등이 고조되고 있다. 그동안 하청업자들은 도시 바깥의 농촌 지역에서 노동자들을 고용해 왔다. 1890년 초 몇 달 동안 수백 명의 금속 노동자들과 기계공업 부문이 수요 부족으로 개점휴업 상태에 들어감에 따라 위기가 한층 심화되고 있다. 그런가 하면 농촌 노동자들은 도시 경계에 발을 들여놓는 순간 빵을 살 때마다 특별소비세(dazio di consumo)를 물어야 했기에 이 또한 긴장이 고조되고 있다. 이런 조건에서 노동회의소가 세간에 자주 화제에 오르기 시작한다.

노동회의소의 이념은 국제적인 모델에서 영감을 끌어왔다. 1889년에 밀라노 노동자 대표단이 파리에서 열린 국제 박람회에 갔는데, 거기서 유명한 파리의 '노동 교환소'(bourse du travail)를 둘러본 뒤 그것이 노동시장의 긴장을 완화하는 특별한 효능이 있음을 알고 큰 인상을 받게 되었다. 사회당의 전신인 노동당의 투사 주세페 크로체(Giuseppe Croce)와 콘스탄티노 라차리(Constantino Lazzari)는 밀라노에서 그와 유사한 어떤 것, "노동자들이 서로 만나 스스로의 이해관계를 토론하고 자신들의 필요를 우선시하는 시스템을 통해 직장을 구하는 장소"를 만들자고 제안했다.[15]

이러한 발의에 대해, 당시 유럽 전역의 유사한 제도의 역사를 추적하고 마침 이탈리아에서 노동회의소의 필요성을 설명한 팸플릿《노동 교환소들》(Le borse del lavoro)을 출간한 뇨키-비아니가 지원하고 나섰다. 뇨키-비아니 또한 밀라노 곳곳에서 노동자 서클을 일일이 방문하며 노동회의소에 대해 열심히 선전해 나갔다. 노동자들과 업자들 사이는 물론이요 노동자들 사이에서도 긴장이 고조되고 있음을 고려하면서, 그는 노동자들이 서로에게 자문을 구하고 협력할 수 있는 장소가 반드시 필요하다는 점을 인식하고 있었다. 갈등이 불가피했으므로, 노동자들 스스로 서로 간의 차이를 조정할 수 있는 토론의 장을 갖기를 원했다. 노동회의소는 시 정부에 맞서 노동자들의 관심을 대표하고 실업과 위험한 공장 작업 환경, 과도하게 밀집된 도시 슬럼 같은 산업화의 부작용을 완화하는 하나의 방법이 될 수 있었다.

노동당과 조판공 조합이 노동회의소 제안을 지지하고 후원했다. 이 두 측의 주도권이 공고해지면서 1890년에 도시 차원의 회의가 소집되었다. 밀라노 전역에서 각종 상조회와 협동조합, 노동조합을 비롯한 총 73개 단체가 이 회의에 대표를 파견했고, 거기서 선출된 15명의 노동자로 위원회를 꾸렸다. 3천 명이 넘는 노동자들이 이 창립 대회에 참여했다.[16] 몇 주에 걸친 토론을 거친 뒤, 그들은 변화하는 사회경제적 환경에 대처하기 위해 새로운 형태의 조직이 필요하고 자선 사업이나 실업에 맞서는 투쟁만으로는 "점증하는 사회적 무질서에 대응하는 데" 한계가 있음을 지적하는 보고서를 내놨다.[17]

1891년에 밀라노 시 행정 당국으로부터 약간의 보조금과 공간을 얻어 노동회의소가 노동 구매자와 노동 판매자 사이에서 중재 기구 구실을 하고 삶의 모든 영역에서 노동자들의 이해관계를 증진하는 제도로 형성되었다. 처음에는 고용상담소로서 어느 정도 명성을 얻는 것으로 출발한 이 제도는 시간이 흘러 밀라노에서 노동자계급 권력과 사회변화의 중심으로 떠올랐다. 노동회의소는 변함없이 고용상담소 구실을 했을 뿐 아니라, 나아가 파업과 기념식을 조직하고 노동시간을 규제하는 데 개입했으며 휴가와 임금률을 협상하고 야학을 운영하며 개방대학을 조직했다. 노동자들은 노동회의소를 통해 시 행정의 혜택을 확대하고 곡물세를 폐지하며 누진 재산세를 도입하기 위해 투쟁했다. 뇨키-비아니를 비롯한 주도자들에 따르면, 밀라노 노동회의소는 시민권의 옹호자로 기능하고 연대의 정치를 통해 민주주의를 건설하며 시 개혁의 주체가 되고 노동시장을 안정시키는 데 기여했다.

노동회의소의 형태와 기능

19세기 말 사회주의 투사들은 권력관계가 어떻게 공간에 의해 구조화되는지에 대해 날카롭게 인지하고 있었다. 그 무렵 비합법적인 것으로 간주되던 파업이나 정치 회합을 조직하려고 하던 일군의 집단에게 향후 발생할 수 있는 집회의 유형이 공간의 제약을 받는다는 것은 명확했다. 세르게이 에이젠슈타인(Sergei Eisenstein)의 기념비적 영화 〈파업〉(1925)은 차르 치하의 러시아 노동자들이 자신들의 세력을 조율하고 집중시켜 회합의 장소를 확보하려고 분투하지만 성공에 이르지 못하는 과정을 잘 묘사하고 있다. 늘 경찰 밀정들의 추적을 받고 일련의 정부 기관들(처음에는 경찰, 그다음에는 소방서, 마지막에는 군인들)에 의해 강제 해산당하면서 그들은 끝내 들판으로 내몰려 살육을 당한다. 영화에서는 단결만이 살 길이며 흩어지는 것은 죽음이라는 사실이 나타나 있다. 이탈리아의 상황에서 '그들만의 방'을 확보하려는 노동자들의 투쟁 또한 이와 비슷한 모티프에 따라 전개되었다. 영화와는 달리 좀 더 코믹한 기분으로 비엘라의 한 사회주의 활동가가 당시 새로운 신문을 창간하기를 원한 사회주의자들의 전략에 대해 설명해 주었다. 그에 따르면, 신문 편집진은 단속을 피하려고 경찰관들이 쉽게 따라올 수 없는 저 높은 산으로 올라가야만 했던 것이다.[18]

뇨키-비아니는 "의식이 생산되는 특권적이고 중심적인 장소"가 필요하다는 점을 인식하고 있었다. 그는 "노동자계급의 자율적인 의식은 (지식인들에 의해 다듬어져 노동자들 사이에 확산되는 식으로 외부의 힘에서 나오는 것이 아님은 말할 것도 없고) 노동과 생활을 곧바로 반영하는 것이 아니며, …… 독립적으로 형성된 자율적인 결사의 경험"에서 나온다고 주장했다.[19] 뇨키-비아니는 지나치게 구조주의적이고 관념론적으로 사회주의에 접근하는 것을 거부했다. 진정한 시민이 되기 위해 노동자들은 최소한 얼마 동안만큼은 집단적인 의사 결정권을 행사하며 스스로 권리와 책임감을 경험할 수 있는 장소에서 생활해 보아야 한다는 것이었다. 뇨키-비아니가 보기에 그런 장소가 바로 노동회의소였다. 그는 한편으로 경제 결정론자들과 다른 한편으로 유토피아적 사회주의자들 사이에서 '구체적인 유토피아,' 그러니까 노동자들이 함께 모여 스스로의 이해관계에 관해 토론하고 전략을 짜고 집합적으로 행동할 수 있는 장소가 필요하다고 역설했다([그림 12]를 보라). 그것은 참여라는 것이 단지 의례적인 것이 아니라 가장 절박한 경제적·사회적 삶의 문제를 해결하는 방법이 되는 그런 장소였다.

노동회의소는 1880년대 후반부터 1890년대 초반에 걸쳐 이탈리아 전역에 설립되었다. 비록 법적 형태는 다양했지만, 노동회의소들을 한데 묶어 주는 몇 가지 특징이 있었다. 우선 노동회의소의 일차적인 기능은 기성의 협동조합과 상조회, 저항 동맹체(막 출현하고 있던 노동조합) 사이에 지속적인 동맹을 구축하고, 이런 노동자 조직의 확산을 독려하는 것

그림 12 피아첸차 노동회의소의 저녁 식사 장면
Arbizzani et al., *Storie di case del popolo.*

이었다. 바꾸어 말하면 그 목표가 노동자계급의 조직과 단결을 증진하는 것이었다. 개인이 아니라 단체별로 입회했으나, 새로운 부문의 형성을 촉진하기 위해 비조직 노동자들이 노동회의소에 들어오는 것을 허용하는 조항도 있었다. 통상 노동회의소는 회원 여부와 상관없이 모든 노동자들에게 필요한 서비스를 제공했다. 고용상담소 업무와 노동 갈등을 해결하는 중재 업무도 진행했다. 고용상담소는 사용자와 노동자를 직접 연결해 줌으로써 중개업자들의 횡포를 막으려고 했다. 중재의 목표는 될 수 있으면 합의를 통해 노사분규를 해결하는 것이었다. 이런 기능들은 노동회의소에 집적된 정보를 통해 강화되었고, 정보 수집을 위해 노동회의소는 조사를 벌이고 통계를 작성했을 뿐 아니라 노동시장과 임금률에 관해서도 연구했다. 산업이나 지역에 따른 물가 상승과 임금률에 대한 믿을 만한 정보(오늘날 우리가 당연하게 알고 있는 것)는 고립되고 교육받지 못한 노동자들이 단체교섭에 나서는 데 큰 힘이

되어 주었다.

노동회의소의 구조는 기성의 조직적 유대를 이용한 것이었다. 노동회의소가 재빨리 중요한 정치 세력으로 떠오를 수 있었던 이유 가운데 하나는 얼기설기 무작위로 엮어진 것이 아니라 회원제에 바탕을 두고 운영된 점에서 찾을 수 있다. 각 회원 단체는 노동회의소에 회비를 납부했으나, 단체 내부 문제에 관해서는 높은 수준의 자율성을 변함없이 누릴 수 있었다. 게다가 다양한 범위에 걸쳐 여러 조직들이 포함되었다. 기능별 또는 산업별로 조직된 전국 노동 연맹체들과는 달리, 노동회의소는 혼종적인 성격이 강한 동맹체였다. 회원 단체로는 다양한 정치적 지향성을 갖고 있는 상조회와 저항 동맹체, 생산자 협동조합, 소비자 협동조합이 있었다. 어떤 단체가 노동회의소에 속할 수 있는가와 관련된 회원 기준은 당시 뜨거운 논쟁 주제였다. 특히 초창기 국면에서 제기된 문제는 사용자들(대개 한두 명의 종업원을 두고 있던 수공업자들)도 회원으로 있는 상조회나 기능별 동업조합의 가입까지 허용해야 하는지 여부였다.[20] 이 쟁점은 특히 피렌체에서 큰 논쟁을 불러일으켰는데, 여기서 수공업자 형제회(Fratellanza Artigiana)처럼 마치니주의에서 영감을 받은 공화주의 조직이 노동회의소의 초기 설립 국면에서 큰 역할을 했다. 결국 형제회는 여러 계급을 아우르는 동맹이 이해관계의 갈등 때문에 마비될 수도 있다는 근거로 배제되었다. 그럼에도 노동회의소는 내부적으로 다양한 색채를 띤 민중 기구로 남아 있었다. 노동회의소는 여성과 공장 노동자, 수공업자, 실업자, 자영업자뿐 아니라 숙련 노동자와 비숙련 노동자까지 모두 포함했다. 또한 생산자이자 소비자이기도 한 노동자들도 전부 아우르고 있었다. 소비자 협동조합 회원들 가운데 상당수가 피렌체 노동회의소에 참여했고, 토리노에서도 수많은 동네 단

위 조직들이 노동회의소에 속했다.[21]

　노동회의소는 다양한 방식으로 자금을 확보하고 노동자들을 조직했다. 피렌체에서 노동회의소는 당시 노동자계급 내부의 다양한 계층들을 대표하는 제도만이 사회적 평화를 보장할 수 있다고 믿은 지방 상업회의소의 활동에 자극을 받아 만들어졌다. 설립을 추진한 이들은 노동회의소가 파멸적인 파업의 대안으로서 협상과 중재의 통로를 여는 데 도움을 줄 수 있기를 바랐다. 다른 노동회의소들은 시정 당국의 후원을 받아 형성되었다.[22] 특히 노동회의소가 본디 노동 교환소(borsa del lavoro)로 파악되어 그 일차적인 임무가 노동시장에서 합리적인 중재 기능을 수행하는 것으로 여겨지기도 했는데, 이 경우 시정 당국의 후원으로 노동회의소가 만들어졌다. 예컨대 토리노에서 자치시 지원금 5천 리라를 받아 1891년에 설립된 노동회의소는 지방 행정 당국과 '일차적인 유대'로 묶인 준공공기관이었다. 이 노동회의소는 정관에 따라 비회원들에게도 서비스를 제공하고 정치적 중립을 지켜야 할 의무가 있었다.[23] 그런가 하면 1902년 이래로 사회주의자들이 지방 행정을 장악한 피옴비노에서 노동회의소는 사회당의 권력 기반에 대한 대안으로 설립되었다. 당초 이 노동회의소는 1906년 로마 당대회에서 사회당과 결별한 혁명적 생디칼리스트들의 주도로 26개 단체들을 회원으로 삼아 출범했다.[24]

　노동회의소가 본래의 목표를 달성했는지 여부를 평가할 수 있는 방법이 있을까? 이와 관련하여 회원 수가 많았다는 사실이 잠정적이고 단편적인 증거가 될 수 있다. 1901년경에 밀라노의 회원 수는 4만 명으로 늘어났고,[25] 이탈리아 전역에 걸쳐 76개의 유사 조직과 50만 명 이상의 회원이 확인된다([표 6]을 보라). 1897년경에 밀라노 노동회의소는

표 6 노동회의소 회원 현황(1907, 1909년)

지역	1907			1909		
	노동회의소	지부	회원 수	노동회의소	지부	회원 수
피에몬테	14	277	31,746	13	271	37,219
리구리아	6	456	32,423	6	181	22,229
롬바르디아	13	441	28,423	17	645	83,430
베네토	5	74	11,340	8	143	14,036
에밀리아-로마냐	13	1,247	143,888	16	1,549	186,551
토스카나	14	322	27,034	14	400	31,193
마르케	2	50	5,241	3	71	7,321
움브리아	2	44	4,616	1	23	4,997
라치오	2	86	8,361	2	132	10,986
아브루치	-	-	-	2	22	2,631
캄파냐	5	120	19,348	7	137	22,724
풀리아	3	61	16,419	5	95	34,381
바실리카타	-	-	-	-	-	-
칼라브리아	2	17	1,403	1	13	768
시칠리아	3	137	36,738	2	145	42,266
사르데냐	-	-	-	1	7	506

Rechard Bachi, *L'Italia economica nell'anao 1909*(Turin: Società Tipografico Editrice Nazionale, 1910).
※ 공란(-)은 해당 시기 해당 지역에 노동회의소가 없었음을 알려 준다.

실업자 2,622명에게 일터를 찾아 주었고, 47건의 잠재적 파업을 중재했다. 지방 당국도 노동회의소의 영향력을 인정했다. 노동자 조직들의 자연스러운 우군이라고는 결코 말할 수 없는 경찰 당국도 노동회의소의 긍정적인 효과를 인정했다. 1898년 12월에 농상공부에 발송된 공문에는 밀라노와 볼로냐, 카탄차로, 파르마, 크레모나의 지방 공무원들이 노동회의소에 대해 긍정적으로 평가한 내용이 요약되어 있다. 그중에 특히 주목할 만한 내용이 나온다. "밀라노 경찰서장은 노동회의소가 설립된 이후 무질서가 더 이상 없었고 경제적 이유로 발생하던 공공 소요 사태가 사라졌다는 점을 인정했다." 공안청 보고서도 노동회의소의 영향력으로 "갈등이 누그러졌고, 양쪽 모두 다른 쪽을 인신공격하거나 명예훼손을 범하지 않고 중재에 나설 수 있게 되었다"고 말하고 있다.[26] 실업과 싸우고 노동자계급의 책임성을 북돋는 과정에서 '사회적 유용성'이 있다고 하며 언론도 노동회의소를 긍정적으로 평가했다.[27] 1898년 5월에 '5월 사태'로 알려진 일련의 시위와 파업과 폭동, 잇따른 정부의 폭력 진압이 벌어진 뒤에 노동회의소는 다른 모든 노동자 조직들과 함께 해산되었다. 하지만 후퇴는 일시적이었다. 온건파가 어느 정도 계급투쟁이 계급 증오로 바뀌지 않도록 하는 면에서 노동회의소의 유용한 역할을 인정했기 때문이다.[28]

여러 지역에서 최소강령파와 기권주의자들이 노동회의소에 참여했다.[29] 노동회의소에서 이루어진 다양한 비공식적 토론과 회합, 회의, 시위 등은 이러한 입장들이 형성되고 회원들이 저마다 전망을 드러내 놓고 동의를 구하며 경합하는 마당이었다.

20세기에 들어서면 노동회의소의 역할이 바뀌게 된다. 1900년 파업 합법화와 함께 노동회의소는 전투적인 전술을 지지하고 증진하는 과정에서 예전보다 더 큰 역할을 했고, 파업 노동자들을 지원하기 위해 모금 활동을 전개하기 시작했다. 또한 노동회의소는 취로사업 기획을 통해 일자리를 제공하고 계약이나 대출을 통해 협동조합을 지원하기 위해 자치제 정부에 로비를 벌이기도 했다. 노동회의소는 당장의 경제적 이해관계를 정치적 정체성과 계급의식, 나아가 행동으로 연결시키는 과정에서 역량을 보임으로써 성공할 수 있었다. 1904년 9월의 총파업에서 노동조합이나 정당보다는 노동회의소가 더 큰 지도력을 발휘했다. 노동회의소는 또한 직업 기능과 관련된 사항들을 규제하고 성인교육을 제공하는 등 개량주의적인 기능들을 꾸준히 확대해 나갔다.

1911년에 토리노 노동회의소는 직장에서 일하다 다친 노동자들에게 의료 혜택과 법적 지원을 제공하는 특별 상담소를 열었다. 정관에 따르면, 노동회의소는 단지 회원들에게만이 아니라 모든 사람에게 서비스를 제공했다.[30] 요컨대 제1차 세계대전 이전 시기에 "이탈리아에서 가장 중요한 노동 조직은 여전히 노동회의소였다."[31] 노동회의소는 노동자 조직으로서 자율성을 유지했지만, 특정 직종이나 집단의 즉각적인 이해 관계보다 훨씬 더 폭넓은 의제들을 추구하게 되었다. 노동회의소는 각종 신문을 발간하고 노동절 행사와 같은 갖가지 축제를 조직했다. 마틴 클라크(Martin Clark)에 따르면, 노동회의소는 "무엇보다 사회주의적 민중 문화와 사회주의적 도덕성의 중심지였다."[32]

여기서 '사회주의적 도덕성'이란 정확히 무엇을 말하는가? 비록 현대 역사가들이 이 용어를 사용하는 일은 거의 없지만, 20세기로 접어들던 시기에는 널리 사용되고 있었다. 예컨대 사회당의 전신인 노동당(Partito dei Lavoratori) 규약에 따르면, 당의 목표 가운데 하나가 "노동자계급이 얽매여 있는 억압적 상태와 도덕적·물질적으로 열등한 상태로부터 벗어나려는 노력"을 돕는 것이었다. 이런 조항과 비슷한 것들이 수많은 조직의 정관에 적용되고 있었다. 따라서 그 용어의 의미를 해명함으로써 이 조직들의 목표가 무엇이었는지를 통찰해 내는 데 중요한 실마리를 얻을 수 있다. 나는 '도덕적'이라는 용어가 오늘날 '문화적'이라고 일컫는 것을 뜻한다고 본다. 이데올로기적으로 다양한 입장을 취하고 있던 개혁가들은 노동자 조직을 하층계급 생활에 널리 퍼져 있던 성적 방종이나 과도한 음주 관행과 맞서 싸우는 방법으로 보았다. 그럼에도 사회주의자들은 이 '도덕적' 개선을 자율성과 권력을 증대하는 방법으로 해석했다. '도덕적 개선'을 추구하던 사회주의 지향성을 띤 많은 조직들은 결코 금욕 협회나 종교 집단이 아니었다. 이 조직들의 정관에는 성 문제나 신앙 문제와 관련된 조항이 없었다. 비록 많은 사람들이 의회의 절차를 따르고 법의 테두리 안에 남아 있어야 할 필요성을 강조했지만 말이다. 1890년에 설립된 키안티의 그레베 형제회(Fratellanza di Greve)의 경우 '도덕적 개선'을 달성하는 수단으로서 도서관을 건립하고 교양 교육과정을 가르치는 일 등이 포함되어 있었다. 1896년에 설립된 스칸디치 노동회의소는 '개인의 지적 역량'을 발전시키고 연대를 실천하기 위해 회의와 학급과 독서 교실을 조직함으로써 도덕적 개선 작업을 추진할 계획을 세웠다.[33]

사회주의적 도덕의 개념은 또한 노동회의소나 사회당 같은 저항의 터전들이 서로 어떤 관계를 맺고 있는가 하는 문제를 제기한다. 민중적 공론장은 사회주의적 하위문화와 동의어일까? 정확히 그렇지는 않다. 노동자 운동에 참여한 사람들이 사회주의 정당의 회원들보다 훨씬 더 많았다. 기실 세기 전환기에 글을 쓴 활동가들도 양자를 구분할 필요가 있다고 주장했다. 클라우디오 트레베스(Claudio Treves)는 유명한 에세이 〈노동회의소는 사회주의적으로 되어야만 하는가?〉(1901)에서 경제조직과 정치조직을 분리하는 것이 사회주의 전략의 본질이라고 주장했다. 그는 노동회의소가 사회주의적 지향성을 명백하게 밝혀야 한다고 요구한 농업노동자회의 결의안을 단호히 거부했다. 그는 두 가지 논거를 들어 "노동회의소에 붉은 깃발을 내걸어야 한다"는 주장에 반대했다. 첫째, 그는 저항의 경험(예컨대 노동조합이나 협동조합 같은 경제조직을 통한)이 최초에 노동자들을 원초적인 착취의 현실에 노출시키는 데 결정적인 역할을 한다고 주장했다. 경제조직이 창출하는 '장소와 기회만으로도 노동자들이 처음으로 연대감을 느끼고 투쟁의 필요성을 이해하는 데 충분하기 때문에, 사회주의적인 선동을 드러내 놓고 할 필요는 없다는 얘기였다.[34] 그런 구분을 유지할 두 번째 이유는 전략적인 것이었다. 트레베스는 경제적 제도들이 분파주의적인 정치 목적의 도구라는 의심을 받게 되면 신뢰성을 상실할 수밖에 없다고 주장했다. 그는 "중재와 고용 부문에서 얻은 거대한 그 모든 성공은 오직 노동회의소가 정치적 겉옷을 걸치지 않고 비정치적인 실체로 인식될 때만 가능했다"고 주장했다.[35] 그는 "붉은 깃발이 휘날리는 것"이 노동회의소 회원의 다수를 차지하고 있는 비사회주의자들의 대규모 이탈로 이어질 것이라고 예언했다.

밀라노에서 사회주의 정당이 단지 1,500명의 당원과 12,000표의 득표만을 얻고 있었음을 고려하면, 노동회의소의 회원 4만 명 대다수는 사회주의자가 아니었다.[36] 이 회원들을 잃게 되면 밀라노 노동회의소가 붕괴되고, 그리하여 대중 정치로 나아갈 결정적인 제도를 빼앗기는 셈이었다. 노동회의소 회원 자격이 실질적으로는 기성의 사회주의 정당 조직의 회원 자격과 똑같았기 때문에, 오로지 사회주의자들을 중심으로 노동회의소를 유지하자는 말은 우스꽝스러운 주장이기도 했다.

트레베스에게 '정치'라는 용어는 오늘날 우리가 당파성(partisanship)이라고 부르는 것과 동의어였다. 그는 노동회의소가 당파성을 띠어서는 안 된다고 주장했다. 바꾸어 말해, 노동회의소는 사회주의 정당의 선거 의제에 종속되어서는 안 된다는 것이었다. 그럼에도 이런 주장이 곧 노동회의소가 시민권을 위한 역량을 발전시킨다는 넓은 의미에서 정치적이어서는 안 된다는 것을 뜻하지는 않았다. 정치는 자원과 권위의 분배를 둘러싼 집단적 결정과 연관되어 있다. 노동회의소는 예전에는 배제당한 집단들이 자신들의 집단적 이해관계를 명확히 하고 방어할뿐더러 그에 대한 인식을 획득하는 하나의 방식이라는 점에서 분명히 정치적 이었다.

본질적으로, 불평등한 조건에서 권력투쟁을 벌여 나가는 두 가지 방식이 있다. 하나는 레닌주의에서 나타난 것으로서 위계적 리더십에 종속된, 통일된 대오를 유지하는 고도로 헌신적인 혁명가의 중핵을 훈련시키는 방식이다. 두 번째 전략은 그람시의 《옥중수고》에 나타난 것으로서 기성의 일상생활 패턴과 의미에 뿌리를 두고 이를 변형하는 대중운동을 구축할 필요성을 강조한다. 노동회의소는 다양한 대중운동들을 조율했다는 점에서 후자의 사례였다. 노동회의소는 사회 변화를 위한 의미 있는 세력을 형성하기 위해 도시에서는 기성의 경제조직을 이용하고 농촌에서는 전통적인 형태의 결사를 구축했다. 노동회의소는 통일성이 반드시 획일성을 필요로 하는 것은 아니라는 전제에 바탕을 두고 있었다. 노동회의소 설립 운동의 주역인 뇨키-비아니는 "사회주의 이론은 다원주의와 경쟁에서 배운다"고 강조했다.[37] 그는 '정치적인 것'이 출세지상주의와 더불어 의회 바깥에서는 거의 아무런 의미도 갖지 않는 선거운동에 초점을 맞추는 경향을 뜻하는 한에서, 참여 문화야말로 사회주의 운동이 정치적으로 되지 않게 막아 주는 방법이라고 생각했기에 노동회의소를 옹호했다. 노동회의소는 회원들의 관심과 필요에 긴밀히 접속하는 방식이었다. 뇨키-비아니에 따르면, 노동회의소는 지식인들의 지배를 보장하고 노동자들 스스로의 정치적·문화적 해방 과정을 방해하는 '지식-권력'의 악순환을 끊어 낼 수 있었다.[38]

만일 해방이 노동자들 스스로의 과업이어야만 한다면, 이론가나 지식인은 어떻게 기여하는 것일까? 뇨키-비아니는 지식인의 역할을 장군이나 교사라기보다는 건축가의 역할에 비유했다. 지식인의 역할은 해답을 주는 것이 아니라 노동자가 스스로 해답을 찾을 수 있는 장소를 구축하고 요새화하는 데 도움을 주는 일이었다. 지식인은 고매한 진리를 제공할 수 없을 터였다. 뇨키-비아니에 따르면, 이론적 정교함이나 과학적 엄격함이 자기 자신의 이해관계에 따라 정체성을 형성하고 행동하는 대중의 역량을 대신할 수는 없었다. 이는 정치 교육과 경제적 개선이 이루어질 수 있는 공간들을 건설하는 데 도움을 주는 것으로 지식인의 역할이 국한되어야 한다는 것을 뜻했다. '민중의 지배'라는 이념을 진지하게 고려하는 사람에게 정치 참여의 결과가 어떻게 될지는 도무지 장담할 수 없었지만, 비판과 논쟁, 집합 행동을 위한 기회는 반드시 제공되어야만 했다. 노동회의소는 일차적으로, 흩어져 있는 노동자들을 위한 '실천적이고 이상적인' 준거점 구실을 함으로써 이런 목적을 성취할 수 있었다. '건축가'의 역할이라는 것도 바로 이런 공간을 구축하는 것이리라.

노동회의소는 그람시의 역사적 블록, 즉 다양한 반자본주의 세력들의 동맹이라는 이념을 구현한 공간이었다. 공장이 단일한 직종이나 단일한 생산과정 속에 있는 구성원들만 한데 모았던 반면, 노동회의소는 담배 제조 공장의 소녀와 건설 노동자, 금속 노동자와 방직공 사이에 공동체적 관계를 창출했다. 이탈리아의 계급 구조가 대단히 이질적이었음을 고려하면, 노동자의 범주를 협소하게 정의하는 것은 현실에 맞지 않았다. 뇨키-비아니는 에세이 〈비생산적 근로자들의 조직화〉에서 생산자 중심의 이데올로기가 드러내는 일차적인 위험이 기술직 노동자를 비롯한 잠재적 동맹자뿐 아니라 실업자, 여성, 아동, 도제 같은 가장 취약하고 불안정한 노동자들까지 배제하는 데 있다는 점을 인정했다.[39]

룸펜프롤레타리아트를 반혁명 세력으로 치부한 마르크스와는 대조적으로, 뇨키-비아니는 자신이 '제5신분'이라고 명명한 계층의 정치적 중요성을 강조했다. 그는 성공적인 민주주의적 변혁 운동이라면 마땅히 공업 노동자계급(제4신분)뿐 아니라 그들과 동맹한 하위 집단들(제5신분)을 포함해야 한다고 주장했다. 이러한 군건한 동맹은 분열과 취약함의 원천이라기보다는 힘의 원천임에 틀림없다는 것이었다.[40]

어느 토리노 노동자의 회고

마리오 몬타냐나(Mario Montagnana)는 회고록에서 자신이 처음으로 경험한 노동회의소의 노동절 기념식을 회상했다.

> 1912년에 나는 처음으로 노동회의소 앞뜰에서 군중이 빽빽이 모인 가운데 치른 모임에 참석했다. 내가 유일하게 기억하는 것은 클라우디오 트레베스가 연설했다는 사실인데, 그 연설 내용은 완전히 잊어버렸다. 그 모임에 대해 내 기억에 가장 인상적으로 남아 있는 것은 아주 성대했다는 것 말고 〈노동자 찬가〉 …… 〈가리발디 찬가〉에 맞춰 노래를 불렀다는 것뿐이다. …… 사회주의 운동에 대한 내 관심은 그때만 해도 몹시 피상적이었다.[41]

몬타냐나의 회상을 살펴보면 토리노에서 개인이 도시적 삶과 연관된 사회정치적 공간들을 어떻게 경험했는지를 통찰할 수 있다. 회고록은 1912년에 기계공으로 견습을 시작하던 때부터 파시즘의 억압을 피해 프랑스로 망명을 떠난 1926년까지의 시기를 아우른다. 몬타냐나는 1912년 토리노에서 견습공으로 생활하는 동안 처음으로 정치에 발을 들여놓게 된다. 1913년 10월 보르고 산 파올로에서 한 연설가가 청년들에게 이웃들로부터 표를 긁어모아 사회주의 선거위원회를 돕자고 호소하던 현장에서 처음으로 한 사회주의 청년 조직과 만나게 되었는데, 몬타냐나는 훗날 이 조직의 지도자가 될 터였다. 몬타냐나는 청년 조직이 독자적인 모임 장소를 확보하려는 과정에서 장년 조직('늙은 술주정뱅이들')과 충돌하게 된 내력을 회고한다. 그는 "프레유스 가에 마련된 새 공간에는 작은 사무실용 방을 비롯하여 출입구가 따로 있는 비교적 널찍한 도서관과 볼링 놀이를 할 수 있는 넓은 뜰, 그리고 예닐곱 개의 탁자와 의자가 구비된 일종의 바와 작은 댄스 룸이 있었다"고 기억한다. 그 무렵 막 탄생한 청년 조직의 첫 번째 논쟁은 이데올로기가 아니라 공간을 둘러싸고 일어났다. 마리오 몬타냐나는 이렇게 회고했다. "하지만 당시 정말로 금욕적이었던 나로서는 〈저 언덕 위의 성전〉이라는 노래 말고는 어떤 것을 보아도 마음에 들지 않았다. 댄스 룸도 전혀 구미에 당기지 않았다. …… 그래서 나는 테르프시코라와 카를 마르크스, 곧 댄스와 사회주의를 한 곳에 나란히 놓는 것에 반대했다."[42] 몬타냐나는 결국 술과 춤이 임대 비용을 충당하고 이웃의 젊은 노동자들을 끌어당겨 이들을 정치화하는 목표에 필요하다는 다른 사람들의 주장에 동의하게 되었다.

초창기 회고 부분에서 정치적 사건들은 주로 두 장소 언저리에서 발생했다. 하나는 청년 조직 본부였고, 다른 하나는 토리노 도심에 있는 노동회의소였다. 동지애와 선전, 논쟁, 선동, 여가가 모두 노동자계급 생활의 동네 단위 거점이 된 청년 조직 본부에서 나타났다. 그런데 노동회의소는 회고록 전반에 걸쳐 가장 중요한 협력과 창의성의 터전으로, 다양한 집단들을 하나로 묶어 주는 터전으로 나타난다. 모든 시위와 행진이 노동회의소에서 시작되고 거기서 끝난다. 중요한 연설과 결정도 거기서 이루어진다. 그럼에도 노동회의소에 대한 언급은 체계적이지도 않고 명확하지도 않다. 몬타냐나의 회고록《어느 토리노 노동자의 회고》는 일인칭 시점의 이야기이지, 저항의 터전들에 초점을 맞춘 저작이 아님은 물론이요, 정치학 저작은 더더구나 아니다. 그럼에도 회고록에서 노동회의소 자체가 분석의 대상은 아니지만 집회 장소("수천 명의 노동자들이 …… 들려고 노동회의소에 모였다")나 의사 결정이 이루어지는 곳("노동회의소는 …… 항의를 위해 총파업을 주장했다")으로 매우 자주 나타나기에, 회고록은 노동회의소의 중요성을 잘 부각시키고 있다. 제1차 세계대전 직후에 노동회의소는 질서를 유지하고 식량 배급을 담당할 책임을 떠맡으며 일종의 대안적인 지방자치체 정부 구실까지 했다. 몬타냐나는 식량 폭동(종전 직후 초인플레이션으로 인해 발생한) 기간 동안에 "정부와 지방자치체가 공포에 질려 버렸다. …… 이탈리아 전역에서 상점주들은 거의 모두 한꺼번에 문을 닫고 열쇠를 노동회의소에 맡겨 상점이 약탈당하는 것을 막는 것 말고는 다른 할 일이 없었다."[43]

파시즘의 대두와 함께 써 내려간 마지막 부분에서 몬타냐나는 노동자 운동 전국 지도부의 실패로 생긴 좌절감을 표현한다. 이 시기에 중요한 사건들은 파업과 모임, 토론이 아니라 파시즘의 폭력과 체포, 그리고 수배 생활의 경험에서 생긴 지루함과 두려움이 묘하게 교차되는 상황이다. 그는 노동자들이 그토록 공들여 건설하고 수십 년 동안 자부심과 인내심을 갖고 지켜 온 협동조합과 노동회의소, 모임 홀, 공동체 센터 등이 파괴되는 모습을 보며 슬픔과 실망에 젖어 글을 쓴다. 가장 섬뜩한 부분은 1922년 12월 18일 토리노에서 벌어진 파시스트 학살의 밤을 이야기하는 대목이다. 한 노동자가 스스로를 방어하는 과정에서 한 파시스트를 죽인 것에 대해 복수한다는 명분으로 토리노의 파시스트들은 반대 세력들에 대한 공격 태세를 갖추었다. 안전을 염려한 몬타나나와 동료 투사 둘은 호텔에서 자기로 했다. 두 사람은 추적을 효과적으로 따돌리기 위해 흩어졌다. 그는 다음과 같이 회상한다.

집을 떠나고 나서 월요일 저녁에 피에트로 페레로는 호텔에 가지 않고 노동회의소 쪽으로 갔던 것이 틀림없다. 이미 불을 지르려고 작정한 파시스트들이 그곳을 에워싸고 있었고, 누군가가 금속 노동조합 지도자인 그를 알아봤다. 그들은 피에트로를 붙잡아 타고 온 트럭에 묶은 채 갈릴레오 페라리스 가를 따라 트럭을 초고속으로 몰아 비토리오 에마누엘레 가를 향해 갔다. 이튿날 아침 큰 도로를 따라 피에트로 페레로의 살점과 혈흔이 널려 있었다. …… 그토록 비극적인 밤에 피에트로는 자신의 집인 민중회관을 마지막으로 보고 싶어 했다. 그 일로 그는 목숨을 잃고 말았다. 가장 끔찍한 죽임을 당한 것이다.[44]

파시즘이 대두하면서 협동조합과 노동회의소, 민중회관을 비롯한 저항의 공간들이 파괴되었다. 파시스트들은 이 '안전 공간들'이 더없이 중요하다는 사실을 너무나 잘 알고 있었고, 이 공간들을 파괴하기 위해 전력을 쏟았다. 물리적으로 완전히 파괴하는 것이 불가능한 곳에서는 상징적인 공격이 잇따랐고, 피난처들이 공개적으로 모욕을 당해 수치스러운 장소로 뒤바뀌었다. 파시스트들은 구체적인 장소를 지정하여 파괴할 수 없는 곳에서 '가정'을 전쟁터로 바꿈으로써 더 이상 피신할 공간이 없도록 전력투구했던 것이다. 예컨대 강력한 노동자계급이 파시즘의 발호를 늦추게 했던 세스토 산 조반니에서는 파시스트 행동대가 감히 민중회관을 방화하겠다는 생각은 하지 못했으나, 그 대신 사무 집기나 기록, 깃발을 비롯한 상징물들을 파괴했다.[45]

파시스트들의 전략은 조직을 공격하기보다는 자율적인 공간들을 타격하는 것이었다. 1922년에 무솔리니가 총리로 취임한 뒤에도 노동자 조직이 곧바로 금지된 것은 아니었다. 그럼에도 운동의 교차점들이던 협동조합과 노동회의소, 민중회관은 물리적으로 파괴되었다. 그렇게 파괴된 까닭은 이런 장소들이 민주주의 문화와 연대성을 양육한 곳이라는 인식이 있었기 때문인 것 같다. 어떤 의미에서 저항의 공간들은 여러 조직이 성장해 나오는 뿌리였고, 그래서 파시스트들은 이런 거점을 파괴하려고 작심했던 것이다. 합법성의 대표적인 특징 가운데 하나는 공적으로 등장하고 사적으로 퇴각할 수 있는 권리이다. 그러나 이 두 권리는 반파시스트 세력에게는 허용되지 않았다. 파시스트들은 뿌리를 뽑아내면 이미 자란 조직들도 해체하기 쉬울 거라고 내다봤다. 이런 가정은 옳았다. 그럼에도 수천 명의 노동자들이 자신들의 집인 협동조합과 노동회의소, 민중회관을 지키다가 살해당했다.

파시스트 공간들

만일 우리의 목표가 공간과 정치의 관계를 이론화하는 것이라면, 결정적으로 제기되는 문제는 파시스트들 스스로가 '안전 공간들'을 갖고 있었는지 여부일 것이다. 파시즘도 자유주의적 의회 체제 속에 수립된 모종의 타협에 대한 저항의 한 형태였다. 그리고 파시즘 역시 자신만의 터전들을 갖고 있었다.[46] 빅토리아 데 그라치아(Victoria de Grazia)는 《동의의 문화》에서 도폴라보로(Dopolavoro)* 같은 파시스트 여가 공간들의 성장 과정을 추적한다. 노동자들 대부분이 처음에는 파시스트 조직에 참여하기를 거부했지만, 1930년대에 들어서면서 참여가 널리 확산되었다.

파시즘이 이 공간들을 어떻게 다루었는지의 문제는 이미 프란체스카 폴레타가 개시한 더 큰 도전적 문제 제기에서 나온 바 있다. 그녀는 〈집합 행동에서의 '자유 공간'〉이라는 논문에서 '자유 공간'(또는 그에 상당하는 은신처와 문화적 자율성의 영역, 공간적 보호구역)에 대한 학계의 점증하는 여러 연구 성과에 공히 두 가지의 기본적인 결함이 있다고 주장한다. 첫째, '자유 공간'의 은유는 문화적 특징 대신에 구조적 속성을 부각시킨다. 그녀는 대항 헤게모니적 도전의 토대를 제공하는 것이 구조적 고립('공간')이 아니라 이데올로기적 내용인 경우가 많다고 주장한다.[47] 둘째, 그녀는 이러한 전통에서 나온 많은 연구 성과가 자유 공간의 특징을 파악하는 데 필요한 구체성을 결여하고 있다고 주장한다.

이러한 도전적 문제 제기를 우리의 주제에 적용한다면, 파시즘과 사회주의는 공히 헤테로토피아적인 터전을 구축했지만, 양자를 구별해 주는 것은 그 상반되는 이데올로기적 내용이었다는 것이다. 그런데 이러한 주장은 이데올로기가 공간적 실천에 아무런 영향도 주지 않는다는 의심쩍은 가정에 근거를 두고 있다. 정치를 공간적 배치에서 연역하거나 거꾸로 공간적 배치를 정치에서 연역할 수 없다는 것은 물론 맞

---

* 파시즘이 조직한 이탈리아 최대의 전국적 대중 여가 조직이다. 이 조직을 통해 이탈리아인들은 각종 스포츠 경기, 영화 관람, 라디오 청취, 국토 기행 등을 경험했다.

는 말이지만, 특정한 공간적 배치가 얼마간 특정한 목표에 부합할 수 있다는 것도 사실이다.

파시즘과 사회주의가 서로 다른 정치적 목적을 표방했기 때문에 양자는 서로 다른 방식으로 공간을 이용했다. 파시스트적 공간은 종종 권위주의적 권력을 부각시키는 기념비적 규모로 건물을 세웠다. 파쇼회관도 대중을 지도자에 종속시키는 방식으로 구조화되었다. 우리가 5장에서 살펴보았듯이, 파쇼회관은 민중회관과는 상당히 다르다. 물론 파시즘의 공간적 실천이라는 큰 이야기를 하는 것은 이 책의 범위를 넘어서는 일이지만, 이 주제와 관련한 탁월한 연구 성과가 있다. 예컨대 메이블 베레진(Mabel Berezin)은 《파시스트적 자아의 형성》에서 파시스트 정권이 개인과 국가를 통합시키기 위해 어떻게 공적 공간과 추도식, 기념식, 시위, 축제와 같은 정치 의례를 능숙하게 이용했는지를 추적한다. 파시스트 공간들 중에서 두드러진 곳은 독립적으로 운영되는 클럽하우스라기보다는 대중적 파시스트 스펙터클을 보여 주는 유명한 스포츠 경기장과 대규모 광장이었다. 그러나 '보호받는 공간들'은 딱히 민주적이거나 개방적이지 않았다. 그러므로 그렇게 조성된 환경이 특정한 정체성과 연대성 또는 국가 지향성을 증진했는지, 아니면 금지했는지를 이해하려면 신중하게 역사적 분석을 수행하는 작업이 필요하다.

저항의 공간

지금까지 나는 협동조합과 노동회의소, 민중회관 같은 장소의 권력을 설명하는 다섯 가지 요소를 부각시켰다. 첫째, 가장 일반적인 수준에서 이 장소들은 '내부자'와 '외부자'가 한데 모여 공동체적 관계를 발견하는 만남의 터전을 제공했다. 그런 만남은 특정한 유형의 사회적 관계를 유예하고 다른 관계들을 강화한다. 저항의 터전으로 간주되는 장소에서 서로 만나는 개인들은 (특정 후견인의 피후견인이거나 특정 직종에 종사하는 노동자로서) 기능상의 정체성을 유예하고 연대를 강화할 것이었다. 둘째, 이 터전들은 대항 헤게모니의 이념과 정체성을 은폐함으로써 반대파의 실천을 고무했다. 셋째, 노동회의소와 민중회관은 동맹체였다. 이는 선술집이나 공장 같은 장소들과는 구분되는 점인데, 고립을 극복하고 흩어져 있는 세력들을 모으는 데 도움이 되었다. 그런 장소들 덕분에 지방적인 토대에 굳건히 뿌리를 두면서도 동시에 협소한 관심을 뛰어넘는 정치적 기획에 참여자들을 동원하는 것이 가능해졌다. 넷째, 이 장소들은 민주주의적이었다. 정관과 세칙에는 표결과 토의를 보장하는 원칙이 명시되었다. 이 장소들에는 모든 사람이 발언할 수 있고 누군가가 대화를 지배하는 것을 막는 절차들이 통용되었다. 끝으로, 이 장소들에서는 (사회적·경제적으로) 긴밀한 유대가 정치 활동을 위한 실용적인 기반이 되었으므로 회원들은 헌신적으로 이 장소들을 운영했다. 물질적인 혜택을 제공받는 것 외에도 협동조합에서 장을 보고 민중회관에서 한잔 걸치는 과정에서 일상생활이 정치적 기획에 접속되었던 것이다.

이 터전들은 글로벌 시장이 침투함으로써 야기된 경제적 곤란과 공장의 규율 같은 다양한 경험에서 촉발된 반대 운동의 정치적 기획과 개인의 정체성을 매개해 주었다. 물론 저항의 터전들이 지닌 속성에 초점을 맞춘다고 해서 이데올로기의 중요성을 부정하지는 않는다. 확실히, 고급 사회주의 이론에 대한 관심이 없지 않았다. 학계에 몸담고 있는 만큼 지성사는 나에게 가장 매력적인 장르이기도 하다. 그럼에도 우리가 이론 본연의 목표를 진실하게 추구한다면, 새로운 방식으로 보려고 해야 한다. 공간에 초점을 맞추는 시각이 생산적일 수 있는 이유는, 그것이 우리에게 세상을 보는 새로운 안경을 제공해 주기 때문이다.

7장
지방자치주의

　20세기에 접어들 무렵 세스토 산 조반니는 소규모 견직업을 거느린 농업 도시였다. 밀라노 외곽에 자리 잡고 있었던 세스토는 1900년대 초반 이탈리아에서 나타난 공업 팽창으로 수혜를 입을 수 있는 절호의 입지 조건을 갖추고 있었다. 근대화가 추진되던 시기에 몇몇 대규모 제조업 공단이 이 도시로 이주해 왔고, 그런 연유로 이후 20년 동안 인구는 세 배로 증가하여 19,000명이 되고 노동력도 공업 노동자가 주종을 이루게 되었다.[1] 그 결과로 나타난 사회적·정치적 변형은 사회사가 도널드 벨이 《세스토 산 조반니: 어느 이탈리아 도시의 노동자들과 문화와 정치, 1880~1922》에서 세세한 부분까지 풍부하게 다루었다.[2]

　벨의 연구를 관통하는 문제의식 가운데 하나는 노동자계급의 연대와 계급의식이 일차적으로 공장에서 형성되는지 여부이다. 벨은 공장이 들어서기 전부터 있었던 상조회 같은 제도들이 노동자계급의 정체성 형성과 동원에서 중요한 역할을 담당했다는 사실을 발견한다. 공장은 몇 가지 이유에서 동의를 획득하기 어려운 장소였음이 드러났다. 대규모 공단은 분리된 작업 부서들로 파편화되어 있었다. 또한 근대적 기계가 도입되어 노동자들 사이에 대화가 불가능해졌다. 그런가 하면 십장들은 노동자들을 효과적으로 감시하고 규율할 수 있었다. 생산과정은 숙련 노동과 비숙련 노동 사이의 구분을 원래대로 유지하거나 강화했다. 벨은 이렇게 결론 내렸다.

주로 공장 노동의 맥락에서 비롯된 문제들보다는 지방 공동체와 관련된 문제들이 쟁점이 되는 경우에 정치적 전투성이 강화된다. 노동자들은 …… '프롤레타리아적 공론장,' 즉 궁극적으로 정치적 행동주의의 바탕이 되는 행동과 신념, 제도의 연계망을 창출하는 데 역점을 두었다.[3]

1880년에 설립된 인쇄공 협동조합과 상조회는 세스토 산 조반니에서 자치를 위한 최초의 실험이었다. 1898년에 100여 명의 회원을 거느린 상조회가 견습공을 위한 야간학교와 도서관을 갖춘 건물 개관식을 치렀다. 모임방과 사무실, 바를 갖춘 그 공간이 처음에는 특별할 게 없었지만, 엘리트의 정치적 지배에 점점 더 반대하는 입장을 교묘히 숨기고 있었을 것이다. 상조회는 급진주의의 온상은 아니었으나, 1898년에 여타 노동자 조직들과 더불어 불법화되었다. 벨에 따르면, 이 경험으로 인해 '상조의 기풍'은 '반대의 윤리'로 변형되어 상조회의 정치화가 촉진되었다.[4]

19세기 전반의 주요 정치적 과제는 숙련 노동자와 비숙련 노동자, 수

공업자 사이에 연계를 구축하는 일이었다. 도서관과 야간학교와 바는 만남의 장소인 동시에 공장 내부의 위계를 반영하지 않는 사회적 유대를 구축할 공간을 제공했다. 비록 사회주의자들은 사회주의의 영향력에 맞서기 위해 설립된 가톨릭 조직에 경도된 지방 농민들 속으로 파고드는 데 별로 성공을 거두지는 못했지만, 노동자 조직들은 거주지와 기능 보유 여부에 따른 분열을 극복해 나가기 시작했다. 물론 이는 계급 분열이 거주지의 차이로 더 심화되었기 때문에 어려운 일이었다. 터줏대감이라고 할 수 있는 주민들은 부르주아지뿐 아니라 농민들과 수공업자들도 포함했는데, 이들은 좁은 길과 작은 상점들, 중세 때부터 있어 온 온갖 건물이 밀집된, 철로 동쪽의 구(舊)세스토에 살고 있었다. 반면에 최근에 이주하여 대부분 도시의 공업 노동자로 일하던 사람들은 신(新)세스토에 집중되어 있었다. 철로 서쪽에 위치한 이 지역에는 개발업자들, 때로는 공장주들에 의해 격자 모양으로 건설된 새 주택 단지가 들어섰다. 이런 환경이라면 건축과 물리적 설계가 뿌리 깊은 사회적·정치적 차이를 부각시키고 있었다고 할 수 있다.

1905년 '아베니레 서클'(Circolo Avvenire)이 출현하면서 전환점이 찾아왔는데, 이 서클은 도시의 과두 지배 도당에 대한 민주주의적 반대의 중추부가 된 사회정치적 집단이었다. 아베니레 서클은 구세스토와 신세스토, 수공업자와 공업 노동자를 한데 모으는 과정에서 결정적인 역할을 했다.[5] 벨은 그 서클이 "(노동자들이) 포도주 한 잔을 사이에 두고 그날 일을 토의할 수 있는 장소를 제공했고, 서로 몸이 부대끼는 가운데 연대감을 심어 주었다"고 쓰고 있다. 회원들은 붉은 베레모를 쓰고 각종 회합과 시위에 나타났다. 제1차 세계대전 기간에 아베니레 서클은 1,500명의 회원을 거느렸고, 또 산하에 지방 신문과 악단, 합창단, 소비자 협동조합, 개방대학 지부, 그리고 노동자들에게 저렴한 가격으로 주택을 제공하기 위해 만들어진 주택 협동조합을 포함하여 다양한 집단을 거느린 '총괄 조직' 구실을 했다.

사회주의적 하위문화의 확산이 선거에는 어떤 영향을 주었을까? 인쇄공 협동조합 조합원 카를로 보로메오(Carlo Borromeo)는 자치시(나중에는 군) 지방의회 의원으로 선출되었다. 1863년에 이 지방의회 의원 가운데 자료로 확인할 수 있는 사람이 모두 지주이거나 견직물 제조업자였던 반면, 1915년 무렵이 되면 의원 가운데 4분의 1이 농업 노동자이거나 숙련공(석공과 목수 등)이었고, 절반이 전문직 화이트칼라(변호사와 건축가, 상점주)였으며, 나머지 소수가 공업 부문 기업가나 차지농이었다.[6] 선거권이 확대된 이후 처음 치러진 1914년 7월의 지방선거는 전통적 보수주의자들(엘리트와 가톨릭교도), 온건파(반교권론자와 주로 상점주), 사회주의자들(수공업자와 노동자) 사이에 3파전 양상을 띠었다.[7] 사회당이 다수를 차지했고(43.9%), 그다음이 보수주의자들이었으며(42.4%), 온건파가 세 번째였다(13.7%). 온건파와 사회주의자들은 연립을 구성할 수 없었기 때문에 지방 행정은 중앙정부가 임명한 비선출직 지사에게 위임되었다. 새 선거가 12월 13일에 치러졌다. 주로 공업 부문 기업가와 대지주들로 이루어져 있던 보수주의 진영의 선거 명부가 온건파 출신의 일부 중소 제조업자와 상점주들을 영입하면서 확대되었다. 이렇게 만들어진 온건파와 보수파의 새로운 '선거 동맹'은 밀라노 지사와 가톨릭교회의 지원으로 55퍼센트라는 득표율을 기록하며 선거에서 승리했다.

이 경험에서 배울 수 있는 교훈은 수공업자와 공업 노동자 사이에 나타나는 고질적인 갈등을 극복하기 위해서는 양자가 만나는 터전을 구축하는 노력을 배가해야 한다는 것이었다. 제1차 세계대전 이후 신세스토 서클과 피콜로 서클, 에디슨 서클(팔크 공단 근처) 같은 몇몇 동네 단위 집단들이 생겨 점점 증가하는 프롤레타리아트를 좌파 하위문화에 노출시켰다. 노동자들의 정치적·문화적 결사의 회원도 3천 명으로 늘어났다. 동시에 노동조합도 세력을 확대하여, 특히 금속노동자연맹(FIOM, Federazione Impiegati Operai Metallurgici)의 약진이 두드러졌다. 얼핏 보면 이런 경향은 특화된 조직들로 파편화되는 것 같지만, 동시에 새로운 동맹의 터전들이 운동의 다양한 요소를 접속하는 수단으로 마련되었다. 노동회의소가 노동조합 활동을 조율하기 위해 조직되었다. 그 사무실은 금속노동자연맹 본부와 건설 노동자 협동조합, 사회당 지부, 새로운 민중회관에 있는 아베니레 서클 등과 나란히 자리 잡았다.[8]

제1차 세계대전으로 공업 부문 고용 수준과 도시 행정에 불만을 제기하는 민원이 동시에 증가했다. 1918년 지방자치체 선거에서 사회주의자들은 66.2퍼센트의 득표율을 얻어, 파시스트 폭력으로 좌파의 공공연한 정치 활동이 더 이상 불가능해질 무렵까지 세스토 산 조반니를 지배했다. 도널드 벨은 이 승리가 아베니레 서클과 노동회의소, 그리고 "세스토의 노동 인구가 증가함에 따라 동반 성장한 공동체와 문화 제도의 네트워크" 덕분에 가능했다고 본다.[9] 다시 말해, 새로운 저항 공간들의 광범위한 네트워크가 선거 승리의 전제조건이었다는 것이다. 이런 모습이 지방자치주의의 특징이었다. 즉 경제적 필요와 동네에 기반을 둔 연대를 정치 강령에 접속시키는 다양한 결사들의 촘촘한 네트워크가 바로 그런 특징이었다. 지방정부의 권력은 '모세관적'이었고, 그런 만큼 권력은 서로 중첩되는 통합과 조정의 터전들을 한데 연계시키는 준자율적인 노동자 조직들로부터 나왔다.

일단 권력을 장악한 사회주의 행정부는 온건한 개혁을 추구했다. 능력에 따른 공무원 채용과 도시계획, 새로운 상하수도 시스템 구축이 바로 그것이었다. 또한 노동자 주택(case popolari)과 시립병원 건립 계획도 제출했다. 비교적 온건한 이 목표들을 달성하기 위해 재산세도 올렸다. 그럼에도 이 온건한 성취 그 자체가 목적이라고 여긴 것은 아니었다. "시청을 접수하는 것은 자본주의에 대한 저항의 영역을 확대하는 것인 동시에 저항을 조직할 수 있는 은밀한 거점들을 창출하는 것이다."[10] 조앤 스콧(Joan Scott)의 이런 평가는 비록 19세기 후반 프랑스를 염두에 둔 것이지만, 10여 년 후의 이탈리아에 대해서도 타당하다. 시청을 접수하는 것은 기성의 민중 참여를 위한 실험 범위를 더 확장시키는 방법이었다. 요컨대 사회주의자들이 장악한 지방자치체들은 부분적으로는 더 큰 전략의 일부였을 뿐 아니라 어느 정도는 그 자체 결실로서 이탈리아 정치에서 불균등한 권력 지형들의 교차점이었다.

지방자치주의의 실천

사회주의 정당이 지방 정치에 비중을 두게 된 것은 중앙 의회정치에서 배제되면서부터였다. 사회당은 언제나 전국 차원에서 권력을 획득하는 것이 중요하다고 생각했지만, 그런 목표가 손에 잡히지 않는 상태에서 계속 의회 반대파의 역할에 집착하다 보면 당이 마비되고 말 것임을 재빨리 깨달았다. 사회주의자들은 1913년에 의회에서 상당한 의석을 얻었지만, 전국 차원에서 수권 정당으로 발돋움하기에는 역부족이었다. 중도파와 우파 정당들은 사회주의 세력을 정부에서 몰아내야 한다는 목표 아래에 결속한 남부 대농장주(latifundisti)와 북부 공업 부문 기업가와 소농 사이의 불안정한 연립정부를 유지할 수 있었다. 이리하여 사회주의자들은 원해서라기보다는 어쩔 수 없이 지방자치체 정부에 관심을 돌렸고, 지방 정치가 그들의 정치 실험과 정책 노력의 주된 영역이 되었다.[11] 강력한 지방 문화 조직들이 있었음을 고려하면, 지방자치체 정부는 정치 변화를 개시하는 논리적인 초점이 되었다.

1913년 거의 남성 보통선거권에 가까운 방식으로 치러진 선거법 개혁 이후에 사회당은 모두 450곳의 지방자치체에 대한 통제권을 얻었고, 또 다른 지방자치체들에서는 연립정부를 구성했다.[12] 1914년에 사회주의자들은 마사, 레지오-에밀리아, 베로나, 노바라, 알레산드리아, 크레모나, 밀라노, 볼로냐를 비롯하여 중부 및 북부 이탈리아의 주요 도시 대부분에서 지방자치체 행정을 이끌고 나갔다. 그들은 또한 네 군데의 군 선거에서도 승리했다. 볼로냐, 레지오-에밀리아, 페라라, 만토바군에서 승리한 것이다. 1920년에 사회주의자들은 총 2,115곳의 자치시에서 승리했는데, 이는 이탈리아 전체 자치시의 25퍼센트에 해당하는 것이었다. 이탈리아의 모든 도에 사회주의적 지방자치체 정부가 두루 분포해 있었지만, 그중 사회주의 세력이 가장 강한 도는 토스카나와 에밀리아-로마냐였다. 이 두 도는 도내 자치시의 절반 이상이 사회주의자들에 의해 통제되고 있었다는 점에서 단연 독보적이었다([표 7]을 보라).

마우리치오 리돌피(Maurizio Ridolfi)는 《이탈리아 사회당과 대중 정당의 탄생, 1892~1922》에서 자치시가 경제적·정치적 민주주의를 성취할 가능성을 보여 주었다는 점에서 사회주의자들이 추진한 해방의 기획에서 중요한 거점이 되었다고 주장했다.[13] 지방자치체 사회주의의 주요한 요소로는 공교육과 지방자치체 기반시설(운송과 전기, 상수도, 하

표 7 지역별 사회주의 행정부(1914, 1920년)

지역	사회주의 자치시		사회주의 군
	1914	1920	1920
피에몬테	100	463	2
리구리아	10	54	0
롬바르디아	150	651	5
베네토	31	220	3
에밀리아-로마냐	86	271	7
토스카나	12	154	6
마르케	1	62	1
움브리아	5	54	1
라치오	4	40	0
아브루치, 몰리세	3	55	0
캄파냐	2	22	0
풀리아	18	44	0
바실리카타	6	5	0
칼라브리아	6	41	0
시칠리아	4	21	0
사르데냐	5	12	0
전체	451	2,115	25
평균(%)	5.44	25.34	36.23

Maurizio Ridolfi, *Il PSI e la nascita del partito di massa, 1892-1922*(Rome: Laterza, 1992), pp. 72-76.

수도), 그리고 노동회의소나 협동조합 같은 노동자 조직에 대한 후원 등을 들 수 있다. 협동조합은 저렴한 주택 제공을 비롯한 공공사업을 추진하는 데 더없이 좋은 동반자로 여겨지기도 했다.

　지방자치체 개혁을 통한 정치 실험은 특히 이탈리아의 상황에 적합한 것이었다. 볼튼 킹(Bolton King)과 토머스 오케이(Thomas Okey)는 1901년에 발표한 글에서 "이탈리아에서 지방정부는 통상적인 중요성을 넘어선다"고 주장했다.[14] 오랜 지방의 자율성과 늦은 민족 통일의 역사로 인해 지방 정치 구조의 중요성이 남달랐던 것이다.

민족 통일 이후 이탈리아에서 자치시(지방자치체) 행정은 인구 비례에 따라 15~80명의 인원으로 구성된 지방의회를 통해 이루어졌다. 지방의회 의원의 임기는 6년이었고, 3년마다 의석의 절반을 놓고 선거를 치렀다. 지방의회에서 선출되는 의장은 3년 임기였다. 자치시 지방의회의 임무라고 하면 도로와 조명을 관리하고 시장을 관리하며 초등교육을 제공하고 빈민을 구제하며 위생을 관리하고 지방 경찰과 감옥을 운영하는 일을 꼽을 수 있다. 자치시는 출생과 사망 등록 같은 문제들을 관할하면서 명실공히 행정의 기본 단위를 이루고 있었다. 이런 의무적인 과업 외에도 자치시는 다른 활동, 그러니까 극장이나 축제 등 문화 활동이나 여가 활동을 보조하는 사업도 추진했다. 자치시는 상당한 자유를 누렸는데, 다만 자치시 재량으로 추진된 '각종 공익사업'은 국왕이 임명한 지사의 거부권 아래에 놓인다는 단서 조항이 있었다. 지방정부는 실험과 창의의 산실로 기능할 만한 충분한 잠재력을 갖고 있었지만, 이중적 권력 구조에 의해 상당히 제한을 받고 있었던 것이다.

프랑스의 경우와 마찬가지로, 이탈리아의 자치시도 주변부의 지방 민주주의와 중앙에서 행사되는 정치 통제 시도 사이에 투쟁이 벌어지는 터전이었다.[15] 지사는 민주적으로 선출된 지방 행정부를 해산시킬 수 있었다. 실제로 해산시킨 경우도 있었다.[16] 또한 지사와 군 정부에도 재정을 감독할 권한이 있었고, 자치시의 예산 승인을 실질적으로 거부할 수 있었다. 이는 지방자치체 개혁의 심각한 장애물이었다. 기실 진보적인 의제를 무산시키기 위해 지사가 개입한 사례가 비일비재했다. 노바라에서는 가난한 학생들에게 음식을 제공하려던 기금 예산의 9분의 8을 지사의 직권으로 삭감해 버렸다. 또 두 지방의회 의장이 노동절 기넘식을 인가했다고 하여 직무를 중지당하기도 했다. 레지오-에밀리아에서는 지방의회가 농업 협동조합에 자치시 토지를 임대하는 것이 금지되었다.[17]

이런 제약에도 불구하고, 일부 자치시는 지방자치체 정부를 개혁하는 과정에서 상당한 성과를 거두었다. 1901년에 내무부 장관이 되고 1903년에 총리가 된 조반니 졸리티(Giovanni Giolitti)의 '자유주의적' 체제에서 극도로 억압적이던 중앙정부 권력이 약화되었다. 또한 의회에서 사회주의자들의 영향력이 점차 커짐에 따라 지사의 자의적인 행동도 얼마간 제약을 받았고, 이에 따라 지방자치체는 혁신 정책과 참여 확대의 중요한 터전이 되었다. 사회주의적 지방자치체들이 주요 성과를 일구어 낸 영역은 조세 정책과 사회정책, 공공사업, 교육, 지방자치체 행정과 관련된 부문이었다. 지방자치체들은 공장 안전 기준과 학교 운영, 공공 위생에 대한 법률을 집행했다. 대개 이미 중앙정부에 의해 통과되었으나 예전의 행정부에서는 무시된 법률들이었다. 그럼에도 지방정부의 활동을 재정적으로 지원하기 위해 지방자치체들은 세입을 늘려야 했다. 이런 지방세는 두 가지 형태를 띠었다. 하나는 재산세였고 다른 하나는 소비세였다.[18] 예전에는 통상 빵 같은 생필품에 대해 고율의 세금이 부과되었기 때문에 세금 부담을 떠안는 쪽은 주로 빈민들이었다. 그러나 사회주의자들이 지방 권력을 장악하면서 나타난 결과 가운데 하나는 서민 부담이 큰 소비세 인상 대신에 재산세를 인상했다는 점이다. 초등교육 부문에서도 혁신적인 활동이 전개되었다. 비록 초등 공교육 관련 사업을 자치시에 위임한 1878년의 법이 있었지만, 이는 무시되기 일쑤였다. 무려 70명이 넘는 과밀 학급도 일반적인 현상이었다. 사회주의자들은 종종 온건파와 선거 연합을 구성하고 법을 올바르게 집행하여 바람직한 학교를 만들겠다는 공약을 내세웠다.[19] 그 밖에 전형적인 조치들로는 당시까지만 해도 특히 새로운 노동자계급 거주 구역에서 이용하기 힘든 상하수도 시설 같은 서비스를 확대한 일이 있었다.

북부 및 중부 이탈리아 전역에서 사회주의 세계의 중심으로 떠오른 지방자치체들은 주민투표 같은 직접 민주주의의 요소들을 포함하고 있는 경우가 많았다. 예컨대 1904년 세스토 피오렌티노에서 사회주의적-공화주의적 자치시 지방의회가 전기 설비 구축 여부를 두고 주민투표를 실시했다. 이 발의는 찬성 1,101표, 반대 214표로 통과되었다.[20] 시민들은 자치시 지방의회의 제안에 찬성이나 반대를 결정할 수 있었다. 정책은 지방정부의 감독과 재정 지원을 받으며 종종 시민단체에 의해 발의되고 실행되었다. 당시 수요가 무척 높은 공공 주택도 중앙 주택 건설 당국이 아니라 회원들이 자율적으로 운영하고 국가에 의해 후원받으며 지방자치체 행정 당국의 지도를 받던 지방 협동조합들에 의해 건설되었다. 그 결과, 조직된 시민사회와 책임 있는 지방 행정이 서로 연계하는 일종의 지방 차원의 담합주의가 발전했다.

자치시의 활동은 전적으로 지방 차원의 쟁점에만 국한되지 않았다. 자치시의 권력이 제한적이기는 했지만, 이 지방자치체 사회주의를 근시안적인 지방주의로 이해하는 것은 잘못이다. 자치시는 지방 차원의 관심을 권력과 평등이라는 뿌리 깊은 쟁점에 연결시켰다. 자치시 지방의회는 스스로의 역할을 그저 행정에 머무는 것이 아니라 대의기관으로 재정의했다.[21] 자치시 지방의회 활동이 미친 범위는 다음과 같다. 중앙 정부에 법안 발의하기(특히 세제 개혁), 정치 논쟁에 대한 성명서 발표하기(예컨대 러시아혁명에 대한 지지 성명서), 노동 분규에 개입하기…… 파시즘 이전 시기를 연구한 어떤 역사가는, 자치시는 "서로 직간접적으로 연결되어 있는 나라 안팎의 주요 사건과 관련하여 민중 대중의 준거점이 되었다"고 결론 내렸다.[22]

사회주의와 지방자치주의

지방자치체 사회주의의 성공 사례를 보면, 사회주의 이론에서 지방자치체가 하는 역할을 성찰하지 않을 수 없다. 비록 어떤 이들은 "어느 한 지방에 국한된 사회주의"에 우려를 표하기도 했지만, 또 어떤 이들은 지방정부가 광범위한 경제적 개선을 달성할 수 있는 지렛대가 될 수 있다고 주장했다. 알레산드로 스키아비(Alessandro Schiavi)는《사회비평》지면에서 사회주의자들이 이끄는 연립정부가 지방 차원에서 중요한 경제적 효과를 거둘 수 있었다고 주장했다. 자치시는 노동자들의 경제적 지위를 침해한 자본주의적 경쟁의 파괴적 효과를 제어할 수 있었다.[23] 이런 추론에 따르면, 지방자치체는 임금의 하강 곡선을 저지할 수 있는 역량을 지니고 있다. 비록 개별 기업이 경쟁의 압력에 굴복하지 않고 일방적으로 임금을 올려 줄 수는 없었겠지만, 자치시도 그와 똑같은 방식의 제약을 받았던 것은 아니다. 공공 부문 노동자들의 임금은 세입에서 지불되며 적정한 생활수준에 대한 공동체의 합의 같은 대안적인 기준에 근거를 두고 책정될 수 있다. 이 공공 부문에서 임금이 오르면 피고용자들을 끌어당기는 경쟁 주기가 개시되고, 이는 전반적으로 임금을 상승시키는 효과가 있다. 만일 자치시가 최고 임금을 지불하여 가장 좋은 노동자들을 유입하면, 다른 민간 부문 사용자들도 따라 하지 않을 수 없을 것이다. 이런 주장은 영국 페이비언주의자들과 길드사회주의자들이 제기한 이론인데, 행정 단위인 지방자치체의 일상적인 기능을 급진적인 경제 개혁이라는 야심적인 목표와 연계시키는 하나의 방법이었다.[24]

주세페 치보르디(Giuseppe Zibordi)가 〈지방자치체 삶의 봄〉이라는 글에서 개진한 바에 따르면, 지방자치체 정치는 "외부자라면 피식 웃고 말 작은 투쟁들, 소소한 분쟁에 관한 것이다. 그러나 사회주의가 파벌주의 정당들의 어리석은 투쟁을 극복한 곳에서, 또 갈등이 비록 거칠고 유동적인 형태를 띠더라도 자치시 주위에서 조직된 진정한 정당들의 이해관계와 원칙을 둘러싸고 발생하는 곳에서 그러한 즉자적인 투쟁들은 거대한 도덕적 가치를 지닌다."[25]

개량주의적 사회주의의 지도자 필리포 투라티가 지방자치체를 보는 관점도 이와 유사했다. 그는 자치시가 민중에게 즉각적이고 직접적인 의미를 갖는 쟁점들을 제기하여 민중을 결집하고, 그럼으로써 국가권력에 도전하는 방법이라고 보았다. 투라티는 1910년의 밀라노 지방자치체 선거를 앞두고서 쓴 에세이에서 '온건파의 자치시'와 '민중의 자치시'를 대조했는데, 전자가 이탈리아에서는 전통적인 유형의 지방 정치라고 주장했다. 즉 자치시는 일차적으로 지도자들 개인의 이해관계와 중앙국가의 노예로서 행하는 기능을 공고히 하곤 했다는 말이다. 이와는 대조적으로, 민중의 자치시는 왕이 아니라 민중에 책임을 진다. 투라티는 이렇게 쓰고 있다.

자치시는 진정한 '조국'(patrie)이다. 우리는 여기서 태어나고 고통을 받고 도움을 받는다. 여기에 우리 육신이 쉴 묘지가 있다. 여기에 우리의 애정과 기억이 있다. 요컨대 여기에 …… 우리가 자주적으로 꾸려 갈 수 있고, 또 꾸려 가야 할 삶이 있다. …… 민중의 자치시는 …… 만인의 집이요 소유물이지만, 특히 여러분도 이해하듯이 가장 가난한 사람들과 가장 고통받는 사람들, 그것을 가장 필요로 하는 사람들의 것이다.[26]

투라티의 에세이는 지방자치체 사회주의의 핵심적인 전망을 명료하게 보여 준다. 자치시는 멀리 떨어져 있는 국가의 행정 단위가 되어서는 안 된다. 오히려 지방정부는 연대 활동을 통해 합의를 도출하기 위해 사회적 유대를 이용해야 한다.

투라티가 자치시를 묘사하는 방식은 시사하는 바가 크다. 그는 정치 변혁의 기획을 위해 지방색(locality) 짙은 감정적·정서적 어조를 동원한다. 그는 참여와 책임성, 접근성 같은 민주적 가치들을 보편적 원리나 자연법에서 연역하지 않는다. 그러기는커녕 민주적 가치들을 생활 세계에 뿌리를 두고 있는 것으로 본다. 투라티는 한 장소에서 생활함으로써 추상적인 권리가 아니라 우리가 사용가치라고 부를 수 있는 것에 뿌리를 둔 일종의 주인의식을 갖게 된다는 점을 내비치고 있다. 출생과 고통, 노동, 기념, 연대, 분쟁을 비롯한 모든 삶의 과정이 자연환경과 그 속에서 사는 사람들에게 흔적을 남긴다. 사람들과 생활 세계의 연관성을 강조한다고 해서 개인을 신화적으로 표현된 집단적 과거에 종속시키는 것은 아니다. 기실 지방자치체 사회주의를 갈등에서 자유로운 공동체 생활에 대한 일종의 향수로 보는 것은 잘못이다. 투라티는 명시적으로 민중의 자치시를 전통적인 후견제적인 유형의 지방 정치와 대비시킨다. 지방자치주의가 지방성에 호소하는 것은 명시적으로 정치적인 의제를 위해서인 것이다.

역사는 투라티의 편이 아니었다. 사회당의 설립자이자 1932년 사망할 때까지 당의 개량주의 분파를 이끈 지도자, 《사회 비평》과 《계급투쟁》 같은 영향력 있는 저널의 편집자였던 투라티는 동료 이탈리아인 안토니오 그람시의 그늘에 가려 버렸다. 사회주의 진영에서 투라티의 명성은 여러 면에서 견해를 공유했고 또 수없이 비판당한 독일의 수정주의자 에두아르트 베른슈타인(Eduard Bernstein)의 명성과 유사하다. 두 사람 모두 사회주의의 윤리적 핵심과 사회 변화의 점진적 성격을 강조했다. 또 공히 정적주의(quietism)와 폭력에 반대하며 중간계급과의 동맹과 사회 입법, 선출 권력, 대중 스스로의 조직화를 추구했다.[27]

투라티의 지방자치주의 이론은 사회적(나로서는 급진적이라고 지칭하고 싶은) 민주주의라는 광범위한 전망의 일부였다.[28] 그는 보통선거권과 언론 및 결사의 자유, 지역과 지방의 자율성, 세제 개혁, 군대 민주화, 철도 국유화, 토지개혁을 요구한 사회주의 '최소 강령'의 주요 옹호자였다. 그는 또한 급진 민주주의의 세 가지 핵심 구성 요소를 수용했다. 즉 하위 계급들 사이의 동맹 강령, 국가 바깥에 있는 권력 터전들의 민주화, 결사를 통한 시민의 통치 참여가 그것이다. 그는 활동 초기에 《계급투쟁》에 실은 짧은 글 〈밀라노의 민주주의적 사회주의 노동자 조직의 목소리〉에서 착취당하는 모든 계급들이 하나로 뭉쳐야 한다고 역설하면서 소상공인들과 화이트칼라 노동자들한테 사회주의자들에게 투표해야 한다고 촉구했다. 〈현대 계급투쟁〉이라는 글에서는, 폭력은 기본적으로 경제구조를 변화시킬 수 없기 때문에 무용지물이라고 주장했다. 투라티에 따르면, 오직 부르주아 권력의 터전들(국가와 지방자치체, 법정, 학교)을 장악해야만 사회주의 운동은 권력을 획득할 수 있었다.[29] 투라티는 최초의 진지전 이론가였고, 장악된 최초의 진지는 밀라노 같은 장소들에 있던 지방자치체 정부였다.

오늘날의 지방자치주의

'지방자치주의'는 파시즘 이전 시기에서 시작되어 제2차 세계대전 이후에 재등장한 지방정부의 경험에 바탕을 두고 이론적으로 정교화된 개념이다. 그것은 교육과 치안, 구직, 문화, 서비스를 비롯하여 시민들에게 곧바로 영향을 미치는 쟁점들과 관련된 일상생활의 정치이다. 지방자치주의는 공동체에 대한 정치적 접근법이다. 이는 정치적 균열이 귀속 지위나 전통적인 위계 관계가 아니라 상충하는 이해관계에서 비롯된다는 것을 뜻한다. 지방자치주의는 국가와 시민사회의 경계를 흐릿하게 만드는 노동회의소 같은 결사들에 참여함으로써 시민이 통치에 참여할 수 있게 한다. 그럼에도 기성의 여러 제도 자체가 배타적이고(이거나) 엘리트주의적이라면, 단순히 이해관계를 대표한다고 해서 민주주의적인 것이라고 단정할 수는 없다. 이는 지방자치체의 역할 가운데 하나가, 집중된 권력을 분산시키는 노동조합 같은 결사체들과 대안적인 네트워크를 구축하는 민중회관 같은 정치 공간들을 확보해 나가는 것임을 뜻한다.

얼핏 보면 지방자치주의의 개념은 공동체주의와 유사한 것 같다. 둘 다 지방색과 연대성을 강조한다. 두 가지 접근법은 공히 정치가 개인적 이해관계의 집적으로 환원될 수 없다고 가정한다. 그러나 지방자치주의는 공동체주의의 전통적인 이해 방식과 구별된다. 심지어 어떤 점에서는 반대되기까지 한다. '지방자치주의'(municipalism)라는 이 새로운 학술 용어는 '자유로운 도시'를 뜻하는 라틴어 '무니키팔리스' (municipalis)에서 비롯되었고 '무니켑스'(municeps) 또는 '특권을 지 닌 시민'이라는 용어를 거쳤다. 그것은 도시를 유기체적 실체로서가 아니라 정치 공간으로서 강조한다. 지방자치주의에 고유한 지방주의 (localism)는 바깥세상에 대한 거부가 아니라 지방적 이해관계와 연방 구조, 국제적 맥락을 중재하는 하나의 방법이다. 지방자치체는 공유된 물리적 세계에 의해 하나로 엮인 시민들로 이루어진다. 그럼에도 공유 된 세계란 그저 수동적으로 물려받은 것이 아니라 시민들의 실천을 통 해 능동적으로 창조된 것이다. 공동체에 대한 이러한 개념이 바로 '지 방자치주의'라는 용어에 함의되어 있는데, 그런 점에서 지방자치주의는 자연적이거나 신화적인 기원이 아니라 정치 행동을 통해 구성된 독자 적인 영역을 가리킨다.

'공동체주의'라는 용어가 안고 있는 문제는, 공동체를 이론화할 수 있는 다양한 방식들을 뭉뚱그려 지칭한다는 데 있다. 그런 다양한 방법 가운데에는 지금 말하고 있는 지방자치주의를 비롯해 공동체 분파주 의(communalism)와 결사(association), 호모노이아(homonoia)* 등이 있다.[30] 공동체 분파주의는 페르디난트 퇴니스(Ferdinand Toennies)가 '게마인샤프트'(Gemeinschaft)라고 부른 것과 유사하다. 즉 그것은 특 정한 지방에서 오랜 시간에 걸쳐 발전한 유기체적인 유대감에 바탕을

---

* 호모노이아는 그리스 신화에 나오는 조화와 일치, 통일의 여신이다. 종종 테바이의 여신인 하 르모니아(Harmonia)와 동일시되기도 한다. 이와 반대되는 여신이 분쟁과 불일치, 혼란의 여 신인 에리스(Eris)이다. 여신의 이름에서 유래한 호모노이아는 '한마음' 또는 '일심동체'를 뜻 한다. 대제국을 건설한 알렉산드로스는 외국인 혐오를 뜻하는 크세노포비아(xenophobia)에 반대되는 호모노이아의 원칙에 따라 제국을 통치하고자 했다. 이러한 어원에서 나타나듯이, 호모노이아는 우애의 공동체를 뜻한다.

두고 있다. 이러한 전통적인 구성체는 비평가들이 공동체주의가 개별성과 진보를 가로막는다고 비판할 때 염두에 두고 있는 대상이다. 그러나 이것은 가능한 사회성의 양식들 가운데 하나일 뿐이다. 잘 알려져 있듯이, 퇴니스는 '게마인샤프트'와 '게젤샤프트'(Gesellschaft)를 나란히 제시했다. 공동체의 또 다른 형태인 결사는 의도적인 선택의 산물이다. 그것은 공동의 목적을 추구하기로 선택한 자율적인 개인들의 집합이다. 내가 '호모노이아'로 부른 세 번째 가능성은 서로 마음이 일치하는 상태를 나타내는 그리스어에서 유래했다. 공동체 분파주의와는 달리 호모노이아는 공유된 역사를 통해 창출된 유기체적 통일성을 가정하지 않는다. 그 대신 통일성이 정치적 기획을 통해 창출된다는 점을 인정한다. 그러나 이 정치적 기획은 일종의 위장술이다. 호모노이아는 인위적으로 구성되었음을 강조하기보다는 정교한 태초 신화들과 공유된 문화의 의례화된 재구성을 통해 통일성을 창출한다. 이러한 대안의 전형적인 사례가 루소의《폴란드 정부에 대하여》에서 잘 나타난다.[31]

자유주의자들과 공동체주의자들 사이의 논쟁에서 이 세 가지 사회성 양식의 강점과 약점이 지속적으로 언급된다. 탈구조주의 비평가들에 따르면, 공동체 분파주의는 현실의 정치적 구성체가 아니라 상상된 과거에 대한 향수 어린 욕망이다. 그것은 실재하는 가능성이기는 하지만, 호모노이아의 결함을 공유한다. 마음이 맞는 상태는 올바른 개인적·집단적 판단을 내리는 데 필수적인 이견을 애초부터 배제할 위험이 크다. 그것은 또한 인간의 번영을 추구하는 수많은 전망의 필수 구성 요소인 개별성과 창조성을 위한 조건을 제공하지도 못할 것이다. 통일성을 지나치게 강조하면 획일성이나 배타성에 경도되기 쉽다. 그렇다고 결사가 반드시 유력한 대안은 아니다. 집단적 행위를 순수하게 도구주의적인 견지에서 보면, 무임승차와 관련된 일체의 문제를 숨기기 어렵다.[32] 즉 그러한 결사가 장기적 또는 변혁적 목표를 달성하는 데 필요한 헌신성을 계속 촉발할 수 있는지는 의심적다. 결사에 깃들인 도구주의적 성향 탓에 자원이 없는 사람들을 포함시킬 동기를 이끌어 내지 못하는 것이다. 그러므로 결사는 이질적인 집단들의 사회 통합을 위한 메커니즘으로서 효과적으로 기능하지 못할 것이다.

결사 또는 마이클 샌델(Michael Sandel)이 '도구적 공동체'라고 부르는 것[33]을 공동체 분파주의와 구별하는 한 가지 요소는 개인에 대한 독특한 이해 방식이다. 즉 "사회적 연합의 이념"은 "행위 주체가 자신의 이해관계를 추구할 동기를 갖는다는 것을 당연하게 여기는 인습적인 개인주의적 가정에 바탕을 두고 있다." 반면에 공동체 분파주의자들은 "자신들의 정체성(단순히 감정과 열망의 객체가 아니라 주체인)이 어느 정도 자신들이 속한 공동체에 의해 규정되는 것으로 파악한다."[34] 말하자면 공동체가 하나의 자아(the self)를 구성한다는 말이다. 물론 중요한 유보 조항은 바로 '어느 정도'라는 표현이다. 공동체주의자들과 탈구조주의자들 사이에 벌어지는 논쟁은 주체가 상대적으로 안정적이고 갈등에서 자유로운 맥락에 따라 구성되는가(혹은 구성되어야 하는가), 또는 주체가 복수의 주체나 상반되는 주체와 상호작용을 통해 형성되는가를 둘러싸고 전개된다. 지방자치주의 또한 (상호) 주체성에 대한 특징적인 이해 방식을 갖고 있다. 지방자치주의에 따르면, 주체는 경제적·사회적·심리적 힘들의 상호작용 속에서 구성된다. 정치 그 자체도 주체를 구성한다.

지방자치주의는 갈등을 중재하는 대단히 정치적이고 민주주의적인 양식이다. 그것은 공동체가 정치를 통해 구성되고 근접성에 의해 강화된다는 점을 인정한다. 근접성이란 사람들이 서로의 곁에서 생활하고 일하면 자연히 상호 의존적인 이해관계와 공유된 경험을 통해 결합되리라는 것을 뜻한다. 갈등조차도, 최소한 갈등을 해결하는 공유된 맥락만 있다면 시민들을 한데 엮어 주는 하나의 경험이다. 지방자치주의는 두 가지 중재 양식, 즉 단체 협상(지방 차원의 담합주의)과 선거 경쟁 사이를 오간다. 담합주의의 기능을 통해서는 이해관계나 혈연으로 구성된 다양한 집단들을 한데 엮어 준다. 또한 선거 경쟁의 기능을 통해서는 지방적 이해관계들을 중재하는 대안적인 틀이 나타날 수 있고 승리할 수 있음을 보장한다. 선거 경쟁은 단체 협상의 원리들이 세력균형이나 규범적 목표가 변하면 그에 따라 수정될 수 있음을 전제로 한다. 지방자치주의는 공동체를 구성하는 것이 무엇이냐에 대한 특수한 전망이 아니라, 오히려 그런 전망을 논의하고 적용하며 수정하는 포괄적인 토론의 장이다. 그것은 시민이 "공동체의 일원임을 인식하고 배타적인 방식이 아니라 통합적이고도 포괄적인 방식으로 사유해야만 하는"[35] 영역이다. 지방자치주의는 연대를 지향하는 기성 집단들과 중재를 통해 영향력을 행사하는 정당이나 동맹체들, 그리고 도전자들과 접촉하는 변혁적 능력이 교차하는 지점에 존재한다. 파시즘 이전 시기 이탈리아에서 지방자치주의는 성공적으로 동원된 사회주의적 하위문화였다.

지방자치주의와 이데올로기

지방자치주의 이론이 안고 있는 문제는, 그것이 정치투쟁을 위한 비당파적인 맥락을 특정한 이데올로기적 지향성과 뒤섞어 버리는 것처럼 보인다는 점이다. 이로부터 지방자치주의가 보수적이고 엘리트주의적이며 배타적인 정치를 수반하는 것은 아닌가 하는 문제가 제기된다. 보편적 합리성과 인간 본성, 또는 역사적 진보에 대한 일반 이론이 없다면, 어떤 특정한 절차가 아무리 민주주의적이더라도 정의와 평등을 보증할수 없다. 시민들은 근시안적이거나 이기적일 수도 있고, 무관심하거나속아 넘어갈 수도 있다. 또 좋은 삶에 대해 서로 모순되는 관념들을 가지고 있을지도 모른다. 순수하게 절차적인 메커니즘만으로는 이런 가능성을 배제할 수 없다.

지방자치주의와 민주주의, 사회주의 사이의 관계는 이탈리아의 경우에 특히 복잡하게 나타났다. 이탈리아의 정치사회학자들은 영토에 바탕을 둔 정치적 하위문화가 하나가 아니라 두 가지가 존재한다는 점을확인했다. 각각 백색 문화와 적색 문화, 즉 가톨릭 문화와 공산주의 문화가 바로 그것이다. 카를로 트리질리아(Carlo Trigilia)에 따르면, 북부이탈리아의 가톨릭 지역과 중부 이탈리아의 공산주의 지역 모두 갈등을 중재하고 합의를 도출하며 시민들을 참여시킬 수 있는 지방 정치 시스템을 창출했다. 공산주의 하위문화와 가톨릭 하위문화 모두 시민과정부 사이에서 제도적·이데올로기적 유대감을 형성함으로써 민주주의의 성공에 이바지했다. 이 영토적·정치적 '하위문화'에 대한 테제는 특정 내용에 상관없이 공유된 이데올로기의 정치적 효과를 강조한다. 이런 입장에 따르면, 사회주의 이데올로기와 가톨릭 신학 모두 원칙에 기초를 둔 정책과 장기적 전략, 합의에 바탕을 둔 해결책의 토대로서 기능할 수 있었다. 카를로 트리질리아는 적색 하위문화와 백색 하위문화가 "높은 수준의 합의"로 특징지어지면, 이는 "지방 차원에서 다양한이해관계를 결집하고 중재하는 탁월한 역량"을 향상시켰다고 주장했다.[36) 정치적 하위문화들은 지방 행정에서 민중의 지지를 끌어내는 데 도움을 주었고, 민중에 대한 정부의 책임성을 배가시켰다. 각종 결사와 정당과 지방정부의 네트워크 또한 각종 정책을 입안하고 실행하는 데 안정적인 맥락을 제공했다.

공산주의적인 지방 정치 시스템과 가톨릭적인 지방 정치 시스템의 공존이 처음 학술적으로 주목받게 된 것은, 이탈리아에서 달라도 너무나 다른 두 지역이 공히 높은 수준의 경제성장을 이룩할 수 있었던 원인을 탐색하는 과정에서였다. 적색 하위문화와 백색 하위문화 모두 지방적 이해관계들을 조율함으로써 경제성장을 촉진하는 하나의 방법을 제공했으나, 권력을 분산시키는 데까지 양자가 똑같이 효과적이지는 않았다. 가톨릭교회에 부속된 다양한 결사들(노동조합, 협동조합, 자발적 집단, 가톨릭 정당)에 참여한다고 해서 이것이 곧바로 지방 권력 기반의 근본적인 변화로 이어지는 것은 아니었다. 가톨릭 계열 지방자치체들은 민주주의적이었다. 가톨릭 연립정부는 대개 농민 유권자들을 효과적으로 조직할 수 있었던 곳에서 선거 승리를 거두었다. 그러나 가톨릭 계열 지방자치체들은 권력의 자원들까지 민주화하지는 않았다. 지방자치체를 구성하는 결사들도 대체로 위계적이었다. 대개 대지주들과 동맹 관계에 있던 사제의 리더십이 가톨릭 하위문화의 토대가 되었다. 설교단과 신도의 좌석을 가진 교회는 그런 공동체를 공간적으로 표현한 것이었다.

공산주의적 하위문화와 마찬가지로 가톨릭 하위문화도 효율적인 행정을 집행하는 데 필수적인 높은 수준의 동의를 이끌어 냈다. 하지만 대중적인 정당성을 갖고 있다는 사실이 곧 급진 민주주의를 뜻하는 것은 아니다. 급진 민주주의는 수동적 동의가 아니라 능동적 참여를 뜻한다. 그것은 권력이 시민사회, 관료제, 국가 속에서 구성되는 방식에 주목한다. 지방자치주의와 같은 급진 민주주의의 실천은 이런 다양한 권력의 터전들을 민주화한다.

이제 우리는 앞서 인용한 치보르디의 진술, 즉 "사회주의가 파벌주의적인 정당들의 어리석은 투쟁을 극복한 곳에서" 지방자치주의가 존재한다는 주장을 이해할 수 있는 단서를 얻었다. 얼핏 보면, 그런 주장은 사회주의 같은 특정한 이데올로기가 "각종 이해관계와 원칙, 진정한 정당"이 서로 경쟁하는 맥락을 제공하는 지방자치주의와 특별한 관계를 맺을 수 있다고 말하는 것 같아 역설적인 것도 같다. 그러나 이해관계와 이념, 제도는 오직 시민들이 의존 관계에 제약받지 않고 자유로이 선택할 수 있을 때에만 중요한 요소가 될 것이다. 경제적 예속에 맞선 투쟁으로 폭넓게 이해한다면, 사회주의는 그런 의존 관계를 혁파하는 데 중요한 역할을 했다고 할 수 있다. 특정한 운동은 오직 이미 정치에 앞서 존재하는 배제의 토대에 도전하는 한에서만 민주주의와 특별한 관계를 맺을 수 있다.[37) 20세기로 넘어오는 시기 이탈리아에서 세스토 산 조반니 같은 장소들에 사회주의에서 영감을 받은 저항의 터전들이 확산됨으로써 정치적·경제적 권력에 대한 지방의 독점이 도전받게 되었다.

지방주의의 유산

얼핏 보면, 육중한 지방자치주의의 전통을 가진 토스카나와 에밀리아-로마냐 같은 지역들이 파시스트 세력권이 된 것은 역설적이다. 파시즘은 남부와 같은 전통적인 보수주의적 지역들이 아니라 지방자치체 사회주의가 가장 깊이 침투한 밀라노 같은 지역과 포 강 유역의 농촌 지역에서 발흥했다. 이 현상에 대해서는 급진적인 정치 개혁이 반대 세력의 격렬한 반응을 불러일으켰다는 식으로 설명할 수 있다. 북부의 일부 농촌 가톨릭 지역과 남부에서 전통적인 후견 관계는 결코 혁파되지 않았다. 따라서 한층 더 완고한 억압과 감시는 필요치 않았다.[38] 이들 지역에서 지방 엘리트와 그들의 유권자를 묶어 준 수직적 유대('돼지고기'와 자선, 정부 일자리와 일자리를 구하는 데 필요한 사제의 추천서를 통한)는 파시즘 치하에서는 물론이요, 제2차 세계대전 이후 기독교민주당의 헤게모니가 관철되던 시기에도 거의 변함이 없었다. 그런데 중부 이탈리아의 붉은 하위문화 지역에서는 이런 유대가 돌이킬 수 없을 정도로 파괴되었다. 파시스트 반동은 대개 폭력과 권위주의적 중심을 향한 대중 동원을 새롭게 결합시킴으로써 통제권을 되찾으려는 시도였다. 민주주의적 공간과 실천은 파시즘 치하에서 파괴되었지만, 그 흔적까지 완전히 자취를 감춘 것은 아니다. 다양한 사회 집단과 자치의 경험, 그리고 자율적인 집합 행동의 역량을 통해 성취된 수평적 유대는 그 시대의 변함없는 유산임이 입증되었다. 이는 또한 제2차 세계대전 이후에 성공적인 민주주의 제도들을 구축하는 전제 조건이었다.[39]

중부 이탈리아의 적색 지대가 제2차 세계대전 이후에 탄복할 만한 수준의 정치적 안정성과 사회적 응집성, 경제적 성공을 경험했다는 것은 이탈리아 정치에서 잘 알려져 있는 사실이다.[40] 이 지역들은 남부에서처럼 정부 활동을 침해하는 부패나 후견제로 혼란에 빠지지 않고서 학교와 병원을 짓고 서비스를 제공하며 경제성장을 추진할 수 있었다. 이런 성취는 특히 이 지역들이 제2차 세계대전 이후에 압도적으로 공산당에 표를 몰아주었고, 그렇기에 40여 년 동안 중앙정부를 통제한 기독교민주당의 후원도 제대로 받지 못했음을 고려하면 정말이지 놀라운 것이다. 아마도 지방자치체 사회주의라는 개념으로 이 변칙적인 현상을 설명할 수 있을 것이다.

이 가설을 검증하는 데는 몇 가지 어려움이 따른다. 첫 번째 어려움은 중앙정부 아래에 있는 지방정부 제도들의 성공 정도를 어떻게 측정할 수 있느냐와 관련되어 있다. 그런데 이 문제는 로버트 퍼트넘(Robert Putnam)이 이탈리아 지역에 관한 연구에서 발전시킨 테크닉으로 대체로 해결될 수 있다. 퍼트넘과 그의 동료들은 지방자치가 실행된 1970년대 중반부터 1980년대 후반까지 이탈리아의 여러 지역을 연구했다.[41] 퍼트넘의 저작인《사회적 자본과 민주주의》의 설득력은, 그것이 중앙정부 산하 지방정부 단위들의 성공을 비교할 수 있는 섬세한 방법을 수립했다는 데 있다.[42] 퍼트넘은 민주주의에 대한 순수하게 절차적인 이해를 거부하고 관료제의 반응성과 효율성, 사회정책, 입법상의 혁신 등을 성공의 기준에 포함시킨다. 그는 민주주의적 제도들이 유권자의 관심에 부응해야 하며 집단적 결정을 실행하는 능력을 보유해야 한다고 주장한다. 20개 이탈리아 지역을 비교하기 위해 사용된 '제도적 성과의 지표'에는 다음과 같은 구성 요소들이 포함되어 있다. 사회정책(위탁 시설과 주택 및 도시 개발, 가족 의료, 보건 지출), 효율성(신속한 예산 책정과 내각의 안정성, 정보 및 통계 서비스, 산업 정책 수단 개발), 반응성(개혁 입법과 관료제의 반응성)이 바로 그것이다.

퍼트넘에 따르면, 1980년대 지역 정부의 성공은 시민 생활의 활력과 밀도에 따른 결과였다. 그는 "합창단과 축구 클럽과 조류 관찰 모임"이 내실 있는 시민권과 호응도 높은 정부의 필수적인 전제 조건인 신뢰와 협동 능력을 구축한다고 주장한다. 얼핏 들으면 이 주장은 그럴듯하지만, 시민 생활에 대한 퍼트넘의 전망은 이상하리만치 갈등을 배제하는 비정치적인 주장에 기초를 두고 있다. 시민 공동체를 평가하면서, 그는 저항의 터전은 빼고 사회성의 터전만 대상에 포함시킨다. 그는 가톨릭교회에 부속된 모든 집단, 노동조합이나 정당들을 배제함으로써 결과적으로 이탈리아에서 압도적 다수를 차지하는 결사체들을 누락시켜 버린다. 이런 접근법은 성공적인 지역 민주주의, 정치 결사들, 이들의 부속 문화 네트워크 사이의 관계를 무시한다. 이탈리아 연구자들은 오랫동안 이데올로기와 당원 자격, 그리고 노동조합, 여가 집단, 협동조합, 노동자 연맹체들 같은 광범위한 결사체들의 참여를 결합시킨 가톨릭 하위문화와 공산주의적 하위문화가 갖고 있는 정치적 중요성을 강조해 왔다.[43] 퍼트넘의 접근법은 가톨릭(백색)이든 공산주의(적색)든 이탈리아의 두 이데올로기 블록과 나란히 정렬된 문화적·사회적 집단들의 중요성을 무시하는 것이다.

지방자치주의의 정치적 영향력을 이해하기 위해 나는 제도적 실행과 정치적 하위문화의 관계를 연구했다.[44] 핵심 문제의식은 민주주의 제도의 성공을 잘 설명해 주는 요소는 무엇인가 하는 것이다. 조류 관찰 모임과 합창단처럼 갈등이 배제된 사회생활의 영역에서 나타나는 신뢰인가, 아니면 협동조합이나 민중회관처럼 정치적 공간에서 나타나는 민중 권력인가? 나는 예전에 수행한 연구에서 적색 하위문화, 백색 하위문화, 비정치적 결사, 그리고 퍼트넘이 진행한 지역 정부 성과 지표 사이의 관계를 회귀 분석(regression analysis)*을 통해 검토했다. 여기에 덧붙여, 오늘날 나타나는 정치 패턴들이 사실상 파시즘 이전 시기 관행

---

* 한 변수가 다른 변수에 주는 영향력, 즉 독립변수와 종속변수의 인과관계를 밝히려는 통계 분석 기법이다. 변수와 변수 사이의 단순한 상호관계를 측정하는 상관 분석(correlation analysis)과 구별된다.

들의 유산인지 여부를 평가하기 위해 이 하위문화들을 세기 전환기까지 거슬러 올라가 검토했다.[45] 이 연구에서 채택한 방법론에 관한 상세한 설명은 나의 논문 〈시민 공화주의 대 사회 투쟁: 이탈리아에서 결사를 보는 그람시적 접근법〉에 나와 있다.[46] 이 논문의 주된 결론은 이렇게 요약할 수 있다.

- 비정치적 결사들의 응집력과 제도적 성취력(예컨대 민주주의를 작동시킬 수 있는지 여부)의 관계는 취약하다.[47] 즉 스포츠 클럽과 여가 집단이 고도로 집중된 지역에서 효과적이고 반응성 있는 지역 정부를 가질 가능성은 그다지 높지 않다.
- 백색(가톨릭) 결사들의 응집력이 강한 민주주의와 연관되어 있는 것은 아니다. 기실 가톨릭 결사들은 실제로 응집력 있는 정치적 하위문화를 형성하지 않는다. 정치적 하위문화의 개념은 관련 문화 활동과 제도에 참여함으로써 정치적 정체성이 강화되는 모종의 지리적 영역이 있음을 암시한다. 나의 연구는 기독교민주당의 힘이 가톨릭 결사들의 응집력과 긴밀히 연관되어 있지 않다는 점을 보여 주었다. 그렇게 된 하나의 가능한 이유는, 기민당 가입이 종종 가톨릭교회 부속 조직들에 대한 능동적 참여 동기가 아니라 후원받고 싶은 동기에서 비롯되었기 때문이다. 기민당 가입률은 가톨릭 결사가 부재한 남부에서 오히려 높았다.
- 적색 하위문화는 민주주의 제도의 성공과 크게 연관되어 있다. 적색 하위문화를 측정하는 지표에는 이탈리아 공산당(PCI)과 이에 느슨하게 부속된 조직들, 이탈리아 공산주의여가협회(문화와 체육, 여가, 정치, 정체성과 관련된 쟁점들에 기반을 두고 형성된 집단들을 포함하는),

이탈리아 노동총연맹(노동조합), 그리고 전국협동조합연맹(소비자 협동조합과 생산자 협동조합을 포함하는)에 대한 가입률이 포함되었다. 이로부터 정당과 결속된 대중 기반 문화 조직들이 경제적·정치적 엘리트의 헤게모니를 파열시키는 경향이 크다는 그람시의 테제가 확인된다.

• 이탈리아 통일과 파시즘 사이의 기간에서도 우리는 유사한 결과를 얻는다. 가톨릭 결사들의 응집력은 당시 민주주의적 관행에 거의 영향을 미치지 못했던 반면, 같은 시기 사회당과 그에 부속된 상조회와 협동조합 회원들의 응집력은 거의 60년 이후의 좋은 정부를 예고하는 강력한 전조이다. 1914년과 1920년에 가장 높은 회원들의 응집력을 보여 준 사회주의 지역은 오늘날에도 민주주의적 관행이 성공적으로 유지되는 지역이다([그림 13]을 보라).

• 앞에서 우리는 성공적인 민주주의가 기성의 후견제와 의존 관계의 유대를 파열시킨 정치의 장기적 유산일 수도 있다고 주장했다. 이탈리아 통일과 파시즘 사이의 기간에 사회주의는 다양한 하위 계급들 사이의 새로운 수평적 유대를 창출하고 이를 정치 생활에 통합시켰다는 점에서 민주주의적 세력이었다. 가톨릭과 부르주아 조직도 중요한 사회적·문화적 서비스를 제공했지만, 대체로 계급 타협적이었고 지방 교회와 엘리트에 예속되어 있었다. 세기 전환기 이탈리아에서 교회는 저항의 터전이 아니라 전통적 위계를 강화하는 교차점이었다. 지주들과의 장기적인 연계를 고려하면, 기성 권력에 도전하는 교회의 자원은 제한적이었다.

지방자치체는 교회나 노동회의소와 똑같은 방식의 저항의 터전은 아니었다. '공간'이라는 용어는 핀의 끝점에서 은하계에 이르기까지 엄청

그림 13 제도적 실행(1980년대)과 사회당 세력(1914, 1920년)

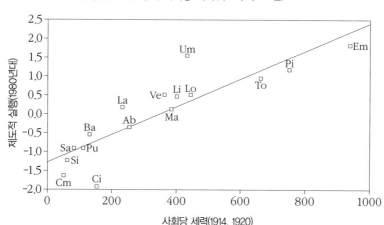

※ Ab 아브루치, Ba 바실리카타, Cl 칼라브리아, Cm 캄파니아, Em 에밀리아 로마냐, La 라
티움, Li 리구리아, Lo 롬바르디아, Ma 마르케, Pi 피에몬테, Pu 풀리아, Sa 사르데냐, Si 시칠
리아, To 토스카나, Um 움브리아, Ve 베네토
Robert Putnam, *Making Democracy Work: Civic Traditions in Modern
Italy*(Princeton: Princeton University Press, 1993); Carlo Trigilia, *Grandi
partiti e piccole imprese: Comunisti e democristiani nelle regioni a economia
diffusa*(Bologna: Il Mulino, 1986).

나게 다양한 규모의 공간들을 모두 뜻할 수 있다. 따라서 공간의 세 가
지 서로 다른 차원을 구별하는 것이 좋다. 먼저 공간이라는 연속체의
한 끝에는 터전이 있다. 이 용어는 특정한 행위가 발생하는 위치를 가
리킨다. 비록 우리가 살펴본 노동회의소나 민중회관 같은 많은 터전이
다양한 행위를 포용하고는 있지만, 여하튼 터전은 특정한 위치와 특정
한 실천과 동일시될 수 있다. 그다음으로 공간이라는 연속체의 다른 쪽
끝에는 우리가 선거 결과와 통계 데이터, 상상의 공동체를 통해 알 수
있는 민족(국민)과 같은 정치 지리가 있다. 정치 지리는 이질적인 집단
들이 상호작용하고 고도로 다양한 행위가 발생하는 넓은 영토이다. 이

양 극단 사이에 지방자치체가 자리 잡고 있다. 지방자치체는 단순한 구조의 한 터전이나 복잡하고 다양한 수준의 한 영토를 갖지 않는다. 그것은 다른 터전들처럼 만남을 촉진할 수 있다. 하나의 지방자치체는 한 민족이나 한 지방 또는 제국과 마찬가지로 삶을 생산하고 재생산하는 일련의 과정을 아우른다. 그러므로 그것은 단일한 정치적 기획은 말할 것도 없고 단일한 목표로 환원될 수도 없다. 지방자치체는 정치적 사회화의 미시적 실천을 지속적인 정치적 결과로 변형시키는 접속 양식들 가운데 하나이다.

• • •

파시즘 이전 시기 이탈리아에서 민중 권력의 특징적인 지리는 오늘날에도 지속되고 있는 지리와 상당히 일치한다. "민주주의를 작동시키는 것"은 다양한 결사를 통해 누리는 생활 그 자체가 아니라 경제 엘리트가 권력을 독점하고 있는 현실에 도전할 수 있는 역량이다. 그리고 그런 역량의 원천은 신뢰가 아니라 저항 능력이다. 이런 역량은 오직 지배 엘리트의 영향력에서 전략적으로 벗어나 있는 장소들에서만 확보될 수 있다. 그것은 경제적 개선과 사회적 연대성, 정치적 리더십을 위한 투쟁을 한데 결합시키는 터전들에서 정점에 이른다.

앞의 네 장에서 나는 격동과 변혁의 시기였던 민족 통일과 파시즘 사이 기간에 이탈리아에서 발생한 급속한 변화에 초점을 맞추었다. 권력관계에서 발생한 이런 변화들은 지방자치체의 지리에 반영되어 있었다. 1900년 이전에 교회와 사제의 헤게모니는 의도적으로 조성된 환경 속에 각인되어 있었다. 그것은 도시의 지도에서도 식별할 수 있다. 역사가 에르네스토 라지오니에리는 이렇게 말한다. "자치시(세스토 피오렌티노)를 구성한 촌락들은 교회 주위에 집결했다. 그곳에서 거주자들은 출

그림 14 카브리아고 중앙 광장 엽서. 오른편의 건물은 민중회관이다(1906년 건립).
Arbizzani et al., *Storie di case del popolo*.

생신고를 하고 결혼해서 살다가 죽는다. 교회 주위에 일요 시장이 선
다."[48] 교회는 영원한 것과 세속적인 것, 국지적인 것과 우주적인 것, 자
아와 공동체를 확고하게 연결해 주는 것처럼 보인 교차점이었다. 그것
은 물질적 감각 세계(양초와 향, 노래와 이미지)를 사회적·영적 세계에 묶
어 주는 장소였다.

　그럼에도 뒷골목과 골방들에서 새로운 권력 지리가 나타나고 있었
다. 노동회의소나 민중회관 같은 새로운 모임 장소들이 구축되었다([그
림 14]를 보라). 이 터전들의 역동성을 통해 자치시가 활성화되었고, 자치
시는 교회와 지방 지주와 중앙정부의 헤게모니를 강화하는 대신 그 헤
게모니에 도전하기 시작했다. 지방자치체가 권력의 교차점이 된 것이다.
도시의 지도는 다시 그려져야만 했다. 라지오니에리는 이렇게 말한다.

자치시의 과업이 확대되고 새로운 지방자치체 청사가 건설되며 오랫동안 교회 광장에 열린 시장과 거기서 거행된 축제가 새로운 광장으로 자리를 옮기면서 점진적으로, 거의 눈치챌 수 없는 방식으로 교회 생활과는 구분되고 심지어 반대되는 자율적인 시민 생활의 중심이 생명을 얻기 시작했다.[49]

장소는 의미와 기억의 닻이다. 권력관계가 장소들에 각인되어 있고, 그 안에 사는 사람들의 경험을 통해 재생산된다. 공간 구성체들은 마음먹기에 따라 바꿀 수 있는 견해 같은 것이 아니다. 그것들은 비교적 지속적인 구조이자 사회 세계의 상징이다. 그렇다고 중립적이고 정적이거나 침묵하는 것은 아니다. 20년 남짓한 시기 동안에 사람들이 살았던 세스토 피오렌티노의 지리는 근본적으로 바뀌었다. 원래의 질서는 규범적인 관행의 주변부에 나타난 새로운 권력의 터전들에 의해 해체되었다. 이 새로운 장소들은 일단 나타나면 예전과 다른 새로운 권력의 분배를 향한 시민들의 열망을 끊임없이 환기시켰다.

조성된 환경은 과거를 드러내는 일종의 텍스트이지만, 그것을 읽어내기 위해서는 신중함과 세심함이 필요하다. 피렌체와 로마를 거쳐 간 수백만 명의 관광객들은 종교와 상인 권력이 기입되어 있는 장대한 르네상스 교회들과 궁전들을 본다. 교회의 세속 권력이 스카이라인과 도시 경관에 각인되어 있다. 그러나 관광객의 한계를 뛰어넘어 교외의 공단과 노동자계급 거주 구역으로 향하는 용감한 여행자는 민중회관 같은 수수한 기념물들을 발견하게 될 것이다. 이 저항의 터전들도 도시 생활의 이정표이다. 이 터전들이 전통적인 기념비적 공간은 아니다. 이 터전들은 원격 권력의 징표로서 파악되어야 할 도시 생활과 거의 분리되지 않는다. 이 터전들은 보통 토속 양식으로 건립되고 거리의 태피스트리에 통합된다. 그러나 이 터전들은 또한 역사적 순간, 그러니까 우리가 신민(subject)에서 시민(citizen)으로의 변모, 근대 민주주의 정치의 탄생이라고 자못 엄숙하게 부르는 바로 그 순간을 보여 주는 징표이기도 하다.

8장

저항과 연대, 소통

내게 서 있을 자리를 달라. 그러면 세계를 움직여 보겠다.
- 아르키메데스

1899년 4월 1일, 브뤼셀의 민중회관 완공을 기념하는 시 한 수가 사회주의 신문 《민중》(Le Peuple) 특별판에 발표되었다. 이 시는 그 자체만 보면 문학적 가치가 떨어지고, 또 이 시를 번역하면 특유의 민속학적인 매력도 사라지고 만다. 하지만 나는 이 시가 오르타가 건립한 '민중회관'의 현실 그 자체는 아니더라도 거기에 오롯이 깃들어 있는 꿈을 포착하고 있기에 흥미롭다고 생각한다. 시는 '민중회관'이라는 말이 단순히 회원 단체라고 짤막하게 지칭될 수 있는 것이 아니라는 사실을 증언한다. 그저 사람들을 모아 놓는다고 해서 정치 공간이 되는 것은 아니다. 정치 공간은 사람들의 염원과 정치 활동의 동기를 상징하는 곳이기도 하다. 열두 줄로 된 이 시는 새로운 '민중회관'의 실용적인 기능을 기리고 있다.

여기, 이 경이로운 장소에서
우리는 전투의 함성을 외치리라
열정이 우리를 일깨우는 여기서
그 치열한 논쟁들을 기억하리라

말들로 활활 타오르는 여기로
우리의 대표들이 연설하러 오리라
우리 영혼의 불꽃이 튀는 여기로
우리가 위안을 구할 수 있는 여기로

여기는 우리 연구의 근원
열정으로 가득 찬, 우리
그리고 관습으로 엮인 여기서
우리는 형제애로 뭉치게 되리라

민중회관은 연구와 사교, 논쟁을 위한 장소였다. 하지만 그 이상이었다. 시는 민중회관을 "우리 연구의 근원"이라고 노래한다. 민중회관은 그저 책과 교사, 학생이 한데 모이는 장소가 아니다. 오히려 그 장소에 있는 어떤 것이 연구해야 한다는 동기를 유발한다. 민중회관은 연구하고 정치 기술을 익히는 일이 의미 있는 활동이 되는 세계의 축소판이다. 사회 세계를 변화시키는 것이 가능하기에 사회 세계의 작동 방식을 이해할 이유도 거기에 있다.

시는 또한 감정적 일체감과 행위 동기를 고양하는 장소의 중요성도 강조한다. "활활 타오르는," "열정," "영혼," "불꽃이 튀는" 같은 말은 정치가 정념(passion)에 대한 것이며, 정념은 추상적 개념이 아니라 물질적 장소를 통해 더 효과적으로 포착될 수 있음을 보여 준다. 모리스 알박스는 자신의 노작 《집단 기억》에서, 우리가 어떻게 우리의 물리적 환경에 에워싸여 있는지를 이해함으로써 과거를 포착한다고 설명했다.[1] 민중회관은 기억을 입주시키는 하나의 방식이었다. 시는 민중회관이 우리로 하여금 "치열한 논쟁들을 기억"하게 할 것이라고 말한다. 민중회관은 운동을 구축한 투쟁과 연대의 기억을 환기시킨다. 그것은 건설 과정에 참여한 사람들에게 기억의 장소이다. 그것은 또한 미래를 예지하게 한다. 그 건물의 목적들 가운데 하나는 민중 투쟁과 그 성취에 대한 "기억을 역사를 위해 일깨우는 것"이다.[2]

민중회관 회원들은 민중회관을 위대함을 간직한 것, 즉 정부나 엘리트의 보호를 받지 못하는 사회의 가장 취약한 계층이 창조해 낸 작품으로 이해했다. 그것은 노동자들이 창조하려고 한 사회의 논리를 간직하고 있었다. 새로운 건물은 보통 사람들의 사회적 권력과 정치적 지배를 구현했고, 그것을 일러 그들은 사회주의라고 불렀다. 그것은 그런 야심적인 목표가 성취될 수 있다는 신념을 물리적으로 표현한 것이다.

저항의 미시 공간에서 권력 지리학으로

지금까지 풀어낸 이야기의 다양한 역사적·이론적 실타래들을 한데 엮어 주는 주제는 장소가 변혁적 정치에 이바지한다는 주장이다. 20세기 초 유럽의 주변부에서 전통적인 형태의 공존과 만남이 권위주의적 관계에 저항하는 유력한 자원으로 상상되었다. 이 새로운 정치적 터전들은 합의의 오아시스가 아니었다. 이 터전들은 그 자체 권력과 투쟁하고 논쟁함으로써 끊임없이 재발명되었다. 공간은 필경 정치적 실천에 기여했지만, 현대 정치 이론에서 그 합당한 역할을 인정받지 못했다. 장소가 정치적으로 중요하다는 주장은 여전히 보수적이고 본질환원론적이라거나 시대착오적이라는 의구심을 받고 있다.

이 책 전반에 걸쳐서 나는 공간이 몸과 운동, 노동, 의미, 사회성을 둘러싸고 벌어지는 통제권을 위한 투쟁의 지형임을 보여 주었다. 2장과 3장은 정치 공간이 다양한 경합이 벌어지는 곳임을 강조했다. 이 두 장 모두 공간을 경험하는 방식과 공간을 이론화하는 방식 사이의 긴장을 드러내 준다. 2장에서는 부르주아 공론장의 암묵적인 배제와 위계를 드러내기 위해 이 영역을 구성하는 터전들을 검토했다. 이 영역은 구체제의 권력 구조를 침식하는 새로운 동맹과 정체성을 위한 사회적 장소를 창출한 저항의 터전이었다. 그럼에도 살롱과 비밀 결사는 외부인의 새로운 도전을 포용하지 못하는 한계를 드러냈다. 3장에서는 부르주아지와 민중 계급 사이의 결정적인 투쟁의 또 다른 터전들을 조사했다. 특히 공장이 감시와 규율, 노동자들에 대한 통제권을 증대하려는 시도였다는 점을 보여 주었다. 공장은 노동자들을 한 군데에 그러모았지만, 동시에 잠재적인 동맹자들로부터 노동자들을 떼어 놓기도 했다. 따라서 막 출현하던 프롤레타리아트는 공장 문 바깥에서 수평적 유대를 구축해야만 했다.

4장에서 6장까지는 민족 통일과 파시즘의 대두 사이의 기간 동안 이탈리아에서 번성한 특정한 급진 민주주의적 터전들을 상세하게 설명했다. 이 터전들은 새로운 민중과 이념을 서로 만나게 하고 상대적으로 안전한 조건 아래에서 논쟁적인 이론들을 소통하며 새로운 정체성을 실험하는 기회를 제공했다. 그 당시에 노동자들은 오직 도구적 가치로서 생산과정에 투입된, 문자 그대로 '물건'에 지나지 않았다. 마침내 그들은 협동조합이나 민중회관에서 대안 세계의 공동 창조자로서 주체가 될 수 있었다. 당시 작업장의 감시와 가정의 고립이 상당했음을 고려하면, 새로운 방식으로 세상을 볼 수 있는 장소를 창출하는 것은 그들로서는 정말이지 대단한 일이 아닐 수 없었다. 이 터전들을 연구함으로써 우리는 다음과 같은 물음에 답변할 수 있게 된다. "어떻게 하면 불완전한 세상에 내던져진 우리가 그 세상을 번창할 수 있는 장소로 만들 수 있는가?"

7장에서 나는 지방적 급진 민주주의의 실험에 근거하여 도출한 정교한 이론에 따라 지방자치주의의 개념을 도입했다. '자유로운 도시'를 뜻하는 '무니키팔리스'에서 유래한 이 용어는 공동체에 대한 뚜렷한 정치적 접근법이라고 할 수 있다. 지방자치주의가 활발하던 이탈리아의 여러 지역에서 후견제적인 의존 관계의 유대망은 영영 타파되었다. 많은 저항의 터전들이 파시즘 치하에서 파괴되기는 했지만, 이 터전들은 현재에도 지속되는 민중 권력의 지리학을 창출했다.

비록 경제에 대한 집단적 통제라는 좀 더 급진적인 꿈은 실현되지 못했지만, 점진적으로 개혁이 이루어지고 민중 권력의 교차점들이 나타났다. 저항의 미시 공간들은 대중 동원에 직접적으로 기여한다는 점에서 중요할 뿐 아니라, 민주주의의 잠재적인 의미를 둘러싼 투쟁, 그러니까 민중 권력을 둘러싼 논쟁에 대한 개입에서 노동자들과 그 적들이 공히 이 저항의 미시 공간들을 준거점으로 삼는다는 점에서도 중요하다. 노동회의소 같은 장소들은 대중에게 정치적 행위 주체라는 감각을 불어넣는 과정에서도 결정적인 역할을 했다. 목수이자 노동운동 지도자였던 리날도 리골라(Rinaldo Rigola, 1868~1954)는 자서전에서 그런 변화를 강조했다. 그는 1920년대에 친사회주의 정당과 반사회주의 정당이 공히 있었지만, 전(前)사회주의 정당만큼은 더 이상 없었다고 주장했다.* 그는 사회주의가 대두한 이후 노동자들이 "정치란 신사들의 사업이다"라는 명제에 동의하던 시절, 그러니까 19세기의 엘리트 정치의 시절로 되돌아가는 것은 불가능해졌다고 설명했다.[3] 사실, 협동조합과 상조회, 노동조합, 사회주의 서클, 농민 동맹체를 통해 이루어진 동원이야말로 민주화, 즉 대항 기획을 작동시키고 의사결정권자들로 하여금 그런 대항 기획을 고려하지 않을 수 없게 하는 과정에 결정적인 중요성을 갖고 있다.[4] 노동자 운동은 사회의 자율적인 조직화를 통해서만 국가 속에 화석화된 명시적·암묵적 배제에 맞서 항구적으로 도전할 수 있다고 주장함으로써 민주주의를 급진화했다. 물론 이 노동자 운동 집단들은 국가를 포기하기는커녕 기성 제도들에 대한 통제권을 얻기 위해 집단적으로 행동하려고 했을 뿐 아니라 새로운 혼종 제도들도 창출했다. 민중적 정치 공간의 느슨한 연쇄 사슬은 정치 생활을 지배하는 엘리트에 계속해서 도전하는 과정에서 확고한 발판이 되었다. 적색(처음에는 사회주의, 나중에는 공산주의) 하위문화는 이탈리아의 정치 지도에 표시되기에 이르렀다. 파시즘 이전 시기 지방자치체들에서 출현한 새로운 정치는 오늘날에도 이탈리아의 일부 지역에서 높은 수준의 정치 참여와 혁신적인 정부가 나타날 수 있었던 이유를 이해하는 데 중요한 변수가 된다.[5]

---

*사회주의에 어떤 방식으로든지 영향을 받지 않은 정당은 없었다는 말이다.

공간을 이론화하는 일

이 연구를 처음 계획했을 때 계급적 입장만으로는 이탈리아의 진보 정치를 설명할 수 없음을 깨닫고 당혹감을 느낀 적이 있다. 4장에서 살펴보았듯이, 농업 부문 고용 대 공업 부문 고용의 분포나 농촌의 생산 관계(분익 소작과 일용 노동 등)만으로는 사회주의 정당에 대한 투표와 행동주의가 특정 지역에 집중된 현상을 설명할 수 없었다. 정치 참여는 특징적인 지리적 패턴을 보여 주는 것처럼 보였다. 그 때문에 나는 공간의 정치적 속성에 호기심을 느끼게 되었다. 빈곤과 실업, 혹은 공장 노동과 같은 경제적 요인들은 저항을 북돋우기는커녕 정치적 권리의 박탈과 예속의 원인이 되었을지 모른다. 이런 경험과 유사한 것이 다른 곳에서도 확인된다면, 그 경험들의 연관성을 설명하는 하나의 이론을 넘어서는 무언가가 필요해진다. 일상생활에서는 거의 이루어질 수 없는 접촉과 토론을 위한 기회가 생기는 것이다. 저항의 공간들은 정치 연설과 자기비판, 행동을 위한 조건을 제공한다. 비록 일부 정치 이론가들과 활동가들이 장소의 권력을 강조해 왔지만, 다른 많은 이들은 여전히 공간을 '사회'와 '제도,' 또는 '담론' 같은 넓은 개념의 일부라고 으레 전제해 왔다. 공간 분석은 이런 대안들에 반대되는 것이 아니다. 그러기는커녕 공간 분석은 서로 반대되는 정체성들이 어떻게 형성되고 새로운 담론들이 어디서 발원하는지를 탐구함으로써 다른 대안들을 오히려 풍성하게 해준다.

이 책에서 나는 공간의 몇 가지 속성을 제시했다. 특정한 공간들은 상호작용을 개시하고 유지하며 방해하는 기능을 한다. 공간들은 포함하거나 배제한다. 공간들은 사람들 사이의 접촉을 고무하거나 금지하고, 접촉의 형태와 범위를 결정한다. 이 책에서 논의한 공간은 저렴한 음식과 여흥, 포도주 따위의 전통적인 서비스를 제공함으로써 다양한 노동자들 사이의 접촉을 개시했다. 이런 전통적인 활동을 협동조합이나 민중회관에서 전개하면, 그런 활동을 사회주의적 하위문화의 다른 활동들에 접속시키는 셈이므로 만남의 성격이 변형된다.

또한 장소의 권력은 장소를 공유하는 세계의 배경으로 기능하는 방식에서 나온다. 공유된 세계의 경험은 우리가 우리 자신을 개인으로서, 나아가 타자와의 관계 속에서 알게 되는 방식을 구성한다. 이런 경험은 상호주체성(intersubjectivity)의 토대가 된다. 그러나 상호주체성이라는 일반 개념은 사람들이 같은 장소에서 함께 모일 때 나타나는 감정적·신체적·상징적 차원을 완전히 포착하지 못한다.[6] 본능적인 기억 회로는 인사와 눈의 초점, 어조, 자세, 억양, 인사 같은 인지 능력 이전의 영향력을 통해 작동한다. 우리는 그 증거를 상조회 정관에서 보게 되는데, 거기에는 종종 상층 계급 출신의 '명예' 회원들이 모임에서 발언할 수 없다(또는 모임에 참석조차 할 수 없는 경우도 있다)고 명시되어 있다. 명예 회원들은 비록 조직에서 배제되지는 않지만, 물리적으로 모임에 참석하는 것이 불가능했고, 따라서 상조회의 성격에 영향을 미칠 수 없었다.

공간은 단지 물리적인 것만이 아니다. 공간은 사회적이기도 하다. 다양한 장소에 걸맞은 대본과 레퍼토리가 있다. 우리는 그것을 공간적 약호라고 부를 수 있다. 학교와 교회, 혹은 병영과 같은 특정한 장소들에 전형적인 상호작용 패턴은 그 바깥의 넓은 세상의 패턴과 정확히 일치하지 않는다. 4장에서 살펴보았듯이, 군인들과 노동자들이 '서클'에서 상호작용한 방식은 거리에서 보인 행동과는 달랐다. 연대성은 사람들이 접촉한다고 해서 바로 나오지 않는다. 오히려 그것은 상호작용이 어떤 틀 안에서 이루어지느냐에 좌우된다. 이 틀을 만들어 주는 것이 바로 공간이다. 물리적 공간들이 특정한 속성이 부각되고 은폐되는 배경을 구획한다. 명시적이거나 암묵적인 이런저런 규준들에 따라 일부 특징은 강화되고 다른 특징은 약화된다. 사회학자 어빙 고프먼은 "특정한 역할과 사건으로 이루어진 국지적 세계에 참여하는 사람들에게 그 외부 세계에 기원을 둔 많은 문제들이 차단되는" 방식을 지칭하기 위해 '만남'이라는 용어를 사용한다. 물론 "외부 세계에 기원을 둔 많은 문제들은 하나같이 중요하기는 하지만 그중 일부만 국지적 세계와 공식적으로 상호작용할 수 있다."[7] 요컨대 공간의 변혁적 잠재력은 정확히 현실의 어떤 양상을 강조하기 위해 다른 양상을 유예할 수 있는 가능성에 있는 것이다.

소통과 협력과 통제를 촉진하는 방향으로 공간을 이용함으로써 사람과 자원이 모인다. 흩어지지 않고 한 지점에 모임으로써 적과 동지 모두 통일성과 세력과 권력을 확신하게 된다.[8] 정치 운동에서 이 공간들은 동원의 시기와 평화의 시기를 연결할 뿐 아니라 투사와 지지자를 연결한다. 저항의 터전들은 정치체 그 자체의 축소판이다. 따라서 정치적 권리가 박탈된 사람들이 얻지 못할 수도 있었을 중요한 정치 훈련과 경험을 제공한다. 세스토 산 조반니의 카를로 보로메오 같은 여러 정치 지도자들이 협동조합 운동에서 등장했는데, 이들은 바로 거기서 모임을 운영하고 공중에게 연설하며 합의를 도출하는 중요한 기술을 배웠던 것이다.

지금까지 말한 것이 공간과 정치의 관계가 보여 주는 일반적인 특징이다. 이런 특징은 민중회관에 대해서만큼이나 자연스럽게 파시스트 회관에 대해서도 해당될 수 있다. 공간의 정치적 기능을 이해하려는 사람은 지배 권력과 그것이 추구하는 특정한 가치들과의 관계 속에서 자신이 어떤 위치에 있는지를 고려해야 한다. 비록 건축학적 형태가 이데올로기에서 연역될 수는 없지만, 민주주의적 공간들은 종종 개방적이고 다원적인 성격을 반영하는 공통된 특징을 보여 준다. 우리가 민중회관과 파쇼회관을 비교하면서 살펴보았듯이, 서로 다른 원칙들이 공간적 실천에 반영되어 있다. 민중적 공론장을 구성한 터전들은 성찰과 판단을 위한 여지를 확보해 나갔다. 이와는 대조적으로, 스포츠 경기장이나 대규모 광장과 같은 원형적인 파시스트 공간들은 개인이 생각하고 느낄 수 있는 여지를 최소화하고 지도자 및 국가와의 일체감을 고양시키는 방식으로 대중 의례를 거행하는 무대를 제공했다.

참된 진보를 추구한다면 영토에 정주하지 않는 것, 즉 탈영토화(deterritorialization)가 필요하다고 보는 견해는 오류이다. 권위주의적 시스템이 도전에 민감하게 반응하는 곳이 어디냐에 따라 국민적인 것이 지방적인 것에 맞서 동원되거나 지방적인 것이 국민(국제)적인 것에 맞서 동원될 것이다. 7장에서 살펴보았듯이, 이탈리아의 사회주의 정당은 중앙정부에서 사실상 배척당했을 때 지방 영토에 뿌리를 둔 지방자치체 정치에 집중했다. 그 덕분에 의도하지는 않았지만 뜻밖의 결과를 얻었다. 정치 경험을 살려 지방의 사회적 터전들과 경제적 제도들의 촘촘한 네트워크를 활성화한 것이다. 영토성의 논리를 회피하는 것은 정치의 논리를 회피하는 것 이상으로 더 이상 가능하지 않았다. 그람시 같은 뛰어난 활동가들이나 이론가들이 인식하고 있었듯이, 정치는 요새를 세우고 진지를 구축하며 전투 지형을 파악하고 부대를 한 지점에 집결시키는 활동이다. 하지만 이와 같은 매력적인 군사적 은유는 그 자체만으로는 불충분하다. 진지전이나 기동전으로 싸우는 일보다 더 중요한 것은 민중적 공론장을 구축하는 일이다. 민중적 공론장은 노동회의소나 민중회관 같은 장소들로 이루어져 있고, 일상적인 정치 활동의 토대를 놓는다. 내가 이 책에서 드러내고자 한 것도 바로 이 생활 세계이다.[9]

저항의 공간들을 창출하는 것은 세계를 건설하는 활동의 한 사례이다. 그럼에도 세계의 건설은 시스템 구축과 같지 않다. 세계의 건설은 온갖 모순과 후퇴, 뜻밖의 결과들과 기타 사회생활의 잡다함에 의해 혼란에 빠진다. 세계의 건설은 하나님 아버지와 전능한 화자 또는 위인들의 작업이 결코 아니다. 그것은 평범한 남녀들이 스스로의 필요를 충족하기 위해 물질적·사회적 환경에 적응해 나감에 따라 바로 그들에 의해 성취되는 일이다. 사회주의 협동조합에서 빵과 포도주를 구매하고 노동회의소에서 정치를 연구하고 토론하는 등 이 모든 것이 인간성과 존엄성을 유지할 수 있는 세계를 구축하기 위해 사람들이 실천하는 활동이다.

그런 활동을 통해 작업(work)과 노동(labor)을 대립시킨 한나 아렌트(Hannah Arendt)의 영향력 있는 시도를 무산시킬 수 있다.[10] 아렌트에게 작업은 독창적이고 뜻 깊은 말이나 행위를 창조하는 것과 관련되어 있다. 그녀는 삶을 영위하기 위한 반복적인 시시포스의 투쟁과 작업을 대조한다. 작업은 공론장으로 인정받는 반면, 노동은 가정의 사적 영역에 은폐된다. 나는 일상생활의 정치가 재생산과 자연, 비생산적 노동(아렌트에게는 쓸데없는 일)으로 이루어진 사적 영역과 행동과 인지를 통한 성취가 가능한 공적 영역 모두를 아우른다고 주장해 왔다. 협동조합과 이웃 관계, 민중회관, 도시 그 자체를 통해 이루어지는 작업들은 사회적(사적) 영역과 정치적(공적) 영역의 구별을 흐리게 한다. 협동 조합은 빵과 포도주를 구매하는 사람들이 적립한 이윤이 바로 그들이 공유할 수 있는 도서관이나 여름 캠프나 신문을 마련하는 재원으로 집단적으로 이용될 때 건설된다. 생활 세계는 노동과 여흥, 창조성, 재생산과 같은 일상생활의 평범한 관심사를 추구하는 사람들에 의해 생산된다. 오솔길과 들판, 나무, 과수원이 펼쳐져 있는 농촌 경관과 광장과 주택, 도로로 이루어진 도시 경관은 어떻게 가장 반복적인 노동이 우연찮게도 가장 오래가는 기념물을 창조하는지를 잘 보여 주는 사례이다.[11] 이 책에서 분석한 협동조합과 노동회의소, 민중회관이라는 장소는 사회적 필요에 뿌리를 두고 생겨났지만, 서로가 공유하는 공적 생활을 위한 인간적인 영감을 불러일으키는 공간을 제공했다. 이 공간들을 연구함으로써 노동과 작업의 구분, 혹은 더 넓게 말하자면 사회적인 것과 경제적인 것과 정치적인 것의 구분이 한낱 신기루에 불과하다는 점이 드러날 것이다.

• • •

이 책에서 나는 민중적 공론장에 대해 배우기 위해 역사 속으로 뛰어들었다. 이 영역은 자유와 평등, 자율성과 연대성, 통일성과 다원성, 합의와 갈등 사이의 미묘한 균형을 이루고 있는 장소이자 실천이요, 사회성의 양식이다. 나는 개인적인 변혁의 정치를 권력 획득을 위한 집단적인 기획에 연결한 일련의 저항의 터전을 발견했다. 개개인이 마음을 바꾼 뒤에 사회구조를 바꾸는 것이 아니라 사회구조를 바꾼 뒤에 개개인이 인식한다.[12] 이런 인식은 일시적으로 지위의 차이를 고려의 대상에서 제외함으로써 얻을 수 있는 덧없는 것이 아니었다. 사적인 의존 관계는 상조회와 협동조합, 저항 동맹체, 노동회의소가 수행한 경제투쟁에 의해 해체되었다. 참여는 그 자체가 목적이 아니라 정부에 대한 통제권을 얻기 위한 수단이었다.

농민과 수공업자, 일용 노동자, 실업자, 직물 공장의 여공, 그리고 농촌에서 갓 이주한 노동자 모두가 스스로를 노동자로 다시 상상했고, 일련의 저항의 터전을 구축했다. 민중회관과 노동회의소, 노동조합 사무실, 정치 서클, 상조회, 협동조합이 모두 그렇게 건립되었다. 그들은 투표하고 조직할 권리를 얻었다. 그들은 이탈리아 최초의 대중정당을 건설했고, 의회에서 다수 의석을 얻었으며, 수많은 지방자치체를 운영하고 사회 입법을 통과시켰다. 그럼에도 그들의 운동은 끝내 파시즘의 권력 인수로 이어지고 만 쓰라린 이데올로기적 분열과 경쟁, 실패한 전략(극단주의와 무기력증)으로 취약해졌다. 토리노 금속 노동조합의 대표자였던 피에트로 페레로는 마지막으로 노동회의소를 찾아가 본 뒤에 파시스트들에게 죽임을 당했고 건물은 불탔다. 그의 행적을 기록한 마리오 몬타냐나는 망명길에 올랐다. 훗날 그는 다시 돌아와 파르티잔으로 싸웠고, 살아서 노동회의소가 재건되는 광경을 보았다.

이 책에서 토론한 터전들은 이질적인 욕망들을 밀고 당기는 공간이었다. 이 터전들은 집이자 광장이자 요새인 어떤 장소에 대한 민중의 모순적인 갈망들을 오롯이 담고 있었다. 오늘날 이 터전들은 망각된 시대와 장소가 남긴 유물이다. 이 터전들은 그 무엇과도 바꿀 수 없는 고유한 자태로 우리의 교과서적인 인식과 해석과 결론이 얼마나 불확실한 것인지를 환기시켜 주고 있다. 물리적 공간은 망각될지도 모를 실천들을 표시해 놓은 흔적이다. 우리는 이 유물들이 "여러 과정으로 이루어졌고" 역사를 압축해 놓았으며, 사회적 적대를 표현하기 때문에 이 유물들을 연구한다.[13] 이제는 기껏해야 아련한 기억으로만 남아 있는 그 투쟁들은 오늘날 우리를 있게 한 망각된 과정의 일부이다. 어째서 우리한테 말 걸기를 주저하는 것에게 말하라고 종용하며 과거를 귀찮게 하는가? 발터 베냐민은 "구원받은 인류를 무의식적으로 기억하기"가 갖는 인지적·정치적 힘에 대해 쓴 적이 있다.[14] 이런 전략은 과거의 확실성을 일시적으로나마 해체함으로써 미래를 재건할 가능성을 열 수 있다는 신념에 뿌리를 두고 있다. 아마도 그런 목표는 구원받지 못한 인류를 의식적으로 기억하기를 통해 성취될 수 있을 것이다.

글로벌 시대와 지방적인 것

21세기에 들어선 오늘날은 장소의 권력에 대해 성찰하기에는 특히나 불운한 시대처럼 보인다. 오늘날의 정치적·경제적·문화적 도전을 가장 잘 포착하는 낱말이 하나 있다면, 그것은 바로 '세계화'(globalization)일 것이다.[1] 학계 종사자를 비롯한 엘리트들은 새로운 정보 기술이 주는 가능성에 매혹되어 가상현실과 사이버 공간에 찬사를 보낸다.[2] 후기 자본주의의 광폭한 질주는 이미지와 말, 데이터의 홍수 속에서 특정한 물리적 소재지가 헐거워지는 현상, 즉 탈영토화의 논리를 반영하고 있는 듯하다. 특히 재화와 자본은 물론이요, 사람과 이념까지 어려움 없이 경계를 넘나들며 흐르고 있다. 게다가 이런 흐름은 국민주권을 무력화시키며 전통적인 형태의 정치 통제에서 벗어나 있다. 이런 과정에 대한 반응에 따라 두 진영이 나뉜다.

한쪽에서는 세계화를 무엇보다 자본주의 권력의 팽창, 즉 대체로 부정적이지만 불가피한 현상으로서 지방적 전략을 무력하게 만들고 점점 더 세계적 차원의 대응을 촉진시키는 현상으로 본다. 그런가 하면 또 다른 한쪽에서는 세계화의 문화적 양상을 높이 평가하며 그것이 보여주는 혼종성과 파편화, 유동성을 공동체나 국민에 근거를 둔 고정된 정체성과 위계로부터의 해방으로 본다.[3]

특정한 지방에 고착하는 일이 점점 더 어려워지는 글로벌 사회에서 장소의 정치적 효과를 연구하는 것이 과연 시의적절한 것인가? 협동조합이나 민중회관 같은 저항의 공간들은 기껏해야 별스럽고 시대착오적인 공간은 아닌가? 우리는 서로 전혀 공통점이 없는 공간들을 가로질러 민주주의의 에너지를 분출하는, 좀 더 세계시민주의적인 민주주의를 옹호해야 하는가?[4] 이런 질문은 들뢰즈(Gilles Deleuze)와 가타리(Felix Guattari)의 영향력 있는 저작에서 나왔다. 이들은 유동성과 복수성, 탈영토화의 흐름에 찬사를 보낸다. 들뢰즈와 가타리는 《천 개의 고원》에서 고정된 정주지의 안전함을 포기하고 정주민의 실존을 거부하는 유목민의 형상을 불러낸다. 이 유목민과 연관된 고정성 결여와 뿌리 없음에 과연 고유한 해방적 면모가 존재하는가? 그들은 글로벌 시대에 유일하게 의미 있는 지향이 탈영토화의 흐름을 포용하는 것이라고 제안하고 있는가?

《천 개의 고원》을 주의 깊게 읽어 보면, 영토화와 탈영토화를 단순하게 대립시키는 것이 불가능하다는 점을 알아챌 수 있다. 들뢰즈와 가타리는 처음부터 이렇게 경고한다. "모든 리좀은 끊임없이 탈주하는 탈영토화의 줄기들뿐 아니라 계층화되고 영토화되고 조직화되고 기호화되고 귀속되는 등 정주의 줄기들을 갖고 있다. …… 이원성이나 이분법을 심지어 원초적인 형태의 선과 악의 대립에도 적용할 수 없는 이유가 여기에 있다."[5] 두 사람은 항상 이원적 조직 분류에서 벗어나는 어떤 것이 존재하는데, 이것은 범람하거나 탈주하고 합리성을 전복하며 현실을 뒤튼다고 주장한다. 영토와 탈영토화의 관계는 하나가 다른 하나의 외부에 있거나, 하나가 다른 하나를 초월하거나, 하나가 다른 하나에 대항하는 관계가 아니다. 오히려 이 두 요소는 정치 과정의 서로 다른 계기일 뿐이다. 들뢰즈와 가타리는 《천 개의 고원》 전체에 걸쳐서 "영토는 탈영토화의 동인(動因)과 불가분의 것"이라고 주장한다.[6] 공간의 생산은 이 두 과정과 공히 관련되어 있다.

탈영토화에 대한 찬양은 특히 자본주의가 단연코 탈영토화하는 힘이라고 생각하는 순간 문제를 발생시킨다. 자본은 정의상 유통 수단, 그러니까 국경과 문화, 경제를 가로지르는 재화와 자본, 인간, 이념의 흐름을 가속화하는 어떤 것이다. 그것은 개인을 가족과 조국에 단단히 붙들어 매고 있는 것들, 바로 그 뿌리들을 취약하게 만든다. 생산요소들(사람을 포함한)은 전통적인 혈연성보다 수익성에 따라 배분된다. 그럼에도 자본주의는 특정한 형태의 재영토화이기도 하다. 그것은 자본 이외의 것, 아마도 다소 잠정적이고 불안정하기는 하지만 궁극적으로는 내구성 있는 의존 관계를 창출하기 위해 전통적인 유대를 순식간에 파열시킨다. 글로벌 시장을 분석해 보면, 발전도상국에 투자하는 동기가 평등을 진전시키는 데 있는 게 아니라 생산 비용의 거대한 편차를 이용하려는 데 있음을 확인할 수 있다. 자본은 정확히 이 편차에서 이윤을 얻고 그러면서 이 편차를 변함없이 유지한다. 그리고 이는 수익을 낼 조건을 강화하는 갖가지 기구들(국제통화기금과 세계은행, 세계무역기구, 국가들, 다국적 기업들)의 명시적이거나 간접적인 지원을 통해 이루어진다. 생산이 분산되면 명령과 통제, 조율의 축으로서 핵심 국가 글로벌 도시들의 중요성이 감소되기는커녕 증대한다.[7] 권력의 패턴과 매듭을 탈영토화하는 과정은 다시 영토화하는 과정을 도입하는 것이다. 따라서 세계화를 탈영토화의 과정으로 생각하기보다는 세계화가 어떤 종류의 안정성은 침해하고 또 어떤 종류의 안정성은 강화한다고 생각하는 편이 더 유익할 것이다.

세계화는 그 자체로 일종의 공간이다. 세계화는 공항과 호텔 컨퍼런스센터, 컴퓨터 네트워크, 해변 리조트 체인 따위에 위치한다. 글로벌한 것이 엄격한 지배-종속의 위계가 정교화된 마킬라도라 공장들(maquiladoras)*과 같은 배타적인 특권의 공간과 장소를 에워싸고 있다. 이런 공간은 상대적 고립과 완벽한 의존을 결합시킨다. 도시 외곽에 자리 잡고 있는 한결같은 모습의 호텔 컨퍼런스센터들은 공항과 직통으로 연결되어 있는 경우가 많다. 이런 연결망들은 다양한 장소들을 한곳에 모으는 대신에 더 촘촘한 다른 교차점들을 접속시킨다. 그런 교차점들은 지방색이 깃들어 있는 문화적·역사적 독특함에 가시적인 연결망을 설치하지 않고서 하나의 세계를 여기저기에 흩어 놓는 것처럼 보인다. 그런데 교차점들은 결국에는 이 교차점들이 필요로 하는 그 지방 출신의 서비스 요원을 비롯하여 음지에서 일하는 하녀와 수위, 기록계원, 웨이터, 짐꾼, 예약원, 그리고 지방 경제 없이는 제구실을 할 수 없다. 따라서 세계화를 일방향의 탈영토화 과정이라기보다는 영토들을 서로 접속시키는 새로운 방식이라고 생각하는 편이 더 도움이

---

* 미국과 멕시코의 국경 지대에서 값싼 노동력을 이용하여 제품을 조립·가공·수출하는 멕시코의 외국계 공장을 말한다. 멕시코는 마킬라도라 공장들에 대해 원자재와 시설재를 무관세로 도입하는 것을 허용했다.

될 것이다.

유목민과 정주민 모두 표시가 필요하다. 특히 유목민은 방대한 영토를 떠돌기 때문에 잠정적인 통로들을 알려 주는 표시가 더 필요하다. 이런 논리는 세계화라는 조건에 처한 지방의 역할이라는 더 포괄적인 문제에도 똑같이 통용될 수 있다. 자본주의가 불확실성을 더 많이 생산해 낼수록 시장의 논리에 직접 예속되지 않는 여러 공간(이를테면 협동조합 같은)을 창출하고 가치와 의미의 자원들을 모색하고 집적하는 장소들을 확보하기 위해 집단적으로 행동하는 것이 점점 더 중요해진다. 지방과 세계시민주의를 대립시킬 때 우리는 신중하게 생각해야 한다. 노동회의소 같은 공간들은 실제로 영토성의 정치적 논리(국민국가)에 도전했고, 국제 노동자 운동과 일체감을 함양했다. 레슬리 스클레어(Leslie Sklair)가 지적하듯이, "비록 자본주의가 글로벌하긴 하지만, 가능한 파열구는 오직 지방적인 것에 있다." 말하자면 특정한 장소와 연결되어 있다는 얘기이다.[8) 오직 유토피아적인 이념들만이 장소를 갖지 못한다. 왜냐하면 유토피아라는 용어 자체가 문자 그대로 '어디에도 없는'(no place) 것을 뜻하기 때문이다. 저항은 반드시 지방에서 게릴라 투쟁의 형태로 발생하고, 이는 때때로 글로벌한 중요성을 띠기도 한다. 특정한 장소에 뿌리박은 국지적 투쟁이 결정적인 (글로벌 투쟁으로) 대체될 수 있다고 주장하는 것이 대관절 어떤 의미인지 종잡을 수 없다. 의미 있는 도전이라면 마땅히 일반적인 지배 구조가 특수하게 표명되어 있는 것들과 맞서 싸워야 한다. 오직 그럴 때에만 그것은 영감과 본보기, 자원으로, 혹은 광범위한 지배 구조에 대한 반응으로 증식되는 일련의 유사한 투쟁들의 접속점 구실을 함으로써 자신의 특수한 맥락을 뛰어넘을 수 있다.

프레드릭 제임슨(Fredric Jameson)도 글로벌한 것과 지방적인 것의 변증법적 관계를 지적하면서 좀 더 추상적인 용어로 유사한 주장을 펼친다. 그는 글로벌한 것과 지방적인 것이라는 개념 자체가 고유하게 반대 구조로 연결되어 있다고 강조한다. 제임슨이 보기에는 둘 가운데 어느 하나를 고려하지 않고 다른 하나를 인식하는 것은 상상조차 할 수 없는 일이다. 글로벌한 것은 다양한 지방적 힘들의 융합으로 간주되지 않는 한 아무런 의미도 없다.[9] 제임슨은 이런 입장을 헤겔이 《논리학》에서 개진한 입장의 변종이라고 보았다. 헤겔은 '정체성'이라는 개념 자체가 '차이'와 구별되는 한에서만 의미를 띤다고 주장했다. 그렇다면 정체성-차이 쌍의 진정한 성격은 개념적 상호 의존을 통해 표현된 총체성에 있다고 하겠다.[10] 이와 똑같은 논리가 글로벌한 것과 지방적인 것의 관계에도 마찬가지로 적용될 수 있다. 즉 둘 가운데 어느 하나는 다른 하나의 제약이거나 경계인 한에서만 의미를 갖는다는 것이다.

글로벌한 것과 지방적인 것이 자연적인 규모가 아니라 사람과 권력을 장소에 배분하는 다양한 차원들을 강조하는 이론적 구성물이라는 점에 주의할 필요가 있다. 세계화는 다양한 지방적 힘들 사이에 나타나는 관계 변화를 암시한다. 세계화는 고립과 분리, 고유한 특징이 완화되는 것과 관련되어 있다. 그렇다고 해서 이런 사실이 장소의 권력을 간과해도 좋다는 이유는 아니다. 오히려 시장 관계 이외에 새로운 종류의 연결망들을 더 열심히 검색해야 할 이유가 된다. 세계화가 전통적인 공동체들을 순식간에 찢어 버렸다는 사실을 알고 나면, 그 대안으로 어떤 종류의 공간이 나타날 수 있는지 조사하고 싶은 충동이 생긴다. 정치는 해체되는 연대성의 대체물을 만들려는 투쟁들로 이루어진다. 문제는 재영토화가 일어날 것인지 여부가 아니라 재영토화가 누구의 결정으로, 그리고 어떠한 형태로 일어날 것인지 여부이다.

오늘날 새로운 연결망(이메일과 웹, 채팅방, 목록 검색)을 구축하는 과정에서 '사이트'(site)라는 말을 선호하는데, 일부 사이트는 이 책에서 주목한 바 있는 물리적인 의미의 공간이 아니다. 가상 공동체와 유무선 소통의 중요성으로 인해 인터넷 시대에 공현존이 사실상 필요할 것인지 문제가 제기된다. 그러나 2003년 무렵 웹이 민주주의와 연대성을 위한 가능성을 제공했다고 하던 최초의 열광은 이미 식어 버렸다. 사파티스타(Zapatista)가 자신들의 명분을 국제적으로 알리고 지원받기 위해 웹을 이용해 성공을 거둔 바처럼 일부 유력한 예외가 있기는 하지만, 웹은 점점 더 상업화되고 파편화되었다.[11] 국내적으로나 국제적으로 거대한 정보 격차가 존재한다는 사실을 논외로 하더라도, 인터넷이 낙관적 예언에 부응하지 못하리라고 볼 충분한 이유가 있다. 인터넷은 그 익명성 때문에 책임감을 없앤다. 캐스 선스테인(Cass Sunstein)은 컴퓨터 기술이 과잉 전문화(hyperspecialization)를 촉진하여 다원적인 문화를 지탱해 주는 다양한 경험을 빈약하게 하리라고 우려한다. 인터넷은 선택의 폭을 넓혀 주지만 인도해 주지는 못한다. 또한 무수한 정보를 제공해 주지만 종합해 주지는 못한다. 인터넷은 일간지처럼 일반적 관심사를 토론하는 매체를 구독하는 대신 비슷한 생각을 하는 사람들이 쏟아 내는 온갖 뉴스와 분석을 읽기 편하게 만들어 우리의 편협한 세계관을 더 편협하게 만든다.

이와 유사한 논리가 사회적 상호작용에도 적용된다. 강아지 기르기나 자동차 제작 같은 특수한 관심사와 관련된 채팅방과 목록 검색을 장착한 인터넷은 이런 종류의 과잉 전문화를 심화한다. 인터넷은 다른 사람이나 다른 이념과 맞닥뜨리는 뜻하지 않은 만남을 걸러 내는 능력을 키움으로써 공론장보다는 사적 영역의 논리에 접근한다. 우리가 전적으로 우리와 비슷한 사람과만 어울릴 때, 새롭고 놀라운 경험에 무의식적으로 노출될 가능성은 줄어드는 법이다. 예컨대 길거리에서 노숙자와 만나는 경험이 주는 효과는 이메일로 만나는 경험과 전혀 다른 것이다. 우리는 또 다른 인간 존재와 만나면서 그저 삭제키를 눌러 그/그녀를 돌려보낼 수 없다. 다원주의적 민주주의는 차이를 다루는 경험을 필요로 한다.

인터넷은 특정 그룹의 회원들과 정보를 공유하는 데는 요긴하지만, 비회원들과 관계를 맺거나 다른 관점을 가진 사람들과 어울리는 데는 별무신통이다. 인터넷을 통해 유혹하는 광고나 상세한 정보에 접근할 수는 있다. 하지만 그런 것은 시민의 역할이 아니라 소비자의 역할을 두드러지게 할 뿐이다. 인터넷의 잠재력과 한계에 대해 완벽한 분석을 제공하는 것은 이 글의 범위를 벗어나는 일이지만, 나는 아주 정당하게도 가상 공동체가 '벽돌과 회반죽'의 공동체 센터를 대체하지 못할 것이라고 결론 내리고 싶다. 인터넷은 새로운 형태의 접속체로서 경탄할 만하게 작동하겠지만, 정치적·사회적 삶의 기본 단위들을 대체하지는 못할 것이다.

오늘날 정치 교육과 참여를 촉진하는 장소들(노동회의소와 민중회관, 협동조합과 유사한)이 있을까? 내 직관에 따라 답은 '그렇다'이다. 이런 직관은 연구를 통해 얻은 것이라기보다는 이 연구를 시작하기 몇 년 전 정치 공간에 관심이 생겼을 때의 경험에 따른 것이다. 나는 1990년대 중반 독일에 살면서 알테 포이어바헤(Alte Feuerwache)*라는 공동

---

* 우리말로 그대로 옮기면 '구소방서 건물'이라는 뜻이다.

체 센터를 찾았다. 나는 자전거를 수리해야 해서 처음 거기에 갔다. 한 이웃이 그 공작소에 가면 무료로 공구를 사용할 수 있을 거라고 말해 주었기 때문이다. 거기에는 그 밖에도 독일어 강습반과 아트 스튜디오, 갖가지 특강반이 있었다. 그 낡은 벽돌 건물 주위에는 재활용된 카페 탁자와 조각품들로 가득 찬 널찍한 뜰이 있었다. 1층에는 바와 식당으로 이용되는 천장 높은 방이 하나 있었다. 위층에는 공동체 조직과 문화재, 사무실, 극장으로 이용되는 모임방들이 있었다. 나는 자전거를 수리한 뒤에도 이따금 한잔하려고, 때로는 정치 모임이나 음악회에 참여하기 위해 그곳을 들르곤 했다. 입구에는 여러 그룹이 전시회를 준비하거나 지방 행사들이나 터키에 대한 독일제 무기 판매와 같은 쟁점에 대한 정보를 제공해 주었다. 알테 포이어바헤를 드나드는 수많은 외국인을 포함하여 그 동네 거주자들은 모두 법적인 의미에서는 아닐지라도 어원적인 의미에서 시민들, 즉 도시에 대한 권리를 지닌 자유로운 사람들이었다.

옮긴이 후기

장소는 의미와 기억의 닻이다.
- 마거릿 콘

이제는 기억도 가물가물한 1995년의 일이다. 당시 나는 이탈리아 정부 장학생으로 선발되는 행운을 누려 토리노대학에서 공부할 기회를 얻었다. 외국에 나가는 것은 처음이어서 이런저런 걱정이 많았는데, 특히 숙소가 걱정이었다. 대사관 측에서는 기숙사에서 생활할 수 있을 것이라고 했다. 하지만 이는 내가 잘못 들은 것이었다. 막상 로마를 거쳐 오후 늦게 토리노에 도착했는데, 대학 측에서는 기숙사 입소가 안 된다고 했다. 그때부터 잠자리를 찾기 위한 고단한 투쟁이 시작되었다. 투쟁은 일주일쯤 후에야 우연히 만난 대학생 파비오의 도움으로 간신히 끝났다. 그때만큼 '몸 누일 자리 하나'가 소중하게 여겨진 적이 없다.

'태양 아래 한 자리'는 개인사에서만큼이나 세계사에서도 중요했다. 세계화(globalization)의 역사를 연구한 오스터함멜(Jürgen Osterhammel)과 페테르손(Niels Petersson)에 따르면, 19세기 후반부터 교통·통신 혁명과 경제 통합의 가속화로 세계사의 고질적 장애물인 '거리'가 극복되고 '공간'이 압축되면서 뜻밖의 결과로서 공간의 부족 현상이 나타났다. 특히 세계화 대열에 늦게 참여한 상대적 후발국들에게 공간의 확보는 생사가 걸린 문제였을 것이다. 아마도 독일의 '생활권'(Lebensraum)이라는 유명한 개념도 정확히 그런 세계사적 맥락에서 나온 것임에 틀림없으리라. 그리하여 1913년 무렵 18억의 세계 인구 사이에서 '땅을 둘러싼 투쟁'이 첨예하게 벌어졌고, 그 결과는 역사상 최초의 총력전인 제1차 세계대전의 발발이었다.

그렇다면 개인에게나 민족에게나 인류에게, 공간은 공기만큼이나 필수적이고 절박한 문제이다. 공간이 이렇게 중요한데도 공간은 여태껏 적절하게 연구되고 이해된 적이 없는 것 같다. 이 책의 지은이 마거릿 콘 교수는 바로 이런 문제의식에 따라 공간을 이론화하고 그 이론을 역사적으로 검증하는 작업에 착수한다. 콘에 따르면, 지금까지 공간 연구는 공간을 물리적 소재지나 담론(텍스트)으로 환원시키는 양대 편향에서 자유롭지 못했다. 물론 정치학자인 콘이 공간의 일반 이론을 추구하는 것은 아니다. 그녀의 관심은 어디까지나 공간과 변혁적 정치의 관계에 있다. 콘은 이 관계를 빼어나게 논의한 선행 작업이 있었음을 인정한다. 예컨대 하버마스는 '공론장'을 통해, 마르크스와 초기 그람시는 '공장'을 통해 그 관계를 통찰했고, 오늘날에도 영향력을 행사하고 있다.

그러나 이 두 이론도 콘의 날카로운 비판을 피해 가지 못한다. 먼저 콘은 하버마스가 말한 공론장의 개념을 검토한다. 그녀는 카페, 살롱, 비밀 협회(프리메이슨과 카르보나리) 같은 부르주아 공론장이 한때 전제정치에 대항하여 계몽사상을 보급하는 데 큰 역할을 했지만, 그 자체 엄격한 비밀 관행과 위계를 통한 배제의 원리에 토대를 두고 있었다고 본다. 즉 부르주아 공론장의 '보편적일 수 있음'(universalizability)의 이상은 한편으로 숙의 민주주의의 가능성을 제시하면서도, 다른 한편으로 유산계급의 이해관계와 헤게모니를 은폐하는 기능을 수행했다는 것이다. 이런 비판의 연장선상에서 콘은 프롤레타리아적·평민적·민중적 공론장의 가능성을 검토한다. 이 대안적 공론장이 기성의 부르주아 공론장과 근본적으로 구별되는 지점은 공론장의 주체가 형성되는 방식이다. 부르주아 공론장에서는 주로 유복한 가정에서 내면적 성찰 능력을 배양한 개인이 주체였던 반면, 가정이 그런 역할을 할 수 없는 민중의 경우에는 상조회나 노동조합 같은 결사들에서 사회적 소통 능력을 배양한 주체가 형성될 수밖에 없다는 것이다.

그다음으로 콘은 부르주아 공론장의 유력한 대안으로서 일찍이 마르크스와 청년 그람시 등이 주목한 공장을 검토한다. 마르크스와 청년 그람시는 모두 공장을 착취의 공간이자 동시에 저항의 터전으로, 그러니까 공장 노동자들이 착취의 경험을 공유하면서 자연스레 계급의식과 프롤레타리아 정체성을 획득하는 장소로 보았다. 특히 청년 그람시에게 프롤레타리아 계급의식은 공장의 규율과 통일성이 직접적으로 확대 연장된 것이었다. 요컨대 마르크스와 청년 그람시에게 공장은 자본주의적 상품뿐 아니라 혁명적 주체도 생산하는 현장이었다. 그러나 콘은 공장의 가혹한 규율과 권위주의가 그러한 혁명적 주체의 형성을 결정적으로 방해했다고 본다. 즉 공장은 전방위적 감시와 억압을 통해 노동자들을 무력화했을 뿐 저항의 터전으로는 부적격했다는 것이다. 이 점은 노동운동의 주력이 공장 노동자들이 아니라 수공업자와 자영업자, 실업자들이었다는 엄연한 역사적 사실에 의해 뒷받침된다. 결국 노동자들이 정치화된 공간은 공장 안이 아니라 그 바깥에 있었다는 것이 콘의 주장이다.

협동조합, 민중회관, 노동회의소가 바로 그런 공장 바깥에 실재하는 저항의 터전이었다. 콘은 이 점을 19세기 말 20세기 초 이탈리아의 사례를 통해 역사적으로 실증하려고 한다. 바로 이 대목에서 우리는 콘의 주된 논지와 만나게 된다. 협동조합은 세계경제에 편입되는 과정에서 나타난 경제 변화의 부정적 결과들에 대처하기 위한 수단이었다. 이와 동시에 협동조합이 운영한 카페와 편의점 등은 동료들과 한잔 걸치는 행위가 그대로 사회적 연대와 정치적 동원으로 이어질 수 있도록 가능성을 제공한 공간이기도 했다. 민중회관은 다양한 단체들이 활동하고 조우할 수 있는 사무 공간인 동시에 야학과 독서회 등을 운영하는 노동자들의 문화 공간이었다. 말하자면 엄격한 회원제로 운영되는 부르주아 클럽에 대한 민중적 대안이었다. 그런가 하면 노동회의소는 부르주아의 상공회의소에 대한 민중적 대안으로서 실용적인 차원에서 노사분규를 중재하고 고용을 알선하는 상담소이자 노동시장의 현황을 조사하고 분석하는 연구소, 나아가 상조회와 협동조합, 그 밖에 노동자 저항 조직들을 회원으로 거느린 일종의 동맹체였다.

　과연 협동조합, 민중회관, 노동회의소는 모두 부르주아 공론장이나 공장에서 소외된 노동자와 민중을 위한 진정한 교류와 사교의 공간이었다. 이 셋은 기능과 역할이 저마다 달랐지만, 다음과 같은 공통점을 지니고 있었다. 첫째, 이 공간들은 내부자와 외부자의 구별이 미약했고 그런 만큼 개방적이었다. 둘째, 이 공간들은 지배적인 시장과 엘리트에 맞선 대항 헤게모니적 실천의 매트릭스였다. 셋째, 이 공간들은 다양한 이질적 집단들이 한데 모이는 혼종적인 성격의 허브였다. 넷째, 이 공간들에서는 누구나 발언하고 토의에 참여할 수 있는 민주주의적 원칙이 통용되었다. 다섯째, 회원들의 집단적 운영을 통해 물질적·경제적 복지 혜택을 누리는 것이 자연스레 사회적 연대와 정치적 동원의 토대가 되었다.

물론 협동조합, 민중회관, 노동회의소가 노동자들의 유토피아는 결코 아니었다. 그렇다고 공장과 같은 디스토피아는 더더욱 아니었다. 사실, 유토피아는 (정의상) 실재하지 않는다. 실재하는 것은 디스토피아이다. 그렇다면 실재하는 유토피아는 있을 수 있는가? 콘은 협동조합, 민중회관, 노동회의소를 일종의 실재하는 유토피아, 즉 '헤테로토피아' (heterotopia)라는 독특한 개념으로 파악하고자 한다. 헤테로토피아란 무엇인가? 푸코(Michel Foucault)에 따르면, 헤테로토피아는 정상과 비정상, 선과 악의 구별이 유예되고 전복되는 혼재와 탈구의 공간이다. 그것은 감옥과 정신병원, 사창가로서 완전한 타자성의 공간이자 기성 관행을 부자연스럽게 만드는 일탈의 공간이다. 그러나 헤테로토피아는 권력을 강화하거나 사회통제에도 기여할 수 있다. 하비(David Harvey)는 헤테로토피아에서 기성의 지배 관계가 비틀리고 미끄러지기는 하지만 그 자체로 저항의 공간은 아니라고 본다. 하비에 따르면, 미국의 전형적인 헤테로토피아는 디즈니랜드와 쇼핑몰, 출입이 엄격히 통제되는 고급 주거 단지, 민병대 캠프 등이었다.

콘도 이 점을 인정하면서 새로운 개념, 즉 '저항의 헤테로토피아'를 제안한다. 그것은 도피와 일탈의 장소가 아니라 투쟁과 변혁의 장소이다. 이를 위해서는 두 가지 조건이 충족되어야 한다고 콘은 말한다. 첫째, 헤테로토피아는 양립할 수 없어 보이는 공간들과 사람들을 한 장소에 모으는 만남과 회합의 장이 되어야 한다. 이것은 그 자체로 민주주의적 원리를 가리킨다. 둘째, 헤테로토피아는 고립적이면서도 동시에 개방적이어야 한다. 노동자들의 헤테로토피아는 부르주아 클럽보다야 출입이 훨씬 자유롭지만, 당국의 감시와 탄압을 피하기 위해서는 일정한 출입 통제가 필요하다. 그리고 이는 회원들에게 강한 소속감을 주고, 그러면서 부르주아 클럽에서 소외된 노동자들의 박탈감을 상쇄해 줄 것이다.

이런 저항의 헤테로토피아를 상징하는 것이 오르타(Victor Horta)가 설계한 브뤼셀의 민중회관이다. 오르타의 민중회관은 소외된 자들이 위로받고 교육받는 노동자들의 '교회'이자 저항하는 이들에게 은신처를 제공하는 노동자들의 '요새'였다. 그런 점에서 저항의 헤테로토피아로서 민중회관은 완전한 중앙 통제를 구현하도록 설계된 벤담(Jeremy Bentham)의 원형 감옥이나 테라니(Giuseppe Terragni)의 파쇼회관 같은 헤테로토피아의 또 다른 변종들과 뚜렷하게 구별된다.

그런데 20세기로 넘어올 무렵 이탈리아의 협동조합, 민중회관, 노동회의소 같은 저항의 공간들은 모두 또 다른 공간인 지방성 및 향토색과 단단히 접속되어 있었다. 거기서 우리는 토속 양식의 건축물이나 낯익은 이웃들을 만나게 된다. 이처럼 지방적이고 향토적인 특색은 이탈리아 특유의 지방자치주의의 산물이기도 했다. 특히 이탈리아 사회당(PSI)이 중앙 의회 정치에서 배제되면서 지방자치체 정부에 관심을 돌린 것이 지방자치주의의 발전에서 중요한 전환점이 되었다. 사회주의자들은 지방 정부를 장악한 뒤 노동자 주택과 시립 병원을 건립하고, 상하수도 시스템을 구축하고, 과밀 학급을 해소하고, 재산세를 증세하는 등 과감한 개혁 정책을 추진했다.

이 지방자치주의를 이론화한 인물은 이탈리아 사회당의 개량주의 분파를 이끌었던 투라티(Filippo Turati)였다. 그는 자치시(comune)야말로 노동자들의 진정한 '조국'(patria)이라고 간주하면서 일상생활과 생활 세계에 바탕을 둔 민주주의 정치를 추구했다. 콘에 따르면, 투라티의 지방자치주의 이론은 사회민주주의 또는 급진 민주주의라는 광범위한 전망의 일부였다. 한편으로 투라티는 보통선거권과 언론 및 결사의 자유, 지역과 지방의 자율성, 세제 개혁, 군대 민주화, 철도 국유화, 토지개혁을 요구한 사회민주주의적 최소 강령의 옹호자였다. 다른 한편으로 그는 급진 민주주의의 세 가지 핵심 요구인 하위(subaltern) 계급들의 동맹, 국가 바깥의 권력 터전들의 민주화, 결사를 통한 시민의 통치 참여의 주창자였다. 요컨대 투라티는 민주주의가 그 어원 그대로 민중 스스로의 노력으로 성취되어야 하며, 오직 부르주아 권력의 터전들을 장악하는 장기간에 걸친 끈기 있는 투쟁을 통해서만 가능할 것이라고 주장했다. 콘에 따르면, 투라티야말로 그람시 이전에 이미 시민사회의 '진지전'을 이론화한 인물이었다.

그러나 이탈리아 지방 곳곳에 터를 잡은 협동조합과 민중회관, 노동회의소는 파시즘의 십자포화로 초토화될 터였다. 만일 콘의 설명대로 세기 전환기 이탈리아에서 저항의 터전들이 그렇게도 공고하게 뿌리내리고 있었다면, 그 터전들이 파시즘에 의해 쉽게 파괴된 사실을 어떻게 설명해야 하는가? 해답은 질문 자체에 있다. 즉 저항의 터전들이 너무도 강력해 보였기 때문에 오히려 파시스트들의 주요한 표적이 되었다는 것이다. 콘은 비록 저항의 터전들이 파시즘의 공격으로 파괴되었지만 전후 이탈리아에서 급속히 부활했던 사실을 상기시키면서 이탈리아의 협동조합과 민중회관, 노동회의소 특유의 면면한 전통과 유산을 재차 강조한다. 그런데 전통과 유산만으로 그와 같은 역사적 부활을 충분히 설명할 수 있을까? 콘은 이런 역사적 질문에는 적절히 답변하지 않는다. 해답은 공백으로 남아 있다. 이 공백을 채우려면 아마도 파시즘 치하의 반파시즘 저항운동과 파시즘 이후 반파시즘의 합의, 전후 공화국의 법적·제도적 틀, 전후 이탈리아 공산당(PCI)의 전략 등을 밀도 있게 설명해야 할 것이다.

　이런 아쉬움을 남기면서 콘은 전후 이탈리아의 지방자치주의를 검토한다. 특히 그녀는 지방자치주의가 이탈리아 전역에서 "민주주의를 작동"시키면서 경탄할 만한 정치적 안정성과 사회적 응집성, 경제적 성공을 거두었다고 평가하고 그 이유를 설명한다. 이 문제에 대해서는 이미 퍼트넘(Robert Putnum)이 상세하게 연구한 적이 있는데, 그는 이탈리아 지방자치주의의 성공을 '신뢰'라는 키워드로 요약될 수 있는 사회자본의 축적으로 설명했다. 그러나 콘은 퍼트넘이 조류 관찰 모임과 합창단은 조사 대상에 포함하면서도 협동조합이나 노동조합 같은 저항의 터전들은 배제한다는 점에서 지나치게 갈등 배제적인 관점을 취하고 있다고 비판한다. 콘은 이탈리아 공산당이 오랫동안 지방 행정을 장악한 이탈리아의 '붉은 벨트'(토스카나, 에밀리아-로마냐, 움브리아)의 사례를 염두에 두면서, '신뢰'보다는 지방 차원의 '권력 지리'에 도전하는 '저항 능력'이 이탈리아 지방자치주의의 성공을 설명하는 열쇠라고 역설한다. 그리고 '저항 능력'은 오직 지배 엘리트의 영향력에서 전략적으로 벗어나 있는 장소들에서만 확보될 수 있었고, 그런 장소들은 필경 공산당의 '붉은' 하위문화에 의해 제공되었다고 주장한다.

　이탈리아 공산주의와 지방자치주의의 관계, 나아가 당파적인 이데올로기와 비당파적인 성격의 공간적 맥락의 관계에 대한 콘의 설명은 다소 모호하다. 구체적으로 말하면, 공산주의가 지방 차원의 사회민주주의와 (혹은) 급진 민주주의의 발전에 어떤 방식으로 기여했는지에 대한 설명이 만족스럽지 않다는 얘기이다. 그녀는 이데올로기와 정치가 위로부터 주입되지 않는 자유로운 터전들이 민주주의의 토양이라고 암시하면서도, 다른 한편으로는 사회주의가 권력에 맞서 민주주의를 작동시키는 이념적 토대라고 주장한다. 이런 견해는 다소 역설적으로 들린다. 콘은 이데올로기와 저항 터전들 사이의 관계에 대해 침묵하거나 암시적이기만 하다.

그런 침묵과 암시에서 옮긴이가 읽은 내용은 다음과 같다. 콘이 저항의 터전들이 본질적으로 사회주의적이었다고 말할 때, 사회주의는 반드시 이탈리아 공산당의 노선과 동의어가 아니다. 콘 자신은 넌지시 내비치기만 하지만, 사회주의는 프롤레타리아 계급과 공산당이 나타나기 이전의 현상이다. 사회주의와 공장 프롤레타리아트와 공산당을 연결시킨 인물은 마르크스였다. 그러나 사회주의는 전(前)마르크스적 현상이었다. 그것은 민중이 계급으로 분화되기 이전 시대에 출현했다. 또한 그 민중이 자본주의의 발전에 따라 양대 계급으로 뚜렷이 분화된 것도 아니었다. 콘도 말하듯이, 글로벌 자본주의의 통합·불균형 발전은 계급 관계를 오히려 복잡하게 만들었다. 그렇다면 사회주의는 전국적 차원의 프롤레타리아 계급과 특권적 관계를 맺고 있는 것은 아니다. 이탈리아의 경우는 사회주의가 한편으로 지방에 뿌리를 두면서, 다른 한편으로 경제적 박탈에 맞선 사회적 정의라는 보편적 가치를 가지로 뻗으면서 발전했음을 보여 준다. 물론 이데올로기와 저항의 터전들 사이의 관계에 대한 이러한 옮긴이의 해석이 지은이의 진의를 잘못 읽은 것일 수도 있다. 그러나 그런 하나의 해석을 낳을 정도로 이 책은 '생산적'이다. 이런 '생산성'을 고려하면, 독자들도 얼마든지 해석의 자유와 사유의 민주주의를 만끽할 수 있을 것이다. 그리고 틀림없이 지은이도 그런 자유와 민주주의를 싫어하지 않으리라고 본다.

이데올로기의 문제와 관련한 모호함에도 불구하고, 결국 콘의 논지에서 분명한 것은 태초에 공간이 있었다는 주장이다. 다양하고 이질적인 노동자 대중이 서로 만나 사회성을 함양하고 정치와 문화에 접속하는 삶과 투쟁의 터전들이 있었다는 것이다. 모든 권력관계는 장소에 각인되어 있고, 그것은 마음대로 바꿀 수 있는 견해 따위가 아니다. 그렇다고 장소가 부동의 정체 공간도 아니다. 중요한 것은 사람들이 공간 속에서 몸을 부대끼며 사는 과정에서 얻는 경험이요, 그 경험에 대한 기억과 의미 부여이다. 노동자들은 공장에서 생산과정에 투입된 '물건'에 지나지 않았다. 또한 이데올로기와 정치 면에서는 개종시켜야 할 '대중'이었다. 하지만 노동자들은 협동조합과 민중회관, 노동회의소에서 '물건'과 '대중'으로서 겪은 경험을 함께 토론하는 과정에서 소속감과 연대감을 느끼고 그들 자신의 힘을 의식하게 되었다. 이로써 그들은 세상의 공동 창조자, 말하자면 주체로서 정립되었다는 것이 콘의 결론이다. 이처럼 권력 없는 자들이 주체화되는 공간, 그것이 곧 콘이 이 책 제목으로 정한 '급진 공간'(래디컬 스페이스)이다. 여기서 급진적이라는 것은 과격하고 극단적이라는 말이 아니라, 기층(풀뿌리)적이고 자발적이라는 말, 즉 (형식적이 아니라 실질적인 의미에서) 민주주의적이라는 말이다.

때때로 책을 다 읽고 나서도 뭘 읽었는지 모를 때가 있다. 하물며 직접 번역한 경우에 그렇다면 당혹감은 이루 말할 수 없다. 옮긴이의 경우가 그랬다. 그래서 다시 고쳐 읽고 쓰면서 찬찬히 번역한 내용을 정리해 보았다. 그 결과물이 바로 옮긴이 후기이다. 그런 점에서 이 후기는 나 자신에게 말하는 일종의 '방백'인 셈이다. 독자들에게 도움이 되리라고 믿는다. 사실, 이 책의 번역 과정은 '악몽'과도 같았다. 난해한 개념어들과 지나치게 압축된 설명들 때문에 개념어들의 번역 용례와 전후 문맥을 찾아 수많은 이론서들을 뒤적여야 했다. 평범한 단어들조차 번역하기 쉽지 않았다. 가령 '사이트'(site)를 어떻게 옮겨야 할까? 내가 결국 집'터', 쉼'터', 놀이'터' 등에서 쓰이는 '터전'으로 옮겼지만, 동료 연구자 한 분이 '자리'라는 단어를 추천해 주셔서 나를 끝까지 고민에 빠뜨렸다. 그 밖에도 '로컬리티'(locality), '코뮤널리즘'(communalism), '뮤니시팔리즘'(municipalism) 같은 개념어를 어떻게 옮겨야 할까? 나름대로 열심히 노력했지만, 오류는 능력의 한계를 드러낼 뿐이다. 옮긴이로서는 앞으로 기회가 닿는 대로 더 나은 번역서를 만들어 가자고 스스로 다짐하는 수밖에 없다.

번역 과정에서 겪은 끔찍한 어려움 때문에, 이 책 번역을 권해 준 삼천리의 송병섭 선생님을 원망하는 마음도 많이 들었다. 하지만 번역하면서 공부한 것이 참으로 많다는 생각을 하면 감사드려야 마땅하다. 그리고 타성에 젖은 눈에는 보이지 않는 오류들을 잡아 준 영남대 대학원 사학과의 박한나와 이미영에게도 사의를 표한다. 또한 내가 공부하고 번역할 수 있도록 최상의 환경을 만들어 준 네 명의 여성에게도 따뜻한 사랑을 보낸다. 아내와 딸, 어머니와 여동생이 이루어 준 가족은 언제나 든든한 내 삶의 터전이다.

끝으로 감사를 표해야 할 또 한 분의 여성이 있다. 역사는 경시되고 이론은 부재하는 시대에 역사와 이론을 접목하는 작업이 얼마나 중요한지 새삼 일깨워 준 이 책의 저자, 마거릿 콘 교수께도 찬사와 함께 감사의 뜻을 전한다.

2013년 6월
영남대 연구 공간에서 장문석

참고문헌

이 책은 주로 결사주의(associationalism)와 협동조합, 지방자치체 사회주의, 노동자계급 동원에 대한 이탈리아어 2차 사료에 의존했다. 이 연구 프로젝트는 사회사 연구자들이 발굴한 경찰 보고서와 공장 법규, 내부 문건, 신문 기사 등에 바탕을 둔 것이기에 역사가들이 2차 연구서라고 부를 만한 것이다.

나는 2차 사료를 보완하는 두 가지 사료를 이용했다. 첫째, 나는 피렌체 국립중앙도서관의 폰티 미노리(Fonti Minori) 문서고에 소장된 노동자계급 결사주의에 대한 사료 컬렉션을 뒤졌다. 이 문서고는 모두 1,821건의 문서들로 이루어졌는데, 협동조합과 상조회, 노동회의소, 저항 조직들에서 나온 각종 조례와 법조문, 개관식 기념 연설문 등을 소장하고 있다. 이 컬렉션에는 주로 1882년에서 1922년 사이에 인쇄된 사료들이 있다. 문서고는 북부 이탈리아와 토스카나 관련 기록들에 편중되어 있기는 하지만, 다른 나라의 조례들도 포함하고 있다. 나는 총 65개의 결사들로부터 이용할 수 있는 사료들 중에서 무작위로 선택한 하나의 사례를 꼼꼼하게 읽는 방식으로 분석했다. 또한 나는 파시즘 이전 시기 정치 동원을 기록하고 해석한 당대 사회주의 활동가들과 지식인들의 설명도 검토했다. 이 사료들은 각종 회고록과 팸플릿과 소논문을 비롯해《사회 비평》과 같은 사회주의 저널의 지면을 통해 출판되었다.

이 연구 프로젝트에서 사용된 사료는 주로 이탈리아 사료이지만, 나는 이따금씩 이탈리아에서 일어난 사건들을 이해하는 데 중요한 다른 나라의 발전도 논의했다. 이탈리아에 초점을 맞춘 몇 가지 이유가 있다. 첫째, 이탈리아 노동자계급 운동에 대한 역사 서술은 지금까지 영미권에서 별로 주목받지 못했다. 따라서 이러한 공백을 채움으로써 파시즘 이전 이탈리아의 사건들을 광범위한 독자들에게 소개할 기회를 얻고자 했다. 둘째, 결사체와 협동조합은 공화국이 수립된 때부터 현재에 이르기까지 이탈리아에서 대단히 눈에 띄는 역할을 했다. 따라서 이탈리아의 정치 이론과 역사 서술은 민중적 공론장을 분석하는데 귀중한 자원이 된다.

마지막으로, 나는 이 책에서 검토한 실천과 관행이 이탈리아에만 독특한 것이 아니라 유럽의 주변부에 위치한 많은 나라와 발전도상국의 경우에도 의미가 있다고 믿는데, 이 지역에서는 자본주의가 산업화의 진전보다는 세계시장의 침투 결과로 경험되었다는 공통점이 있다.

아래에 문서고 사료, 특히 내가 이 연구 프로젝트를 위해 분석한 각종 조례의 목록을 제시한다. 사료는 피렌체 국립중앙도서관의 폰티 미노리 컬렉션에 소장된 것이다. 이 문서들보다 더 접근하기 편한 사료들(신문, 팸플릿, 통계 수치, 기타 출간된 회고록)은 주석에 인용되어 있다.

■ 협동조합

상조회 활동과 협동조합 활동을 모두 일차적인 목적으로 명기한 결사체들이 포함되어 있다.

Cooperative "Nazario Sauro" fra Carciatori, Scaricatori, e Marittimi(1922)
Società Cooperativa di Consumo e Soccorso Porta à Mare-Pisa(1911)
La Preservanza-Sezione Cooperativa delle Panche(1919)

Cooperative Sociale di Previdenza di San Niccolò(1910)

Fratellanza Artigiana d'Italia: Magazzino Cooperativo di Consumo
di Peretola e Petriolo(1887)

Fratellanza Cooperativa di Consumo in Prato(1904)

Società Anonima di Cooperazione Economica di Granaiolo-
Empoli(1910)

Società Anonima Cooperativa di Consumo fra gli Impiegati
Ferroviari-Cecina(1886)

Cooperative di Produzione e Lavoro-Cooperative Sociale
Costruttori Idraulici(1903)

Società Cooperativa Santa Croce al Pino e Dintorni(1900)

Società Cooperativa San Martino alla Parma(1889, 1909년에 개정)

Società Operaia le Cure(1915)

La Fratellanza e Magazzino Cooperativo San Lorenzo à Vaccoli(1911)

Circolo Operaio Cooperativo della Unione in San Salvi(1890)

Unione Cooperativa Sestese-Sesto Fiorentino(1909)

Unione Operaia Cooperativa di Consumo di Firenze(1892)

Società fra gli Operai Seggiola, Pisa(1899)

Unione Cooperativa di Consumo Pontremoli(1898)

Associazione Generale fra i Coloni del Pistoiese(1919)

Società Cooperativa Consumo Scansano(1911)

■ 상조회

Associazione di Mutua Assistenze Collettiva Fra i Soci Fascio
Ferroviario-Pisa(1894)

La Previdente Operai Braccianti-Vicarello Pisano(1896)

Società Operaia di Mutuo Soccorso G. Garibaldi(1898)

Società Democratica Operaia di Mutuo Soccorso, Pisa(1887)

Associazione Operaia di Mutuo Soccorso Democratica-Vicopisano(1890)

Associazione di Mutuo Soccorso fra gli Agricolturi e gli Operai di San Lorenzo à Vaccoli(1896)

Fratellanza Artigiana-Gracciano(1915)

Società Operaia di Mutuo Soccorso-Scandicci(1894)

Circolo Operaio delle Nunziata-Società di Mutuo Soccorso(1885)

Fratellanza di Greve in Chianti(1890)

■ 노동회의소와 부속 기관

Lega di Miglioramento Pasticcieri, Confettieri, e Affini-Livorno(1902)

Camera del Lavoro-Piombino(1910)

Lega di Resistenza fra Cuochi, Camerieri, Caffettieri e Affini-Pisa(1901)

Sezione Addetti alle Macchine-Livorno(1901)

Lega di Resistenza fra le Filatrici in Seta-Pistoia(1906)

Lega di Resistenza fra Operai Stoviglai(1901)

Sezione Cuochi, Camerieri, Caffettieri-Firenze

Sezione Commessi e Impiegati d'Aziende Private-Firenze(1901)

Sezione Vetrai e Lavoratanti in Vetro-Firenze(1894)

Società Cooperativa Operai Esercenti l'Arte Muraria(1898)

Federazione Italiana dei Lavoranti in Legno(1901)

Cooperative fra Classificatori e Classificatrici di Stracci-Prato(1909)

Cooperative fra Lavoranti Sarti(1917)

Camera del Lavoro-Scandicci(1896)

Camera del Lavoro-Pistoia(1901)

Camera del Lavoro-Firenze, Sezione Intagliatori(1896)

Lega di Resistenza fra i Lavoranti in Granate-Larciano(1911)

Associazione fra i Lavoranti Trasporti e Communicazioni-Empoli(1893)

- 그 밖의 단체와 정치 결사체

노동자계급 조직과 부르주아 조직, 기타 혼재된 조직이 포함되어 있다.

Società Umanitaria Milano

Cassa di Sussidio alla Disoccupazione(1909)

Casa del Lavoro(1908)

General Statutes(1893, 1910년에 개정)

"Origine e Significato del Primo Maggio"(1925)

Federazione dei Circoli Operai della Regione Lombardia(1912)

Circolo Pensiero e Azione di Genova(1887)

Associazione Democratica Torie-Pellice(1909)

Circolo Politico Nazionale(1848)

Associazione Democratica Tortona(1903)

Circolo Studio e Lavoro-Luno(1896)

Federazione Provinciale Republicana Lucchese(1921)

Circolo Ricreativo Socialista-Livorno(1903)

Associazione Democratica Costituzionale "Italia e Casa Savoia"
    -Livorno(1908)

Associazione Liberale Monarchica(1891)

Associazione Patriottica Liberale Torinese(1876)

Casa dei Socialisti Massa(1901)

Circolo Socialista di Maschito Patenza(1903)

Circolo Socialista Massa Marittima(1896)

Circolo Operaio Piombino(1892)

Partito Socialista Anarchico-Federazione Carrarese(1902)

주석

서장

1) Marcel Hénaff and Tracy B. Strong, eds., *Public Space and Democracy*(Minneapolis: University of Minnesota Press, 2001)를 보라.

2) Setha M. Low, "Cultural Meaning of the Plaza: The History of the Spanish-American Gridplan-Plaza in Urban Design," in *The Cultural Meaning of Urban Space*, ed. Robert Rotenberg and Gary McDonogh(Westport, Conn.: Bergin and Garvey, 1993), p. 75.

3) Maurice Halbwachs, *The Collective Memory*(New York: Harper and Row, 1980).

4) Richard Sennett, *The Conscience of the Eye: The Design and Social Life of Cities*(New York: Norton, 1990).

5) 피에르 부르디외(Pierre Bourdieu)가 주장하듯이, 학습이 지식의 일부가 되기 위해 반드시 담론을 통과할 필요는 없다. 공간적 배치가 어떻게 사회적 재생산에 기여하는지를 보여 주기 위해 카빌(Kabyle) 족의 가정에 대해 폭넓게 논의했다. 사회적 구별 짓기는 공간화를 통해 자연 세계의 일부로 나타나는 것이다. Pierre Bourdieu, *Outline of a Theory of Practice*(Cambridge: Cambridge University Press, 1977); idem, *The Logic of Practice*, trans. R. Nice(Cambridge: Polity Press, 1990).

6) 이 책에서 공간은 바깥과 유연하게 구별되는, 내적으로 구조화된 경험 영역을 지시한다. 장소는 공간과 동의어지만, 공간보다는 약간 더 구체성을 띠는 어떤 것을 함의한다. 이러한 공식은 '분야'(field)라는 용어에 대한 정의로부터 영향을 받았다. '분야'에 대해서는 Bernhard Waldenfels, *Order in the Twilight*(Athens: Ohio University Press, 1996), p. 29를 보라.

7) 특히 Bourdieu, *Theory of Practice*를 보라. 공간 현상학에 대한 좀 더 일반적인 논의를 위해서 나는 Maurice Merleau-Ponty, *Phenomenology of Perception*, trans. Colin Smith(London: Routledge and Kegan Paul, 1962)가 매우 유용하다고 생각한다.

8) Henri Lefebvre, *The Production of Space*, trans. Donald Nicholson-Smith(London: Basil Blackwell, 1992), p. 137. [앙리 르페브르, 《공간의 생산》, 양영

란 역(에코리브르, 2011), 221쪽]. 인용문은 옮긴이가 번역한 것임.

9) Michel de Certeau, *The Practice of Everyday Life*(Berkeley: University of California, 1988), p. 99.

10) Peter Katz, *The New Urbanism: Toward an Architecture of Community*(New York: McGraw-Hill, 1993). 좀 더 비판적인 견해로는 Keally McBride, "Consuming Community," *Socialist Review* 28(2001): p. 3, 4를 보라.

11) Fred Dallmayr, *Twilight of Subjectivity: Contributions to a Post-Individualist Theory of Politics*(Amherst: University of Massachusetts Press, 1981), p. 51에서 재인용.

12) William Connolly, *Why I Am Not a Secularist*(Minneapolis: University of Minnesota Press, 1999).

13) Bourdieu, *Logic of Practice*, pp. 66-76.

14) 미셸 푸코는 *The Archeology of Knowledge*(New York: Pantheon, 1972)에서 공식적 언어 원칙과 추상적 이념 영역 사이에 위치하는 것으로 파악한다. 담론이란 주어진 맥락에서 의미 있는 진술의 생산을 규제하는 특정한 규칙들을 의미한다. 또한 Thomas L. Dumm, *Michel Foucault and the Politics of Freedom*(Thousand Oaks, Calif.: Sage, 1996).

15) 예컨대 푸코는 다음과 같이 썼다. "그러나 의료 담론의 경우 숱한 특징적인 요소들 사이의 관계의 정립으로서 그 요소들 중 몇몇은 의사들의 지위와 관련되어 있고, 다른 몇몇은 의사들이 말하는 제도적·기술적 장소와 관련되어 있으며, 또 다른 몇몇은 감지하고 관찰하며 묘사하고 가르치는 등등의 일을 하는 주체로서 의사들의 위치와 관련되어 있다. 서로 다른 요소들 사이의 이러한 관계는 임상 의학의 담론에 의해 영향을 받는다고 말할 수 있다. 다시 말해, 하나의 실천으로서의 이러한 담론이야말로 그러한 요소들 사이에 '실재적으로' 주어지거나 '선험적으로' 구성되지도 않는 관계의 체제를 정립한다. …… 그것은 언어적 표현 현상이 아니라 발생의 조건이다. 요컨대 화자의 산물이 아니라 언설 가능성의 조건이다"(*The Archeology of Knowledge*, p. 52).

16) 민주주의적 효과의 서로 다른 유형들에 대한 탁월한 논의로는 Mark Warren, *Democracy and Association*(Princeton: Princeton University Press, 2001)을 보라.

17) 이러한 정의는 마크 워렌의 정의와는 약간 다르다. Mark Warren, "What Should We Expect from More Democracy: Radically Democratic Responses to Politics," *Political Theory* 24, no. 2(1996): pp. 241-270. 워렌은 급진 민주주의자들이 "일상 생활에 즉각적인 영향력을 행사하는 제도들 속에서" 세력화를 추구한다고 주장한다. 그러나 나의 정의는 개인적인 변형보다는 정치권력의 획득이라는 차원을 강조한다.

18) C. Douglas Lummis, *Radical Democracy*(Ithaca: Cornell University Press,

1996).

19) Chantal Mouffe, *The Return of the Political*(London: Verso, 1993), p. 18.

20) Benjamin Barber, *Strong Democracy: Participatory Politics for a New Age*(Berkeley: University of California Press, 1984).

21) Robert Dahl, *A Preface to Economic Democracy*(Berkeley: University of California Press, 1985); Samuel Bowles and Herbert Gintis, *Democracy and Capitalism*(New York: Basic Books, 1986); Carole Pateman, *Participation and Democratic Theory*(Cambridge: Cambridge University Press, 1970); David Miller, *Market, State, and Community: Theoretical Foundations of Market Socialism*(Oxford: Clarendon Press, 1989).

22) Anna Marie Smith, *Laclau and Mouffe: The Radical Democratic Imaginary*(London and New York: Routledge, 1998).

23) Ernesto Laclau and Chantal Mouffe, *Hegemony and Socialist Strategy: Towards a Radical Democratic Politics*(London: Verso, 1985), pp. 152-159. 19세기 프랑스 노동자들이 사용한 인도주의적 언어를 알려면 Jacques Rancière, *The Nights of Labor: The Workers' Dream in Nineteenth-Century France*(Philadelphia: Temple University Press, 1989)를 보라.

24) '급진주의'라는 용어는 1800년대 초에 매우 빈번히 사용되었다. 개러스 스테드먼 존스(Gareth Stedman Jones)는 18세기와 19세기 잉글랜드 급진주의의 중심적인 교의가 모든 악과 불행을 정치적 원천의 탓으로 돌리는 것이었다고 주장한다. 급진파는 현격한 정치적 분열이 자본가와 노동자 사이에 있다기보다는 대표되는 자와 대표되지 못하는 자 사이에 있다고 생각했다는 것이다. Jones, "Rethinking Chartism," in *Languages of Class: Studies in English Working Class History, 1832-1982*(Cambridge: Cambridge University Press, 1983), p. 105.

25) 로베르토 웅거(Roberto Unger)도 *False Necessity: Anti-Necessitarian Social Theory in the Service of Radical Democracy*(Cambridge: Cambridge University Press, 1987)에서 이와 유사한 점을 지적한다.

26) 에르네스토 라클라우는 조금 나중에 발표한 논문에서 민주주의나 시민권과 같은 보편적인 것들의 용어를 둘러싼 투쟁을 통해 "동등한 것들로 이루어진 사슬"을 만들어 내는 것이 가능하다고 주장한다. Laclau, *Emancipation(s)*(London and New York: Verso, 1996)을 보라.

27) 이 연구에서 나는 그람시의 용어인 '하위계급들'과 복수형인 '노동자계급들'이라는 용어를 번갈아 사용한다. 비록 나는 정치적 정체성과 권력에 대해 경제가 차지하는 중심적 기능을 부각시키고 싶지만, 그와 동시에 노동자들의 이질성과 다양성을 강조하고 싶다.

28) 영향력 있는 민주주의 이론의 서로 다른 경향들에 대한 압축적인 소개로는 David Held, *Models of Democracy*(New York: Polity, 1986)를 참조하라.

29) 본 연구 프로젝트의 목표가 공간이 어떻게 진보적이거나 민주주의적인 정치 프로젝트에 기여하는지를 이해하는 것이기 때문에 나는 사회운동들에서 자유 선거에 이르기까지 일체의 민주주의적 실천을 폭력적이고도 절대적으로 억압한 것으로 특징지어지는 파시즘 시기에 초점을 맞추지 않을 것이다. 공적 공간과 대중 스펙터클, 파시즘 이데올로기 사이의 관계에 대한 흥미로운 연구로는 Mabel Berezin, *Making the Fascist Self: The Political Culture of Interwar Italy*(Ithaca: Cornell University Press, 1997)를 참조하라.

30) Robert Putnam, *Making Democracy Work: Civic Traditions in Modern Italy*(Princeton: Princeton University Press, 1994). [Robert D. Putnam, 《사회적 자본과 민주주의》, 증판, 안청시 외 역(박영사, 2007)]; Margaret Kohn, "Civic Republicanism versus Social Struggle: A Gramscian Approach to Associationalism in Italy," *Political Power and Social Theory* 13(1999): pp. 201-235; Tamara Simoni, "Il rendimento istituzionale delle regioni, 1990-1994," *Polis* II, no. 3(1997): pp. 417-436을 보라.

31) Antonio Gramsci, "The Study of Philosophy," in *Selections from Prison Notebooks*, ed. and trans. Quintin Hoare and Geoffrey Nowell Smith(New York: Internation Publishers, 1971), p. 341. "대중이 특정한 이데올로기를 수용하거나 수용하지 않는다는 것이야말로 사유 양식의 합리성과 역사성을 가늠하는 진정한 시금석이다. 때때로 자의적인 구성물들이 즉각적으로 유리한 환경이 조성될 경우 그럭저럭 일정한 인기를 누릴지라도, 그것들은 역사적 경쟁에 의해 매우 신속하게 제거된다."

32) Walter Benjamin, "Theses on the Philosophy of History," in *Illuminations*, ed. Hannah Arendt(New York: Schocken Books, 1968), pp. 254-255. [발터 벤야민, 〈역사의 개념에 대하여〉, 《역사의 개념에 대하여/폭력비판을 위하여/초현실주의 외》, 최성만 역(길, 2008), 333쪽]. 인용문은 한국어판을 참조하여 번역함.

33) Martin Jay, *The Dialectical Imagination: A History of the Frankfurt School and the Institute of Social Research, 1923-1950*(Boston: Little, Brown, 1973).

34) 이러한 접근법에 대한 좋은 입문서로는 David Couzens Hoy and Thomas McCarthy, *Critical Theory*(Cambridge, Mass.: Blackwell, 1994); Axel Honneth, "The Social Dynamics of Disrespect: On the Location of Critical Theory Today," *Constellations* 1, no. 2(1994): pp. 255-269를 보라.

35) 비판 이론과 계보학 사이의 유사점과 차이점에 대한 탁월한 논의로는 Thomas McCarthy, "The Critique of Impure Reason: Foucault and the Frankfurt

School," in *Ideals and Illusions: On Reconstruction and Deconstruction in Contemporary Critical Theory*(Cambridge: MIT Press, 1993)를 참조하라. 또한 비판 이론에 대한 탁월한 입문서로는 Susan Buck-Morss, *The Origins of Negative Dialectics: Theodor W. Adorno, Walter Benjamin and the Frankfurt Institute*(New York: Free Press, 1979)를 추천한다.

36) Seyla Benhabib, *Critique, Norm, and Utopian: A Study of the Foundations of Critical Theory*(New York: Columbia University Press, 1986), p. 34를 보라.

37) 이러한 방법은 발터 베냐민의 다음과 같은 진술, 즉 "역사 유물론의 중요한 과제는 위험의 순간에 역사적 주체에게 예기치 않게 나타나는 과거의 이미지를 붙드는 일이다"라는 진술을 반영하고 있다("Theses on the Philosophy of History," p. 255) [베냐민, 〈역사의 개념에 대하여〉, 334쪽]. 인용문은 한국어판을 참조하여 번역함.

38) Michel Foucault, "Two Lectures," in *Power/Knowledge: Selected Interviews and Other Writings, 1972-1977*, ed. Colin Gordon(New York: Pantheon, 1980), p. 83.

1장

1) Wendy Brown, "Feminist Hesitations, Postmodern Exposures," *Differences* 3, no. 1: pp. 63-84.

2) Jean-Jacques Rousseau, *Politics and the Arts: Letter to M. d'Alembert on the Theatre*, trans. and ed. Allan Bloom(Ithaca: Cornell University Press, 1960), pp. 16-17. 또한 Paul Thomas and David Lloyd, *Culture and the State*(New York: Routledge, 1998)를 보라.

3) Michael Walzer, "The Communitarian Critique of Liberalism," *Political Theory* 18, 1: pp. 6-23; Michael Sandel, *Liberalism and the Limits of Justice*(Cambridge: Cambridge University Press, 1982); Amitai Etzioni, *The Essential Communitarian Reader*(New York: Rowman and Littlefield, 1998); Robert Bellah, *Habits of the Heart: Individualism and Commitment in American Life*(Berkeley: University of California Press, 1985).

4) Bonnie Honig, *Political Theory and the Displacement of Politics*(Ithaca: Cornell University Press, 1993); William Connolly, *The Ethos of Pluralization*(Minneapolis: University of Minnesota Press, 1995). 예컨대 윌리엄 코널리는 "일상적인 분쟁의 범위와 민주주의 정치의 본질을 이루는 행동의 영토적 장소"를 서로 대응시키는 경향에 대해 향수 어린 장소의 정치라고 비판한다. Connolly,

"Democracy and Territoriality," *Millennium: Journal of International Studies* 20, no. 3(1991): p. 464. 세계화 시대에 지방적인 것의 관계에 대한 좀 더 상세한 논의로는 본서의 후기를 참조하라.

5) Hannah Arendt, *The Human Condition*(Chicago: University of Chicago Press, 1958), p. 194.

6) Sheldon Wolin, *Politics and Vision: Continuity and Innovation in Western Political Thought*(Boston and Toronto: Little, Brown, 1960), p. 7.

7) 이러한 구별은 David Harvey, *Justice, Nature, and the Geography of Difference*(Oxford: Blackwell, 1996), p. 208에 나오는 논의를 약간 변형한 것이다.

8) George Mosse, *The Nationalization of the Masses: Political Symbolism and Mass Movements in Germany from the Napoleonic Wars through the Third Reich*(New York: Howard Fertig, 1975)를 보라.

9) Charles Tilly, "Spaces of Contention," *Mobilization* 5(2000): pp. 135-160. 또한 사회 복귀를 위한 재활 시설 운동에 대한 논의로는 Aldon Morris, *The Origins of the Civil Rights Movement: Black Communities Organizing for Change*(New York: Free Press, 1984)를 보라.

10) James C. Scott, *Domination and the Arts of Resistance: Hidden Transcripts*(New Haven: Yale University Press, 1990), p. 118. 또한 Sara Evans and Harry C. Boyte, *Free Spaces: The Sources of Democratic Change in America*(New York: Harper and Row, 1986)를 보라. Robert Couto, "Narrative, Free Space, and Political Leadership in Social Movements," *Journal of Politics* 55(1993): pp. 57-79; Eric Hirsch, "Protest Movements and Urban Theory," *Research in Urban Sociology* 3(1993): pp. 159-180; William Gamson, "Safe Spaces and Social Movements," *Perspectives on Social Problems* 8(1996): pp. 27-38.

11) 제인 제이콥스(Jane Jacobs)의 다음과 같은 고전을 참조하라. *The Life and Death of American Cities*(New York: Vintage, 1961); Iris Marion Young, "The Ideal of Community and the Politics of Difference," in *Feminism/Postmodernism*, ed. Linda Nicholson(New York: Routledge, 1990).

12) Dolores Hayden, *Redesigning the American Dream: The Future of Housing, Work, and the Family Life*(New York and London: Norton, 1984), p. 101에서 재인용.

13) Gaston Bachelard, *The Poetics of Space*(Boston: Beacon Press, 1994) [가스통 바슐라르, 《공간의 시학》, 곽광수 역(동문선, 2003)].

14) 가내 공간의 계획과 모더니즘적인 사회 변형의 의제 사이의 관계에 대한 함축적인 논의로는 James Holston, *The Modernist City: An Anthropological Critique of Brasilia*(Chicago: University of Chicago Press, 1989)를 참조하라.

15) Guston Bachelard, *Poetics of Space*, p. 3. [바슐라르,《공간의 시학》, 75쪽]. 인용문은 한국어판 번역을 따름.

16) David Harvey, *Justice, Nature, and the Geography of Difference*.

17) Hayden, *Redesigning the American Dream*.

18) Robert Fishman, "Bourgeois Utopias," in *Readings in Urban Theory*, ed. Susan Fainstein and Scott Campell(New York: Blackwell, 1997), pp. 23-60. 또한 Mike Davis, *City of Quartz; Excavating the Future in Los Angeles*(New York: Vintage Books, 1992)를 보라.

19) Gregory D. Squires, "Partnership and the Pursuit of the Private City," in *Readings in Urban Theory*, ed. Susan Fainstein and Scott Campell(New York: Blackwell, 1997), pp. 266-290; Susan Bickford, "Constructing Inequality: The Purification of Social Space and the Architecture of Citizenship," *Political Theory* 28, no. 3(2000): pp. 355-377을 보라.

20) Michel Foucault, *Discipline and Punish: The Birth of the Prison*(New York: Vintage Books, 1977), p. 24.

21) Edward Casey, *The Fate of Place: A Philosophical History*(Berkeley: University of California Press, 1997); Henri Lefebvre, *The Production of Space*, trans. Donald Nicholson-Smith(London: Basil Blackwell); Richard Sennett, *Flesh and Stone: The Body and the City in Western Civilization*(New York: Norton, 1994)을 보라.

22) 푸코는 다음과 같이 썼다. "경제적·정치적 장치들을 거쳐 …… 거대한 지정학적 전략에서부터 사소한 입지 전술에 이르기까지 전 역사에는 공간들—그와 동시에 권력들(공간과 권력 모두 복수형이어야 한다)이기도 한—에 대해 쓰여야 할 것이 많이 남아 있다." Michel Foucault, "The Eye of Power," in *Power/Knowledge: Selected Interviews and Other Writings, 1972-1977*, ed. Colin Gordon(New York: Pantheon Books, 1980), p. 149.

23) Marshall Berman, *All That Is Solid Melts into Air: The Experience of Modernity*(New York: Penguin, 1982). [마샬 버먼,《맑스주의의 향연》, 문명식 역(이후, 2001), 152-153쪽]. 인용문은 한국어판 번역을 따름.

24) 라클라우의 입장에 대한 탁월한 비판으로는 Doreen Massey, *Space, Place, and Gender*(Minneapolis: University of Minnesota Press, 1994), pp. 249-

255를 보라.

25) Ernesto Laclau, *New Reflections of the Revolution of Our Time*(London: Verso, 1990), p. 68.

26) Kristin Ross, *The Emergence of Social Space: Rimbaud and the Paris Commune*(Minneapolis: University of Minnesota Press, 1988), p. 8에서 재인용.

27) 자크 데리다(Jacques Derrida)는 다음과 같이 쓰고 있다. "레비나스(Levinas) 역시 공간은 동일자의 터전이므로 공간적인 것에는 진정한 외부성이 존재하지 않는다는 사실을 보여 주려고 한다. 이 말은 곧 터전은 항상 동일자의 터전라는 것을 뜻한다." Derrida, *Writing and Difference*, trans. Alan Bass(Chicago: University of Chicago Press, 1978), p. 112. 또한 Martin Jay, *Downcast Eyes: The Denigration of Vision in Twentieth-Century French Thought*(Berkeley: University of California Press, 1993)를 보라. 제이(Martin Jay)의 책이 비록 '시각'(vision)에 초점을 맞추고는 있지만, 제이는 많은 이론가들이 공간과 시각적 이미지를 뒤섞은 후 시각적 이미지의 부동성을 평가절하했다는 사실에 주목한다. 계몽사상에서 확인되는 장소에 대한 적대감을 온전히 분석한 저작으로는 Casey, *Fate of Place*를 참조하라.

28) Michel de Certeau, *The Practice of Everyday Life*(Berkeley: University of California Press, 1984), pp. 34-36.

29) Ibid., p. 36.

30) Ibid., p. 35.

31) Ibid., p. 93.

32) Ibid., p. 103.

33) Laclau, *New Reflections*, p. 41.

34) Massey, *Space, Place, and Gender*.

35) 라클라우도 이러한 가능성을 인정하면서 다음과 같이 진술한다. "시간을 주기적인 계열로 표상하는 것은 …… 이러한 의미에서 시간을 공간으로 환원하는 것이다. 그러므로 변화에 대한 목적론적인 개념 역시 본질적으로 공간 중심적인 것이다"(*New Reflections*, p. 42). 나는 라클라우가 이러한 방식으로 인정함으로써 결과적으로 공간과 시간의 구분을 무의미하게 만들었다고 주장한다. 이로써 공간과 시간은 공히 부동성의 요소와 파열의 요소를 갖고 있는 것이다.

36) Berman, *All That Is Solid Melts into Air*, pp. 131-172를 보라. 또한 Ross, *Emergence of Social Space*를 보라.

37) Guy Debord, "Theory of the Derive," in *Situationist International Anthology*, ed. and trans., Ken Knabb(Berkeley: Bureau of Public Secrets, 1981), p. 50.

38) 이는 푸코의 저작, *Archeology of Knowledge*(New York: Pantheon Books, 1972),

p. 41에서 개관된 미셸 푸코 특유의 고고학적 방법에 깔려 있는 원칙과 유사하다.

39) Michel Foucault, "Two Lectures," in *Power/Knowledge*, pp. 78-108.

40) '제3세계'의 개념에 대한 탁월한 비판으로는 A. Ahmed, *In Theory: Classes, Nations, Literatures*(London: Verso, 1992)를 참조하라.

41) "Pro-Cooperazione," *Giustizia*(Reggio Emilia), Dec. 9, 1906. 딱히 밝히지 않은 경우에 프랑스어와 이탈리아어의 번역문은 내가 옮긴 것이다.

42) Jacques Greux, *Peuple, special edition*, April 1899. 이 문단을 번역하는 데 도움을 준 니콜 드 코르토에게 감사한다.

43) "Pro-Cooperazione," n.p.

2장

1) Carlo Goldoni, *The Coffee-House: A Comedy in Three Acts*, trans. Henry B. Fuller(New York: Samuel French, 1925.n.d.). 골도니가 카페에서 이루어지는 계급을 가로지르는 접촉을 패러디하고 있다는 확실한 증거는 다음 진술에 나타나 있는데, 이 진술은 희곡 대본의 첫 페이지에 나오는 카페 주인의 하인이 하는 말이다. "정말이지 짐꾼들까지 커피를 마시러 오는 것을 보면 웃음이 터져 나온다." (p. 7, 8)

2) Ibid., p. 11.

3) Jürgen Habermas, *The Structural Transformation of the Public Sphere: An Inquiry into a Category of Bourgeois Society*(Cambridge: MIT Press, 1991), pp. 32-33. [위르겐 하버마스, 《공론장의 구조 변동》, 한승완 옮김(나남, 2001), 114-117쪽].

4) Jürgen Habermas, "The Public Sphere: An Encyclopedia Article(1964)," *New German Critique* 3(1974): p. 49.

5) John Timbs, *Clubs and Club Life in London*(London: Chatto and Windus, 1899), p. 215, 299.

6) Ibid., p. 232.

7) Jodi Dean, "Publicity's Secret," *Political Theory* 29, no. 5(2001): pp. 624-649.

8) Habermas, *Structural Transformation*, p. 35[하버마스, 《구조 변동》, 119쪽]. 인용문은 옮긴이가 번역한 것임.

9) J. M. Roberts, *The Mythology of the Secret Societies*(New York: Charles Scribner's Sons, 1972); Ira Wade, *The Clandestine Organization and Diffusion of Philosophic Ideas in France from 1700 to 1750*(Princeton: Princeton University Press, 1938); Margaret Jacob, *The Radical Enlightenment: Pantheists, Freemasons and Republicans*(London: George Allen and Unwin,

1981).

10) 내가 관례에 따라 '사변적 프리메이슨'이라는 용어를 사용하는 것은 대체로 부르주아 적/귀족적인 지회들을 그 선구적 형태들, 그러니까 실제 생산 활동에 종사하는 수공업 자들의 길드라고 할 수 있는 '직업적' 프리메이슨과 구별하기 위함이다.

11) 담합주의의 라틴어 어원인 '코포라레'(corporare)는 "하나의 몸을 이루다"라는 뜻으 로, 사회를 하나의 유기체적이고 통일적인 현상으로 묘사하는 데 사용되었다.

12) Mary Ann Clawson, *Constructing Brotherhood: Class, Gender, and Fraternalism*(Princeton: Princeton University Press, 1989), p. 38.

13) Roberts, *Mythology of the Secret Societies*, p. 99.

14) Jacob, *Radical Enlightenment*. 프리메이슨이 뿜어낸 호소력 중 하나는 바로 세계 시 민주의에 있었다. 레싱은 "Die Gespräche über Freimaurerei"에서 프리메이슨의 주 된 목표가 민족주의와 지방주의의 분열적인 효과에 맞서는 것이었다고 주장한다. 이러 한 사실은 게야르댕(Gaillardin)에 있는 환희 기사단(Knights of Jubilation)의 기록 (1710)과 같은 프리메이슨 문서들에서도 확인된다.

15) "고급 교설"이 실제로 무엇이었는지는 사료 증거가 극히 부족하기 때문에 불분명하 다. 존 래스(John Rath)는 고급한 수준의 교설에 포함된 것은 통상 도제들에게 요구 된 바와 같은 "자부심과 법에 대한 존중"을 유지한다는 서약이라기보다는 "폭군과 전 제 군주를 타도하기 위해 협력"하겠다는 서약이었다고 주장한다. John Rath, "The Carbonari: Their Origins, Initiation Rites and Aims," *American Historical Review* 69, no. 2(1964): p. 362.

16) *Memoirs of the Secret Societies of the South of Italy, Particularly the Carbonari*(London: John Murray, 1821), p. 69.

17) Rath, "Carbonari," pp. 353-356. 또한 Rath, *The Provisional Austrian Regime in Lombardy-Venetia, 1814-1815*(Austin: University of Texas Press, 1969)의 "비 밀스러운 세계"(The Secret World)라는 제하의 장(pp. 190-242)을 참조하라.

18) George T. Romani, *The Neapolitan Revolution of 1820-1821*(Evanston, Ill.: Northwestern University Press, 1950).

19) 첫 번째 진술은 베네토 문서고에서 발견한 문서에서 발췌한 것으로 Rath, "Carbonari," p. 367에서 재인용했다. 두 번째 진술은 *Memoirs of the Secret Societies of the South of Italy*, p. 95에 인용된 문서에서 발췌했다.

20) Rath, "Carbonari," p. 370.

21) *Memoirs of the Secret Societies of the South of Italy*, p. 54.

22) 여태껏 공론장이라는 것이 적어도 이상적인 형태로 존재했는지의 여부를 의심하는 학자들도 있다. Michael Schudson, "Was There Ever a Public Sphere? If So,

When?: Reflections on the American Case," in *Habermas and the Public Sphere*, ed. Craig Calhoun(Cambridge: MIT Press, 1992), pp. 143-163; Wolfgang Jäeger, *Öffentlichkeit und Parlamentarisums. Eine Kritik an Jürgen Habermas*. vol. 837(Stuttgart, n.d.), p. 14를 보라.

23) Oskar Negt and Alexander Kluge, *The Public Sphere and Experience: Toward an Analysis of the Bourgeois and Proletarian Public Sphere*(Minneapolis: University of Minnesota Press, 1993); Pierre Bourdieu, *Language and Symbolic Power*(Cambridge: Harvard University Press, 1991).

24) Jürgen Habermas, "Some Further Reflections on the Public Sphere," in Calhoun, *Habermas and the Public Sphere*, p. 425.

25) Nancy Fraser, "Rethinking the Public Sphere: A Contribution to the Critique of Actually Existing Democracy," in Calhoun, *Habermas and the Public Sphere*, p. 116을 보라.

26) 여기서 나의 논의는 노동자계급들의 정치적 포섭의 문제에 초점을 맞추고 있다. 젠더와 관련해서는 Mary Ryan, "Gender and Public Access: Women's Politics in Nineteenth Century America," in Calhoun, *Habermas and the Public Sphere*, pp. 259-288; Catherine Hall, "Private Persons versus Public Someones: Class, Gender and Politics in England, 1780-1850," in *Language, Gender, and Childhood*, eds. Carolyn Steedman, Cathy Unwin, and Valerie Walkerdine(London: Routledge and Kegan Paul, 1985)를 보라.

27) Habermas, *Structural Transformation*, xviii[하버마스, 《구조 변동》, 67쪽]. 인용문은 옮긴이가 번역한 것임.

28) Ibid., p. 177.

29) E. P. 톰슨의 선구적인 작업 이래로, 이 분야의 연구 성과가 몰라보게 증가했다. 그중 가장 중요한 사례들 몇몇을 제시하면 다음과 같다. E. P. Thompson, *The Making of English Working Class*(New York: Penguin, 1968); William Sewell, *Work and Revolution in France: The Language of Labor from the Old Regime to 1848*(Cambridge: Cambridge University Press, 1980); Maurice Agulhon, *Marianne into Battle: Republican Imagery and Symbolism in France, 1789-1880*, trans. Janet Lloyd(Cambridge: Cambridge University Press, 1981); idem, "Working Class and Sociability in France before 1848," in *The Power of the Past: Essays for Eric Hobsbawm*, eds. Pat Thane, Geoffrey Crossick, and Roderick Floud(Cambridge: Cambridge University Press, 1984); Joan Scott, "Popular Theater and Socialism in Late-Nineteenth-Century France,"

in *Political Symbolism in Modern Europe*, eds. Seymour Drescher, David Sabean, and Allan Sharlin(New Brunswick, N.J.: Transaction, 1982), pp. 197-215; Alain Cottereau, "The Distinctiveness of Working-Class Cultures in France, 1848-1900, in *Working-Class Formation: Nineteenth-Century Patterns in Western Europe and the United States*, eds. Ira Katznelson and Aristide R. Zolberg(Princeton: Princeton University Press, 1986), pp. 111-154; John Merriman, *The Red City: Limoges and the French Nineteenth Century*(New York: Oxford University Press, 1985); John M. Merriman, ed., *Consciousness and Class Experience in Nineteenth-Century Europe*(New York: Holmes and Meier Publishers, 1979).

30) Maurice Agulhon, *The Republic in the Village: The People of the Var from the French Revolution to the Second Republic*, trans. Janet Lloyd(Cambridge: Cambridge University Press, 1977). 또한 Maurice Agulhon and Maryvonne Bodiguel, *Les associations au village*(Le Paradour: Actes Sud, 1981)과 Maurice Agulhon, *Le cercle dans la France bourgeoisie, 1810-1848, Étude d'une mutation de sociabilité*(Paris: A. Colin, 1977)를 보라.

31) Günther Lottes, *Politische Aufklärung und Plebejisches Publikum: Zur Theorie und Praxis des englischen Radikalismus im späten 18. Jahrhundert*(Oldenbourg, 1979), p. 216.

32) E. P. Thompson, "Patrician Society, Plebian Culture," *Journal of Social History* 7, no. 3(1974): pp. 399-401.

33) Habermas, *Structural Transformation*, p. 176.

34) Guy Debord, *Society of the Spectacle*(New York: Zone Books, 1995)을 보라.

35) Jürgen Habermas, *Theory of Communicative Action*, vol. 1, trans. Thomas McCarthy(Boston: Beacon Press, 1984); idem, "Legitimation Problems in the Modern State," and "What Is Universal Pragmatics," in *Communication and the Evolution of Society*, trans. Thomas McCarthy(Boston: Beacon Press, 1979); idem, "A Reply to My Critics," in *Habermas: Critical Debates*, eds. John B. Thompson and David Held(London: Macmillan, 1982); idem, *Between Facts and Norms: Contributions to a Discourse Theory of Law and Democracy*, trans. William Rehg(Cambridge: MIT Press, 1996).

36) 이 주제에 대한 문헌은 실로 방대하다. 2차 문헌 중 뛰어난 것만 간추리면 다음과 같다. Thomas McCarthy, *The Critical Theory of Jürgen Habermas*(Cambridge: MIT Press, 1978); Maeve Cooke, *Language and Reason: A Study of Habermas's*

Pragmatics(Cambridge: MIT Press, 1994); William Rehg, *Insight and Solidarity: The Discourse Ethics of Jürgen Habermas*(Berkeley: University of California Press, 1997); Simone Chambers, *Reasonable Democracy: Jürgen Habermas and the Politics of Discourse*(Ithaca: Cornell University Press, 1996).

37) Habermas, Between Facts and Norms; idem, *The Inclusion of the Other: Studies in Political Theory*(Cambridge: MIT Press, 1998).

38) Seyla Benhabib, "Toward a Deliberative Model of Democratic Legitimacy," in *Democracy and Difference*, ed. Seyla Benhabib(Princeton: Princeton University Press, 1996); Chambers, *Reasonable Democracy*; James Bohman, *Public Deliberation: Pluralism, Complexity, and Democracy*(Cambridge: MIT Press, 1996).

39) Habermas, *Structural Transformation*, p. 27. [하버마스, 《구조 변동》, 107쪽].

40) Anthony Giddens, *The Constitution of Society: Outline of the Theory of Structuration*(Berkeley and Los Angeles: University of California Press, 1984), pp. 122-126.

41) Habermas, *Structural Transformation*, p. 51[하버마스, 《구조 변동》, 143쪽].

42) Richard Sennett, *The Fall of Public Man*(New York: Knopf, 1977).

43) Habermas, *Structural Transformation*, p. 51[하버마스, 《구조 변동》, 143쪽]. 인용문은 옮긴이가 번역한 것임.

44) Negt and Kluge, *Public Sphere and Experience*, pp. 38-39.

45) 찰스 틸리(Charles Tilly)도 이와 유사한 주장을 펼친 적이 있다. Charles Tilly, "Spaces of Contention," *Mobilization* 5(2000): pp. 135-160을 보라.

46) Negt and Kluge, *Public Sphere and Experience*, p. 39.

3장

1) Adam Smith, *An Inquiry into the Nature and Causes of the Wealth of Nations*(Chicago: University of Chicago Press, 1976), esp. pp. 302-319. 분업의 충격에 대한 스미스의 미묘한 성찰은 특히 제5권에 담겨 있다.

2) 마르크스와 그람시가 이 장의 초점이다. 공장에 대한 레닌의 흥미로운 토론으로는 Vladimir Lenin, "Immediate Tasks of the Soviet Government," in *The Lenin Anthology*, ed. Robert Tucker(New York: Norton, 1975); James Scoville, "The Taylorization of Vladimir Ilich Lenin," *Industrial Relations* 40, no.

4(2001): pp. 620-626; James Scott, *Seeing Like a State: How Certain Schemes to Improve the Human Condition Have Failed*(New Haven: Yale University Press, 1998), pp. 147-180을 보라.

3) 노동의 터전(노동시장, 생산과정, 노동관계는 말할 것도 없고)이 보여 주는 다양한 성격에 대한 탁월한 연구로는 Chris Tilly and Charles Tilly, *Work under Capitalism*(Boulder: Westview Press, 1998)을 보라.

4) 유토피아적 사회주의에 대한 마르크스의 비판은 《1844년의 경제학·철학 수고》와 《신성 가족》에 나온다. 이와 유사한 논조로 그는 루게(Ruge)에게 보낸 1843년 9월의 서한에서 다음과 같이 쓰고 있다. "두 가지 사실을 부정할 수 없다. 종교와 정치 …… 이 것들이 무엇이건 간에 우리는 이것들과 함께 시작해야만 하며, 예컨대 [에티엔 카베 (Etienne Cabet)의] 《이카리아로의 항해》처럼 하나의 고정된 시스템을 갖고 이것들과 맞설 수 없다. Marx, *Writings of the Young Marx on Philosophy and Society*, eds. Loyd D. Easton and Kurt H. Guddat(Garden City, N.Y.: Anchor Books, 1967), p. 213.

5) Karl Marx and Friedrich Engels, *The German Ideology*(New York: International Publishers, 1970), p. 53.

6) Friedrich Engels, *The Condition of the Working Class in England in 1844*(New York: Macmillan, 1958), p. 12.

7) Karl Marx and Friedrich Engels, *The Communist Manifesto,* in *The Marx-Engels Reader*, 2d ed., ed. Robert C. Tucker(New York: Norton, 1978), p. 479[칼 맑스·프리드리히 엥겔스, 《공산주의 선언》, 김태호 옮김(박종철 출판사, 1998), 13쪽]. 인용문은 한국어판 번역을 따름.

8) Ibid[칼 맑스·프리드리히 엥겔스, 《공산주의 선언》, 13-14쪽]. 인용문은 한국어판 번역을 따름.

9) Karl Marx, *Capital*, vol. 1, in Tucker, *Marx-Engels Reader*, p. 409.

10) Marx and Engels, *Communist Manifesto*, p. 480[칼 맑스·프리드리히 엥겔스, 《공산주의 선언》, 14-16쪽]. 인용문은 한국어판 번역을 따름.

11) 마르크스의 예언이 빗나갔음을 보여 주는 발전 양상에는 전문 경영인 중간 계급의 등장, 농업 부문에서의 소농의 지속, 대규모 중공업과 나란히 발전하는 아웃소싱, 하청, 가내 생산의 확산 등이 포함된다. 에두아르트 베른슈타인(Eduard Bernstein)의 선구적인 저작 *Evolutionary Socialism*(New York: Schocken Books, 1963)이 출간된 후, 이 주제에 대한 참고문헌이 크게 늘었다.

12) Marx, *Capital*, p. 407.

13) C. Douglas Lummis, *Radical Democracy*(Ithaca: Cornell University Press,

1996), p. 82에서 재인용.

14) 예컨대 David Montgomery, *Workers' Control in America*(Cambridge: Cambridge University Press, 1979)를 보라.

15) 잇따른 절들에서 인용될 세부적인 자료들은 대부분 사회주의 계열 신문들(특히 "공장 감옥"이라는 기사)과 밀라노의 비영리 단체인 우마니타리아(Umanitaria)가 수행한 일련의 연구, 기타 정부 보고서들이다. 특히 위험하고 비위생적인 노동 조건과 관련된 극도로 열악한 일부 조건들은 여기서 요약하지 않을 텐데, 왜냐하면 여기서 다루는 주제에 대해 관련성이 떨어지기 때문이다.

16) 특별히 명시하지 않는 한, 앞으로 나오는 공장 규율의 사례들은 대부분 Stefano Merli, *Proletariato di fabbrica e capitalismo industriale. Il caso italiano: 1880-1900*. vol. 4.(Florence: La Nuova Italia, 1972), pp. 146-241에서 끌어온 것이다. 이 책의 이탈리아어는 내가 모두 번역했다. 또한 "Per l'onore delle nostre operaie," Eva(Ferrara), Oct. 6, 1901; *Unione diocesana di Bergamo, primo saggio d'inchiesta industriale*(Bergamo, 1900)을 보라.

17) 주세페 베르타(Giuseppe Berta)는 비엘라에 공장 시스템이 도입되면서 그것이 어떻게 정치적·경제적 조직들의 형성을 방해하는 장애물이 되었는지를 사료에 근거해 보여 준다. "Dalla manifattura al sistema di fabbrica: Razionalizzazione e conflitti di lavoro," in *Storia d'Italia*, vol. 1, *Dal feudalismo al capitalismo*(Turin: Einaudi, 1978)를 보라.

18) Ministero di Agricolture, Industria e Commercio, *Sul lavoro dei fanciulli e delle donne*(Rome, 1880), 402. 또한 이 시기 공장에 대한 규제를 잘 보여 주는 것으로는 *I rapporti tra lavoranti e imprenditori nei regolamenti di discipline per gli stabilimenti sociali*(Milan, 1903), p. 14를 보라.

19) "Lo stato e l'industria in Italia," *Gazzetta dei Cappellai*, Sept. 1, 1897.

20) "Nei reclusori dell'industria," *Ragione*(Bari), Nov. 1 and 8, 1903.

21) Cotonificio Legler Hefti, *Regolamento generale*(Bergamo, 1893), p. 8.

22) *Regolamento per la classe operaia addetta alla manifatture nazionali dei tabacchi nelle province toscane*(Florence, 1861).

23) *Lotta di classe*, Oct. 9-10, 1897. *Regolamento per gli operai della Fonderia Negroni di Bologna*(Bologna, 1898), p. 5.

24) *Rapporti tra lavoranti e imprenditori nei regolamento*, p. 25.

25) *Corriere Biellese*, Oct. 30, 1901.

26) "Regolamento degli stabilimenti industriali di Rivarolo Ligure," reported in *Nei reclusori delle industrie*, Merli, *Proletariato di fabbrica*, p. 164에서 재인용.

27) "Un'organizzazione operaia femminile in formazione," *Difesa delle Lavoratrici*(Milan), Dec. 8, 1912.

28) *Regolamento disciplinare per il personale addetto alla Officina Galileo*(Florence, 1884), pt. 3, article 51, Merli, *Proletariato di fabbrica*, p. 165에서 재인용. 또한 G. Procacci and G. Rindi, "Storia di una fabbrica. Le 'Officine Galileo' di Firenze," *Movimento Operaio*, January 1954.

29) Merli, *Proletariato di fabbrica*, p. 164.

30) Ibid., p. 165.

31) *Fascio Operaio*(Milan), July 2-3, 1887, ibid., p. 156에서 재인용.

32) Merli, *Proletariato di fabbrica*, p. 166.

33) Ibid에서 재인용.

34) Speech given on Mar. 18, 1902, ibid., p. 241에서 재인용.

35) Donald Howard Bell, *Sesto San Giovanni: Workers, Culture, and Politics in an Italian Town, 1880-1922*(New Brunswick, N.J.: Rutgers University Press, 1986), p. 24.

36) Ibid.

37) Cartiere Fasana, Gemonio, e Trevisago, *Regolamento per gli operai*(Varese, 1889), p. 6. 이 자료에 따르면, 지정된 곳에서 벗어나는 행위에 대해서는 50첸테시모의 벌금이 물렸다. Merli, *Proletariato di fabbrica*, p. 158에서 재인용.

38) C. Brielli, *Osservazioni spase sulla trattura*(Milan, 1886).

39) "Echi delle fabbriche," *Gazzetta dei cappellani*(Milan), Nov. 1, 1897.

40) "L'inchiesta del Sindaco di Cremona sulle filatrici della filanda Trissino ex Guerri," *L'Eco del Popolo*(Cremona), Sept. 20-21, 1896, Merli, *Proletariato di fabbrica*, p. 172에서 재인용.

41) E. Gallavresi, *Sul lavoro delle donne e dei fanciulli*, 24, Merli, *Proletariato di fabbrica*, p. 208에서 재인용.

42) Rinaldo Rigola, *Il movimento operaio nel Biellese: Autobiografia*(Bari: Laterza, 1930), pp. 123-125.

43) Louise Tilly, *Politics and Class in Milan, 1881-1901*(Oxford: Oxford University Press, 1992). 이 책에서 저자는 5월 사태로 알려진 사건, 그러니까 정부에 의해 진압되고 전국의 거의 모든 사회주의 단체들을 끌어모은 밀라노의 대규모 시위를 이해하는 데 중요한 기여를 했다. 틸리는 이 시위와 관련하여 체포된 1,700명의 참여자들의 계급 구성을 분석하여 실업자 집단과 최근 이주자 집단의 비율이 전체 인구 비율을 반영하고 있었다는 사실을 밝혀낸다. 비록 참여자들은 거의 전부 하위 계급 출신이

였지만, 공업 노동자도, '룸펜프롤레타리아트'도 많지 않았다. 비율상으로는 건설 노동자와 소상점주가 가장 중요한 집단이었다.

44) Richard Humphreys, *Futurism*(New York: Cambridge University Press, 1999).

45) Antonio Gramsci, "The Factory Worker," in *Pre-Prison Writings*, ed. Richard Bellamy, trans. Virginia Cox(Cambridge: Cambridge University Press, 1994), p. 152.

46) Ibid.

47) 이 토론은 그람시의 초기 저작에 나와 있다. 공장평의회가 실패하고 이탈리아 공산당(PCI)이 설립된 후, 그람시는 정당의 일차적인 역할을 강조했다. Antonio Gramsci, "The Factory Council," in *Pre-Prison Writings*, pp. 163-167.

48) Martin Clark, *Antonio Gramsci and the Revolution That Failed*(New Haven: Yale University Press, 1977).

49) P. Spriano, *L'occupazione delle Fabbriche*(Turin: Einaudi, 1964).

50) 예컨대 Donald H. Bell이 *Social History* 1(1976): pp. 129-133에 기고한 서평을 보라.

51) 메를리는 1900년 노동자계급 구성에 대한 통계에 반론을 제기한다. 비록 그가 당시 범주들과 관련하여 일부 부문에서는 수공업 생산과 공업 생산을 구별하는 것이 불가능하다고 꿰뚫어 보기는 했지만, 그렇다고 당시 이탈리아가 압도적으로 농업적인 성격의 나라였다는 사실이 그릇된 것은 아니다. 1936년까지만 해도 나라의 52%가 농업에 종사했다. 이탈리아의 계급 구성에 대한 좀 더 완전한 토론으로는 4장을 참조하라.

52) 자본주의 경제에서 노동을 조직화하는 다양한 방식들, 즉 자발적 방식, 가구, 비공식적 방식, 수공업적 방식, 노동시장 등에 대한 미묘한 사회학적 분석으로는 Tilly and Tilly, *Work under Capitalism*을 보라(p. 31).

53) Harry Braverman, *Labor and Monopoly Capital: The Degradation of Work in the Twentieth Century*(New York and London: NYU Press, 1974); Michael Piore and Charles Sabel, *The Second Industrial Divide: Possibilities for Prosperity*(New York: Basic Books, 1984); Charles Sabel, *Work and Politics: The Division of Labor in Industry*(Cambridge: Cambridge University Press, 1982).

4장

1) Mario Montagnana, *Ricordi di un operaio torinese*(Rome: Edizioni Rinascita, 1949), pp. 137-138.

2) Erving Goffman, *Encounters: Two Studies in the Sociology of Interaction*(Indianapolis: Bobbs-Merrill, 1963), p. 17.

3) 만남에 대한 고프먼의 작업이 사회 이론에 대해 갖는 함의를 훌륭하게 고찰하고 있는 것으로는 Anthony Giddens, *The Constitution of Society: Outline of the Theory of Structuration*(Berkeley and Los Angeles: University of California Press, 1984), 60-93과 idem, *Social Theory and Modern Sociology*(Stanford: Stanford University Press, 1987), pp. 109-140을 보라.

4) Michel Foucault, *Discipline and Punish: The Birth of the Prison*(New York: Vintage, 1979).

5) Goffman, *Encounters*, p. 31.

6) Antonio Gramsci, "Alcuni temi della quistione meridionale," in *Le opere*, ed. Antonio A. Santucci(Rome: Riuniti, 1997), pp. 179-204.

7) John Timbs, *Clubs and Club Life in London*(London: Chatto and Windus, 1899).

8) Maurice Agulhon, *The Republic in the Village: The People of the Var from the French Revolution to the Second Republic*, trans. Janet Lloyd(Cambridge: Cambridge University Press, 1982), p. 150.

9) Lega Nazionale delle Cooperative Italiane, *Statistica delle società cooperative: Annuario statistico*(1903); G. D. H. Cole, *A Century of Cooperation*(London: Allen and Unwin, 1944). 프랑스의 협동조합에 대해서는 Henri Desroche, *Histoires d'economies sociales: D'un tiers etat aux tiers secteurs, 1791-1991*(Paris: Syrols Alternatives, 1991); Ellen Furlough, *Consumer Cooperation in France: The Politics of consumption, 1834-1930*(Ithaca: Cornell University Press, 1991)을 보라. 1917년에 러시아에는 1천1백만 명의 협동조합 회원이 있었다. 1919년경에 수치는 1천8백만 명에 달했다. Daniel Orlovsky, "State Building in the Civil War Era: The Role of the Lower-Middle Strata," in *Party, State, and Society in the Russian Civil War*, ed. Diane Koenker et al.(Bloomington and Indianapolis: Indiana University Press, 1989). 벨기에에서는 1908년에 831개의 협동조합과 총 324,700명의 회원이 있었다.

10) 안토니오 베르냐니니는 1861년에 레지오-에밀리아에서 태어났다. 그는 볼로냐대학 재학 시절에 사회주의자가 되었다. 1901년에 새로이 창설된 레지오-에밀리아 노동회의소의 서기가 되었고, 1912년에는 전국 협동조합 조직의 수장으로 선출되었는데, 이 조직이 1926년에 파시스트들에 의해 해체될 때까지 이 자리를 지켰다.

11) Antonio Vergnanini, "Riordinamento del campo della cooperazione e della

previdenza," *Giustizia*, Feb. 22, 1903.

12) Carol Pateman, *Participation and Democratic Theory*(Cambridge: Cambridge University Press, 1970); Robert A. Dahl, *A Preface to Economic Democracy*(Berkeley: University of California Press, 1985).

13) Mabel Berezin, *Making the Fascist Self: The Political Culture of Interwar Italy*(Ithaca and London: Cornell University Press, 1997).

14) 정치 과정 모형을 포함한 사회운동 이론에 대한 탁월한 개관으로는 Sidney Tarrow, *Power in Movement*(Cambridge: Cambridge University Press, 1994)를 보라.

15) Giuliano Procacci, *La lotta di classe in Italia agli inizi del secolo XX*(Rome: Riuniti, 1992)를 보라.

16) Aldo. Carera, *L'ottocento economico italiano,* ed. Sergio Zaninelli(Rome: Manduzzi Editore, 1993).

17) Maurice F. Neufeld, *Italy: School for Awakening Countries*(Ithaca: ILR Press, 1961), p. 298.

18) Martin Clark, *Modern Italy, 1871-1995*(London and New York: Longman, 1996), p. 30.

19) Vera Zamagni, *The Economic History of Italy, 1860-1990*(Oxford: Clarendon Press, 1993), p. 117.

20) 생산성과 성장률, 인플레이션, 노동자 임금의 실질적인 증가 사이의 관계도 지속적으로 논쟁되고 있는 주제이다. 1886년의 통계 보고에 따르면, 이탈리아 통일이 이루어졌을 때 노동자들은 생활수준에서 절대적인 하락을 경험하고 있었다. 1862년에 노동자들은 5인 가족의 생계에 필요한 밀을 얻는 데 소요되는 돈을 벌기 위해 연간 90일을 일하면 되었지만, 1873년경에는 94일을 일해야 했다. 그 결과, 생활수준은 1880년대 후반 세계 경기 후퇴와 농업 위기에 의해 야기된 두 번째 위축을 경험하기 이전 몇 년 사이에 상승했다. 비록 1891년에서 1925년까지 자본당 실질 국민총소득이 꾸준한 상태에서 약간의 상승세를 보여 주기는 했지만, 이것이 이 시기 노동자들의 실질 구매력이 상승했음을 의미하지는 않는다. 뉴펠드는 "노동자들의 생계에 기본적인 식료품 가격이 너무나 빈번하게 상승하여 1899년에서 1920년까지 1909년 한 해만 빼고 생활 비용이 명목 임금을 지속적으로 상회하고 있었다"고 결론 내렸다(*Italy*, pp. 161, 312).

21) Friedrich Engels, "Socialism: Utopian and Scientific," in *The Marx-Engels Reader*, 2d ed., ed. Robert C. Tucker(New York: Norton, 1978), p. 687.

22) April 15, 1898, Pondremel. 이 사료와 잇따라 인용될 사료들은 모두 피렌체 국립중앙도서관에 있는 노동자계급 결사주의 관련 문서고에 보관된 것이다.

23) 심지어 잉글랜드에서조차 수공업자들이 계급투쟁에서 중요한 역할을 했다. Craig

Calhoun, *The Question of Class Struggle: Social Foundations of Popular Radicalism during the Industrial Revolution*(Chicago: University of Chicago Press, 1982).

24) 이러한 주장을 고전적인 방식으로 대표하는 저작은 Michael Piore and Charles Sabel, *The Second Industrial Divide*(New York: Basic Books, 1984)이다.

25) 1910년에 가톨릭 협동조합들에는 80,550명의 회원이 있었다. 이와는 대조적으로, 1914년에 사회주의 계열의 이탈리아 전국협동조합연맹(Lega Nazionale delle Cooperative Italiane)에는 956,085명의 회원이 있었다. Ministero dell'Agricoltura, Industria, e Commercio, *Le organizzazioni operaie cattoliche in Italia*(Rome, 1911).

26) R. Zangheri, G. Galasso, and V. Castronovo, *Storia del movimento cooperativo in Italia: La Lega Nazionale delle Cooperative e Mutue(1886-1986)*(Turin: Einaudi, 1987).

27) Carlo Trigilia, "Small-Firm Development and Political Subcultures in Italy," in *Small Firms and Industrial Districts in Italy*, ed. Edward Goodman, Julia Bamford, and Peter Saynor(New York: Routledge, 1989), pp. 174-197.

28) 데이터는 거의 보통선거권에 가까운 선거권에 따라 처음으로 치러진 1914년 선거의 것이다. r=.5라는 상관계수는 독립변수(산업화)가 사회당에 대한 지지율 변동(variation)의 25%를 설명한다는 것을 보여 주는데, 이는 사회과학의 기준에서 볼 때 상당히 강한 편이라고 생각된다. 그럼에도 그러한 상관관계는 한눈에 보이는 것만큼 강력한 것은 아닌데, 왜냐하면 지역 내의 변동률이라기보다는 남부와 북부 간 차이의 강도를 반영하고 있기 때문이다.

29) 직업 통계는 *Censimento della populazione Italiana*에서, 투표 결과는 A. Schiavi, *Come hanno votato gli elettori Italiani*(Turin, 1914)에서 나온 것이다.

30) Karl Marx, "The Eighteenth Brumaire of Louis Bonaparte," in Tucker, *Marx-Engels Reader*, p. 608. 비록 마르크스는 프랑스의 자영농을 언급한 것이었지만, 이들처럼 이탈리아의 분익 소작농들도 공간적으로 산포되어 있기는 매한가지였다.

31) 1800년대 후반 이탈리아 농민들의 극도로 열악한 생활 조건에 대한 생생한 영상을 얻으려면 S. Jacini, *Relazione finale sui risultati dell'inchiesta agraria*, vol. 15 of *Atti della giunta per la inchiesta agraria e sulle condizioni della classe agricola*(Rome, 1884)를 보라.

32) Marx, "The Eighteenth Brumaire of Louis Bonaparte," p. 608[칼 맑스, "루이 보나빠르뜨의 브뤼메르 18일," 칼 맑스·프리드리히 엥겔스, 《저작 선집》2, 최인호 역(박종철 출판사, 1992), 382쪽]. 인용문은 한국어판 번역을 참조함.

33) Agulhon, *Republic in the Village*.

34) 결사의 자유는 피에몬테에서 가장 먼저 보장되었는데, 거기서는 알베르토 헌법의 제 32조에 의해 보호받았고, 프랑스에서와는 달리 상조회가 친목회나 길드로부터 출현하지 않았다. 1862년 당시 존재했던 443개의 상조회 중에서 단지 66개만이 1848년 이전에 설립된 것이었다. Arnaldo Cherubini, *Beneficenza e solidarietà: Assistenza pubblica e mutualismo operaio, 1860-1900*(Milan: F. Angeli, 1991)을 보라. 또한 프랑스에 대해서는 William Sewell, *Work and Revolution in France: The Language of Labor from the Old Regime to 1848*(Cambridge: Cambridge University Press, 1980)을 보라.

35) 특별히 명시하지 않는 한, 인용되는 모든 정관은 피렌체 국립도서관의 폰티 미노리 장서에서 나온 것이다. 이 문서고에 대한 유용한 소개로는 Fabrizio Dolci, *L'associazionismo operaio in Italia(1870-1900) nelle raccolte della Biblioteca Nazionale Centrale di Firenze*(Florence: Nuova Italia, 1980)를 보라.

36) 인용된 표현은 1891년에 설립된 리보르노의 주세페 가리발디 수공업자 형제회 (Fratellanza Artigiana Giuseppe Garibaldi)의 정관에서 나온 것이다.

37) Carlo Trigilia, *Grandi partiti e piccole imprese*(Bologna: Mulino, 1986), p. 77.

38) Ministero di Agricoltura, Industria, e Commercio, *Statistica delle società di mutuo soccorso e delle istituzioni cooperative annesse all medesime*(Rome, 1878).

39) Anna Pelligrino, ed., "L'associazionismo in Toscana negli opuscoli della Biblioteca Nazionale Centrale di Firenze," Florence, 1998. 실제로 정치 활동에 개입한 상조회 수는 훨씬 더 많았을 것임에 주의해야 한다. 그러나 이는 정부의 탄압과 그에 따른 해산을 우려하여 정관에 명시적으로 나타나 있지는 않았다.

40) Luigi Trezzi, Sindicalismo e cooperazione dalle fine dell'ottocento all' avvento del fascismo(Milan: Franco Angeli, 1982).

41) Lega Nazionale delle Cooperative Italiane, *Statistica delle società cooperative esistenti in Italia*(Milan: Tip Coop, 1903); *Annuario statistico delle società cooperative esistenti in Italia*(Como, 1917). 1914년의 956,085명이라는 수치는 이탈리아 전국협동조합연맹이 실시한 조사에 근거한 것이다. 공식적으로 부속되지 않는 협동조합이 많았음을 고려하면, 실제 회원 수는 150만여 명에 달했을 것이다.

42) *Almanacco socialista italiano*(Milan, 1921), Trigilia, *Grandi partiti e piccole imprese*, p. 90에서 재인용.

43) Statute of the Associazione Generale fra i Coloni del Pistoiese(1919). 이 자료는 앞에서 언급된 폰티 미노리 장서에 소장되어 있음.

44) 예컨대 1892년에 설립된 피렌체의 노동자 소비협동조합연합(Unione Operaia

Cooperativa di Consumo)은 수익금의 80%를 구매량에 비례하여 회원들에게 돌려주었다. 단지 10%만을 적립했고, 나머지 10%는 사회기금으로 썼다. 이와 유사하게, 피노의 산타 크로체 협동조합(Società Cooperative Santa Croce)은 수익금의 88%을 회원들에게 돌려주었고, 10%는 적립했고, 나머지 2%만을 선전과 상조회 활동에 썼다. 이러한 개인주의적 분배는 19세기 말 토스카나에서 설립된 소비자 협동조합의 전형적인 특징이다. 그럼에도 사회주의 이념이 확산됨에 따라, 일부 협동조합들은 연대 활동에 더 많은 비용을 쓰게 되었다. 1910년에 설립된 사회협동조합(Cooperative Sociale)은 수익금의 60%를 회원들에게 돌려주었고, 15%는 상조회 활동에 썼으며, 15%는 적립했고, 나머지 10%는 협동조합 직원들의 연금 등에 충당하기 위한 특별 기금으로 썼다.

45) Umberto Sereni, "La cooperazione sindicalista nel Parmenese, 1907-1922," in *Il movimento cooperativo nella storia d'Italia*, ed. F. Fabbri(Milan: Feltrinelli, 1979).

46) Luigi Tomassini, *Associazionismo operaio a Firenze fra '800 e '900: La Società di Mutuo Soccorso di Rifredi*(1883-1922)(Florence: Leo S. Olschiki, 1984), p. 121.

47) Ibid., p. 240.

48) Giuliano Procacci, "Italian Working Class from Risorgimento to Fascism," working paper, Havard Manuscripts on Europe, 1981.

49) Charles Tilly, "Spaces of Contention," *Mobilization* 5(2000): pp. 135-160.

50) 이 주제에 대한 참고문헌을 잘 소개하고 있는 것으로는 Ira Katznelson and Aristide Zolberg, eds., *Working-Class Formation: Nineteenth-Century Patterns in Western Europe and the United States*(Princeton: Princeton University Press, 1986)를 보라.

51) Tilly, "Spaces of Contention."

52) Ibid.

53) Comune di Milano, *Sei anni di amministrazione socialista luglio, 1914-luglio 1920*(Milan: Relazione al Consiglio Comunale, 1920), p. 198.

54) 자크 랑시에르(Jacques Rancière)는 19세기 프랑스 노동자 운동 내부의 모순적인 충동들에 대해 탁월하게 분석했는데, 노동자들이 마치 신화적인 저항 투사인 양 낭만적으로 묘사하는 사회사의 경향을 비판했다. Jacques Rancière, *The Nights of Labor: The Workers' Dream in Nineteenth-Century France*, trans. John Drury(Philadelphia: Temple University Press, 1989).

55) David Harvey, *Spaces of Hope*(Berkeley: University of California Press, 2000) [데이비드 하비, 《희망의 공간》, 최병두 옮김(한울, 2001)].

5장

1) Henri Lefebvre, *The Production of Space*, trans. Donald Nicholson-Smith(London: Basil Blackwell, 1991), p. 73[르페브르, 《공간의 생산》, 134쪽]. 인용문은 옮긴이가 번역한 것임.

2) 공간에 대한 저작들 대부분은 도시 현상이나 기타 사회적 회합에 대한 거시 분석에 초점을 맞춘다. 공간 분석에 대한 가장 중요한 저작들 일부로는 다음과 같은 문헌들이 있다. David Harvey, *The Urban Experience*(Oxford: Oxford University Press, 1989); Manuel Castells, *The Informational City: Information Technology, Economic Restructuring, and the Urban-Regional Process*(Oxford: Oxford University Press, 1989); Manuel Castells, *The Urban Question*(London: Edward Arnold, 1977); Edward Soja, *Postmodern Geographies*(London: Verso, 1989).

3) Franco Andreucci and Alessandra Pescarolo, eds., *Gli spazi del potere: Aree, regioni, stati: Le coordinate territoriali della storia contemporanea*(Florence: La Casa Usher, 1989). 크리스틴 로스(Kristin Ross)도 *The Emergence of Social Space: Rimbaud and the Paris Commune*(Minneapolis: University of Minnesota Press, 1988)에서 유사한 주장을 펼치고 있다.

4) David Harvey, *Justice, Nature and the Geography of Difference*(Cambridge, Mass.: Blackwell, 1996), 221ff.

5) Michel Foucault, *Discipline and Punish: The Birth of the Prison*(London: Allen Lane, 1977).

6) Karl Polanyi, *The Great Transformation*(Boston: Beacon Hill, 1957); Fernand Braudel, *La dynamique du capitalisme*(Paris: Arthaud, 1985).

7) Marshall Berman, *All That Is Solid Melts into* Air(New York: Penguin, 1982).

8) Lefebvre, *Production of Space*, pp. 164-165.

9) James C. Scott, *Seeing Like a State: How Certain Schemes to Improve the Human Condition Have Failed*(New Haven: Yale University Press, 1998).

10) Ibid., p. 346.

11) William Connolly, *Ethos of Pluralization*(Minneapolis: University of Minnesota Press, 1995), p. 93.

12) Michel Foucault, "Of Other Spaces," in *Rethinking Architecture: A Reader in Cultural Theory*, ed. Neil Leach(London and New York: Routledge, 1997), p. 352. 또한 Thomas L. Dumm, *Michel Foucault and the Politics of Freedom*(Thousand Oaks, Calif.: Sage Publications, 1996)을 보라.

13) Foucault, "Of Other Spaces," p. 352.

14) Ibid., p. 356.

15) 헤테로토피아를 해방의 장소로 보는 최근 논문들에 대한 토론으로는 David Harvey, *Spaces of Hope*(Berkeley: University of California Press, 2000), pp. 182-189를 보라.

16) Sara M. Evans and Harry C. Boyte, *Free Spaces: Sources of Democratic Change in America*(New York: Harper and Row, 1986). 자유로운 공간이라는 주제(와 그에 대한 흥미로운 비판)에 대한 참고문헌으로는 Francesca Polletta, "'Free Spaces' in Collective Action," *Theory and Society 28*(1999): pp. 1-38. 암스테르담 중심가의 불법 점거자들에 대해서는 Edward Soja, *Third Space: Journey to Los Angeles and Other Real-and-Imagined Places*(Cambridge, Mass.: Blackwell, 1996).

17) 이러한 입장에 대한 비판에 대해서는 Polletta, "'Free Spaces' in Collective Action"을 보라.

18) Maurice Agulhon, *Le cerle dans la France bourgeoise, 1810-1848*(Paris: Colin, 1977).

19) Foucault, "Of Other Spaces," p. 354.

20) Ibid., p. 355.

21) Jürgen Habermas, *The Structural Transformation of the Public Sphere: An Inquiry into a Category of Bourgeois Society*(Cambridge: MIT Press, 1991), p. 18.

22) 예컨대 Luigi Tomassini, *Associazionismo operaio a Firenze fra '800 e '900: La Società di Mutuo Soccorso di Rifredi(1883-1922)*(Florence: Leo S. Olschki Editore, 1984), p. 118을 보라.

23) 예컨대 A. Varni, *Associazionismo, mazzinianismo e questione operaia; Il caso della Società Democratica Operaja di Chiavenna*(Pisa: Nistrinel, 1978); Luigi. Minuti, *Il Comune Artigiano di Firenze della Fratellanza Artigiana d'Italia*(Florence: Tipografica Cooperativa, 1911)를 보라. 또한 다음 책에 수록된 희귀 문서들에 나온 정관 일람을 보라. F. Dolci, *L'associazionismo operaio in Italia(1870-1900) nelle raccolte della Biblioteca Nazionale Centrale di Firenze*(Florence: Nuova Italia, 1980)를 보라.

24) 사적 소유권이 주체성의 발전에 결정적인 의미를 갖는 주체적 통제권의 영역을 제공한다는 고전적인 진술은 G. W. F. Hegel, *Philosophy of Right*(London: Oxford University Press, 1975)에서 찾아볼 수 있다.

25) Habermas, *Structural Transformation*, p. 46[하버마스, 《구조 변동》, 136쪽]. 인용

문은 옮긴이가 번역한 것임.

26) Giovanni Bacci, Provincia di Mantova, Jan. 5, 1901. 리소르지멘토 민족주의의 저명한 옹호자인 주세페 마치니(Giuseppe Mazzini)는 통일 이후 이탈리아에서 급진적-공화주의적 정치 운동의 창시자이기도 했다. 마치니와 노동자 운동의 관계에 대한 가장 훌륭한 논의에 대해서는 Nello Rosselli, *Mazzini e Bakunin: Dodici anni di movimento operaio in Italia(1860-1872)*(Turin: Einaudi, 1967)를 보라.

27) Luigi Arbizzani, ed., *Storie di case del popolo: Saggi, documenti, immagini d'Emilia-Romagna*(Bologna: Grafis, 1982), p. 48.

28) Ibid.

29) G. Viciani, "Come sorgono le nostre case," in *L'almanacco socialista italiano*(1918).

30) Ibid., p. 247.

31) 1912년의 선거법 개혁으로 문맹 여부와 상관없이 30세 이상 남성과 퇴역 군인에게 투표권이 허용되었다. 이 개혁으로 유권자 수가 300만 명에서 거의 850만 명으로 늘어났다. 그리하여 1912년은 엘리트 경쟁에 기초한 자유주의 시스템에서 대중을 정치적으로 포함한 최소한의 민주주의국가로의 이행을 대표하는 시점이 되었다. Martin Clark, *Modern Italy, 1871-1995*(London: Longman, 1996)를 보라.

32) Maurizio Degl'Innocenti, "Per una storia delle case del popolo in Italia, dalle origini alla prima guerra mondiale," in *Le case del popolo in Europa: Dalle origini alla seconda guerra mondiale*, ed. Maurizio Degl'Innocenti(Florence: Sansoni, 1984).

33) Arbizzani, *Storie di case del popolo*, p. 106(이탈리아어 번역문은 내가 옮긴 것임).

34) Ettore Zanardi, "La casa del popolo," *Squilla*, Oct. 10, 1908, excerpted ibid., p. 105.

35) Guy Vanschoenbeek, "Il significato del Centro 'Vooruit'," in Degl'Innocenti, *Case del popolo in Europa*.

36) V. Serwy, "Les maisons du peuple" and "La cooperation en Belgique," in *Album du 1er mai*(Brussels, 1929), pp. 24-25를 보라.

37) Robert Flagothier, "Contributo allo studio delle case del popolo in Vallonia e a Bruxelles(1872-1982)," in Degl'Innocenti, *Case del popolo in Europa*.

38) Clark, *Modern Italy*, p. 156.

39) 이 통계는 1919년의 것이다. Luigi Arbizzani, "Case del popolo in Italia dopo la prima guerra mondiale," in Degl'Innocenti, *Case del popolo in Europa*, p. 113.

40) *Inchiesta sul movimento associativo ferrarese*, Biblioteca Scienze Sociali, ARCI-Ferrara, pp. 21-25, Ibid.에서 재인용.

41) Palmiro Togliatti, *Quaderno dell'Attivista*(Rome), Jan. 21, 1956.

42) Victor Horta, Memorie, pp. 48-49. Franco Borsi, *La maison du peuple: Sindicalismo come arte*(Bari: Debalo Libri, 1978), pp. 20-21에서 재인용(이탈리아어 번역문은 내가 옮긴 것임).

43) Flagothier, "Contributo allo studio delle case del popolo in Vallonia e a Bruxelles," pp. 307-310을 보라.

44) 보르시(Franco Borsi)는 오르타가 바이로이트를 여행했고, 거기서 음향 효과를 제고하기 위해 흡수제로서 직조물을 적용하는 새로운 기술을 배웠다고 전한다. Borsi, *Maison du peuple*, p. 29.

45) 파시즘 치하의 이탈리아에서 파시스트 행동대에 의해 파괴당하지 않은 민중회관은 종종 정부에 의해 압류되었다. 비록 일부는 여가 센터로 계속해서 기능했으나, 참여율은 저조했고, 그중 대다수는 결국 정부 기구를 위한 사무 공간으로 바뀌었다. Arbizzani, *Storie di case del popolo*.

46) Polletta, "'Free Spaces' in Collective Action," p. 19.

47) 파시스트들이 공적 공간을 어떻게 이용했는가에 대한 빼어난 논의로는 Mabel Berezin, *Making of the Fascist Self*(Ithaca: Cornell University Press, 1997)를 꼽을 수 있다. 베레진(Mabel Berezin)은 파시스트 정권이 개인과 국가를 연결시키기 위해 추도식, 기념식, 시위, 축제와 같은 공적 공간과 정치 의례를 얼마나 능숙하게 사용했는가를 추적한다.

48) Richard Etlin, *Modernism in Italian Architecture, 1890-1940*(Cambridge: MIT Press, 1991), pp. 377-479; Thomas Schumacher, *Surface and Symbol: Giuseppe Terragni and the Architecture of Italian Rationalism*(New York: Princeton Architectural Press, 1991)을 보라.

49) Jeremy Howard, *Art Nouveau: International and National Styles in Europe*(Manchester, U.K.: Manchester University Press, 1996)을 보라.

50) Jean Delhaye, *La maison du peuple de Victor Horta*(Brussels: Atelier Vokaer, 1987).

51) Etlin, *Modernism in Italian Architecture*, p. 439.

52) 이러한 결과를 보여 주는 한 사례가 바로 네덜란드인데, 거기서 민중회관은 자선 사업의 결과로 탄생했으나 결국 실패했던 것이다. 1928년에 그와 같은 제도가 불과 50개 정도 있었다. 이 제도들은 일차적으로 어린이와 청소년을 위한 여가 센터로 이용되었고, 노동자 운동과 거의 관계가 없었으며, 또 정치적 영향력도 없었다. Arie de Groot,

"La casa del popolo come tempio della Fede Sociale," in *Case del Popolo: Un'architettura monumentale del moderno*, ed. *Marco De Michelis*(Venice: Marsilio, 1986), p. 69를 보라.

53) De Michelis, *Case del popolo*, p. 90.

54) Homi Bhabha, *The Location of Culture*(London and New York: Routledge, 1994).

55) Bonnie Honig, "Difference, Dilemmas, and the Politics of Home," in *Democracy and Difference: Contesting the Boundaries of the Political*, ed. Seyla Benhabib(Princeton: Princeton University Press, 1996), p. 269.

6장

1) Vasco Pratolini, *Matello*(Boston and Toronto: Little, Brown, 1968), p. 27.

2) Ibid., p. 57.

3) "'이제 우리가 하나의 민중인지 아닌지를 보게 될 것이다'라고 그들이 말했다. '델 부오 노[노동회의소 의장]를 [감옥에서] 석방시키는 일이 중요한 안건이 되었다. 그리고 노동 회의소를 다시 문 여는 일은 그보다 훨씬 더 중요한 문제가 되었다'"(ibid., p. 214).

4) Ibid., p. 112.

5) Pierre Bourdieu, *Language and Symbolic Power*, ed. John B. Thompson(Cambridge: Harvard University Press, 1991).

6) Osvaldo Gnocchi-Viani, "L'organizzazione dei lavoratori improduttivi," in *Dieci anni di camere del lavoro e altri scritti sul sindacato italiano(1889-1899)*, ed. Pino Ferraris(Rome: Ediesse, 1995), p. 126.

7) 인용문은 노동회의소 개관식 연설에서 나온 것이다. Gnocchi-Viani, "Dieci anni di camere del lavoro," in Ferraris, *Dieci anni di camere del lavoro*, p. 148(번역은 내가 한 것임)에서 재인용.

8) Ibid., p. 132.

9) Rinaldo Rigola, *Rinaldo Rigola e il movimento operaio nel Biellese*(Bari: Laterza, 1930), p. 132.

10) J. K. Hyde, *Society and Politics in Medieval Italy: The Evolution of Civil Life(1000-1350)*(London: Macmillan, 1973); David Waley, *The Italian City-Republics*, 2d ed.(New York: Longman, 1978).

11) Richard Sennett, *Flesh and Stone: The Body and the City in Western Civilization*(New York and London: Norton, 1994), p. 231.

12) 부르주아지의 시각에서 이러한 변화를 설명하는 문헌으로는 1890년대에 쓰인 Edmondo De Amicis, *Primo maggio*(Milan: Casa Editrice Garzanti, 1980)를 보라. 첫 장면에서 5월 1일에 노동자들이 도심을 관통해 행진하는 것을 보고 한 부르주아 가족이 두려워하는 모습이 묘사되고 있다.

13) "도시에 대한 권리"이라는 용어는 앙리 르페브르에서 나온 개념이다. Henri Lefebvre, *Writings on Cities*, trans. and ed. Eleonore Kofman and Elizabeth Lebas(Oxford and Cambridge: Blackwell Publishers, 1996). 르페브르는 이 용어를 정보와 상징주의, 상상계와 연극에 대한 비소비주의적 필요를 지칭하기 위해 사용한다.

14) G. Angelini, *Il socialismo del lavoro: Osvaldo Gnocchi-Viani tra mazzinianesismo e instanze libertarie*(Milan: Franco Angeli, 1987)를 보라.

15) 이 인용문과 사건 내막은 Louise Tilly, *Politics and Class in Milan, 1881-1901*(New York and Oxford: Oxford University Press, 1992), p. 112에서 따온 것이다.

16) Ferraris, "Osvaldo Gnocchi-Viani: Un protagonista dimenticato," in Ferraris, *Dieci anni di camere del lavoro*, p. 43.

17) Tilly, *Politics and Class in Milan*, pp. 111-112.

18) Rigola, *Rigola e il movimento operao nel Biellese*, pp. 140-146.

19) Ferraris, "Osvaldo Gnocchi-Viani," p. 28(번역은 내가 한 것임).

20) Nicola Capitini Maccabruni, *La camera del lavoro nella vita politica e amministrativa fiorentina*(dalle origini al 1900)(Florence: Leo S. Olschki, 1965).

21) Diego Robotti and Bianca Gera, *Il tempo della solidarietà: Le 69 società operaie che fondarono la camera del lavoro di Torino*(Milan: Feltrinelli, 1991), p. 76.

22) 예컨대 세스토 피오렌티노에서 노동회의소는 사회주의적 시정 당국의 발의로 만들어졌다. 에르네스토 라지오니에리(Ernesto Ragionieri)는 이렇듯 노동회의소가 하향식으로 만들어짐으로써 취약성을 노정했다고 결론 내렸다. 라지오니에리에 따르면, 그렇게 만들어진 노동회의소는 자율적인 참여가 탈색되면서 하나의 관료제가 되었다. Ragionieri, *Un comune socialista: Sesto Fiorentino*(Rome: Edizioni Rinascita, 1953), pp. 146-160.

23) Robotti and Gera, *Tempo della solidarietà*.

24) Nora Carignani, Rosella Luchetti, and Graziella Poli, *La camera del lavoro di Piombino: Dalle origini agli anni sessanta*(Florence: All'Insega del Giglio,

1985).

25) 제1차 세계대전 이전 시기로는 1902년이 정점이었는데, 밀라노의 회원 수는 44,440명 으로서, 노동 인구의 16%를 차지했다.

26) Renzo Casero, "La camera del lavoro di Milano dalle origini alla repressione del maggio 1898," in *La camera del lavoro di Milano dalle origini al 1904*(Milan: Sugarco, 1975), p. 181(번역은 내가 한 것임).

27) Ibid.

28) 이는 마틴 클라크(Martin Clark)가 중도적인 관점에서 쓴 역사서인 *Modern Italy: 1871-1995*, 2d ed.(London and New York: Longman, 1996)에서 개진한 평가이다.

29) 최소강령파는 조세개혁, 초등교육, 사회보험 등과 같은 조치들을 강조하는 사회당의 최소 합의 강령을 지지했다. 기권주의자들은 사회당의 가장 극단적 분파를 이루고 있었는데, 선거 참여에 반대했다. 이들은 의회가 전적으로 부르주아지의 도구이며 자본주의 아래에서는 그 어떤 변혁도 가능하지 않다고 주장했다.

30) Adriano Ballone, Claudio Dellavalle, and Mario Grandinetti, *Il tempo della lotta e dell'organizzazione: Linee di storia della camera del lavoro di Torino*(Milan: Feltrinelli, 1992), p. 61.

31) Clark, *Modern Italy*, p. 141.

32) Ibid., p. 142.

33) 키안티의 그레베 형제회의 정관(1890)과 스칸디치 노동회의소의 정관(1896)은 피렌체 국립중앙도서관의 폰티 미노리(Fonti Minori) 컬렉션에서 나온 것이다. 또한 스칸디치 정관은 회원들이 "단체에 위신을 부여하기 위해 스스로 품위 있게 행동한다"는 조항도 제시하고 있다.

34) Claudio Treves, "Debbono le camere del lavoro diventare socialista?" in *La Critica Sociale*, vol. 2, ed. Mario Spinella, Alberto Caracciolo, Ruggero Amaduzzi, and Giuseppe Pertonio(Milan: Feltrinelli, 1959), 186.

35) Ibid., p. 186(번역은 내가 한 것임).

36) 이 수치는 트레베스의 논문이 발표된 해인 1901년의 것이다.

37) Osvaldo Gnocchi-Viani, "Il socialismo e le sue scuole," in Spinella et al., *La Critica Sociale*, 1: pp. 25-28.

38) Ferraris, "Osvaldo Gnocchi-Viani," p. 16.

39) Gnocchi-Viani, "Organizzazione dei lavoratori improduttivi," pp. 121-123.

40) 세스토 피오렌티노에 대한 라지오니에리의 연구는 룸펜프롤레타리아트가 본질적으로 보수적인 세력이라는 마르크스의 주장을 재확인하고 있다는 점에서 흥미롭다. 그는 450-500명의 구성원을 거느린 자유주의-보수주의 선거 조직의 회원 구성을 검토

한다. 비록 지도부를 구성한 것은 지방 명사들, 즉 지주들과 공업 부문 기업가들과 전문 직업인들이었지만, 일반 회원은 아마도 노동자계급의 구성원들로 이루어져 있었다. 그는 회원이 사실상 "사회적 상승을 지향하는 노동자들," 그러니까 구직을 위해 추천서를 얻을 요량으로 당시 세스토 피오렌티노의 주요한 사용자로서 사회주의자들을 고용하기를 거부한 리카르드-지노리(Richard-Ginori)의 사무실에서 문을 연 이 선거 조직에 가입한 룸펜프롤레타리아트의 구성원이었다고 결론짓는다(Ragionieri, *Comune socialista*, p. 173).

41) Mario Montagnana, *Ricordi di un operaio torinese*(Rome: Edizioni Rinascita, 1949), p. 22(번역은 내가 한 것임).

42) Ibid., p. 26. 테르프시코라는 그리스의 춤의 여신이다.

43) Ibid., p. 108.

44) Ibid., pp. 233-234.

45) Donald Howard Bell, *Sesto San Giovanni: Workers, Culture, and Politics in an Italian Town, 1880-1922*(New Brunswick and London: Rutgers University Press, 1986), p. 162.

46) Victoria de Grazia, *The Culture of Consent: Mass Organization of Leisure in Fascist Italy*(Cambridge: Cambridge University Press, 1981).

47) Polletta, "'Free Spaces' in Collective Action," *Theory and Society* 28(1999): p. 19.

7장

1) 세스토에서 농업 고용 인구 비율은 이탈리아 통일 당시 전체 인구의 85%였던 것이 1921년에는 2.7%로 급락했다. Luigi Trezzi, ed., *Sesto San Giovanni 1880-1921*(Milan: Skira, 1997).

2) 세스토 산 조반니의 정치적·사회적·문화적 발전사는 지금까지 논의해 온 권력의 변형 유형에 대한 유용한 설명을 제공한다. 이는 사회사가인 도널드 벨이 신중한 문서고 작업을 통해 세세한 부분까지 풍부하게 재구성한 역사이기도 하다. 특별히 명시하지 않는 한, 이 절에 나오는 일체의 정보는 그의 매력적인 연구로부터 나온 것이다. Donald Howard Bell, Sesto San Giovanni: *Workers, Culture, and Politics in an Italian Town, 1880-1922*(New Brunswick and London: Rutgers University Press, 1986).

3) Ibid., p. 3.

4) 이 사실은 대안적 문화와 반대파 문화에 대한 레이먼드 윌리엄스(Raymond Williams)

의 구분과 유사하다. Williams, "Base and Superstructure in Marxist Cultural Theory," *New Left Review* 82(November/December 1973).

5) 서클이 구세스토와 신세스토 중 어디에 위치해 있었는지에 대해 벨이 별로 주목하지 않는다는 점이 흥미롭다. 비록 회원 직업에 대한 완전한 목록은 없지만, 서클에는 다수의 금속 노동자들을 비롯하여 인쇄공, 석공, 제책공, 페인트공 등 다양한 직종의 회원이 있었다.

6) 직업 목록은 Bell, *Sesto San Giovanni*에 근거했다.

7) 여기서 나는 이탈리아 어를 모르는 독자들에게 당시의 정치적 스펙트럼에서 각 당파가 차지하는 입장을 명료하게 알려주기 위해 실제로 불린 당파 명칭 대신에 그냥 보수주의자들, 온건파, 사회주의자들로 번역했다.

8) Bell, *Sesto San Giovanni*, p. 100.

9) Ibid., p. 98.

10) Joan W. Scott, "Mayors versus Police Chiefs: Socialist Municipalities Confront the French State," in *French Cities in the Nineteenth Century*, ed. John M. Merriman(New York: Holmes and Meier Publishers, 1981), p. 245.

11) 졸리티 시대에 전국적인 차원에서 몇몇 주요한 승리가 있었다. 이 승리에는 여성 및 아동의 노동시간을 제한하는 1902년의 법률, 국가와 사용자와 피고용인의 기부금의 후원에 의해 육아기금을 조성한 1910년의 조례, 그리고 건강과 안전에 관련된 일련의 법률들이 포함되었다. 그러나 이 법들이 일관되게 집행된 것은 아니었고, 따라서 지방자치체가 여전히 법 집행에서 중요한 역할을 했다.

12) 당시 이탈리아의 자치시는 총 8,268개가 있었다([표 7]을 보라). 또한 Direzione del Partito Socialista Italiano, *Il congresso nazionale delle amministrazioni comunali e provinciali socialiste. Bologna 16-17 gennaio 1916*(Milan: Libreria dell'Avanti, 1916), p. 75를 보라.

13) Maurizio Ridolfi, *Il PSI e la nascita del partito di massa, 1892-1922*(Rome and Bari: Laterza, 1992), p. 64.

14) Bolton King and Thomas Okey, *Italy To-day*(London: James Nisbet and Co., 1901), p. 263.

15) Scott, "Mayors versus Police Chiefs," pp. 230-245.

16) 킹과 오케이는 다음과 같이 쓰고 있다. "매년 해산된 자치시 지방의회들 중에는 때때로 사회주의자가 다수를 이루고 있거나 아니면 그 지방 출신 의원을 불편하게 한다는 이유로 해산된 경우가 있었다"(*Italy To-day*, p. 269).

17) 이 사례들은 모두 Ibid., p. 269에서 인용했다.

18) 소비세와 재산세 모두에 대한 법적 제약이 있었는데, 이론상 이 두 세금은 중앙정부가

징수한 전체 세금의 2분의 1을 넘을 수 없었다. 그러나 킹과 오케이는 이러한 제약을 위반하는 것이 흔한 일이었다고 보고한다(Ibid.).

19) 우리의 목적에 비추어 보면, 민주주의자들과 공화주의자들을 구분하는 것은 중요하지 않기 때문에, 나는 '온건파'라는 일반적인 표현을 쓰는데, 이렇게 하는 것이 이탈리아 상황에 어두운 사람들에게 이데올로기적인 좌우 스펙트럼에서 각각의 당파가 차지하는 위치를 간명하게 알려 주는 데 도움이 될 것이다.

20) Atti del Comune Sesto Fiorentino, *Azienda elettrica municiaplizzata*, Ragionieri, *Un comune socialista: Sesto Fiorentino*(Rome: Riuniti, 1953)에서 재인용.

21) 1913년 이전에 선거권 제한은 의회 선거의 경우보다 자치시 선거의 경우에 더 취약했다. 이러한 사실을 통해 왜 더 "민중적인" 자치시 지방의회가 지사나 의회의 입장과는 다른 노선을 옹호했는지를 이해할 수 있다.

22) Ragionieri, *Comune socialista*, p. 120.

23) Alessandro Schiavi, "Quattro anni di amministrazione socialista in Milano," (1918), in *La Critica Sociale*, vol. 2, ed. Mario Spinella, Alberto Caracciolo, Ruggero Amaduzzi, and Giuseppe Pertonio(Milan: Feltrinelli, 1959), pp. 522-536.

24) Margaret Cole, *The Story of Fabian Socialism*(Stanford: Stanford University Press, 1961); G. D. H. Cole, *A History of Socialist Thought*(London: Macmillan, 1953-1960).

25) Giuseppe Zibordi, "Primavera di vita municipale," *Avanti*, Sept. 8, 1910.

26) Filippo Turati, "Comune moderato e Comune popolare," *Critica Sociale* 20(1910): p. 135(번역은 내가 한 것임).

27) Peter Gay, *The Dilemma of Democratic Socialism*(New York: Collier Books, 1972); Manfred Steger, *The Quest for Evolutionary Socialism: Eduard Bernstein and Social Democracy*(Cambridge: Cambridge University Press, 1997).

28) Spencer DiScala, *Dilemmas of Italian Socialism: The Politics of Filippo Turati*(Amherst: University of Massachusetts Press, 1980).

29) Ibid., p. 20.《계급투쟁》의 논설들은 저자 표기가 되어 있지 않지만, 문체나 내용으로 보건대 저널 편집자들 중 한 명인 투라티의 것이 확실하다.

30) 이러한 도식은 Fred Dallmayr, *Twilight of Subjectivity: Contribution to a Post-Individualist Theory of Politics*(Amherst: University of Massachusetts Press, 1981), pp. 137-143에 빚을 졌고, 또 그로부터 차용한 것이다.

31) Jean-Jacques Rousseau, *The Government of Poland*, trans. Willmoore Kendall(Indianapolis: Hackett Publishing, 1985).

32) Mancur Olson, *The Logic of Collective Action*(Cambridge: Harvard University Press, 1965).

33) Michael Sandel, *Liberalism and the Limits of Justice*(Cambridge: Cambridge University Press, 1982).

34) Ibid., 150. 또한 이 주제에 대한 토론으로는 William Cortlett, *Community without Unity: A Politics of Derridian Extravagance*(Durham, N.C. and London: Duke University Press, 1989)를 보라.

35) Sheldon Wolin, "What Revolutionary Action Means Today," in *Dimensions of Radical Democracy: Pluralism, Citizenship, Community*, ed. Chantal Mouffe(London: Verso, 1992).

36) Carlo Trigilia, *Grandi partiti e piccole imprese: Comunisti e democristiani nelle regioni a economia diffusa*(Bologna: Il Mulino, 1986), p. 47.

37) 유럽에서 경제적 의존 관계는 평등한 시민권을 가로막는 결정적인 장애물이었다. 미국의 경우와 같은 다른 맥락에서는 인종적 편견과 예속에 대항한 투쟁이 동원의 수단이었다.

38) Victoria de Grazia, *The Culture of Consent: Mass Organization of Leisure in Fascist Italy*(Cambridge: Cambridge University Press, 1981), p. 115.

39) Margaret Kohn, "Civic Republicanism versus Social Struggle: A Gramscian Approach to Associationalism in Italy," *Political Power and Social Theory* 13(1999): pp. 201-238을 보라.

40) 이 문제와 관련한 퍼트넘(Robert Putnam)의 결론을 재확인하고 보완한 연구로는 Tamara Simoni, "Il rendimento istituzionale delle regioni: 1990-1994," *Polis* 11, no. 3(1997): pp. 417-436을 보라.

41) 지역 정부 설치에 대한 조항은 이미 1948년 이탈리아 헌법에 포함되어 있었지만, 1970년까지 실행되지는 않았다. 지역 정부 설치에 대한 상세한 설명으로는 Peter Gourevitch, "Reforming the Napoleonic State: The Creation of Regional Government in France and Italy," and Sidney Tarrow, "Local Constraints on Regional Reform," in *Territorial Politics in Industrial Nations*, ed. Sidney Tarrow, Peter J. Katzenstein, and Luigi Graziano(New York: Praeger, 1978), pp. 28-63 and pp. 1-27을 보라.

42) Robert Putnam, *Making Democracy Work: Civic Traditions in Modern Italy*(Princeton: Princeton University Press, 1993). 퍼트넘의 저작에 대해서는 설

득력 있는 비판들이 많다. 예컨대 Sidney Tarrow, "Making Social Science Work across Space and Time," *American Political Science Review* 90, no. 2(1996): pp. 389-397; E. Goldberg, "Thinking about How Democracy Works," *Politics and Society* 24, no. 1(1996): pp. 7-18; Carlo Trigilia, "Dai comuni medievali alle nostre regioni," *L'Indice*(1994): p. 36; Arnaldo Bagnasco, "Regioni, tradizione civica, modernizzazione italiana: Un commento alla ricerca di Putnam," *Stato e Mercato*(1994): pp. 93-104를 보라.

43) 정치적 하위문화들에 대해서는 상당한 참고문헌이 있다. 그중 가장 주목할 만한 것으로는 Trigilia, *Grandi partiti e piccole imprese*(1986)를 꼽을 수 있다. 초기 저작으로는 다음 두 권을 추천한다. Giorgio Galli, *Il bipartitismo imperfetto*(Bologna: Il Mulino, 1966); F. Alberoni, *Il PCI e la DC nel sistema politico italiano*(Bologna: Il Mulino, 1967).

44) Kohn, "Civic Republicanism versus Social Struggle."

45) 이렇게 한 이유는 상관관계가 반드시 인과관계를 수립하지는 않기 때문이다. 만일 두 개의 변수가 서로 연관되어 있다면, 인과관계의 화살표는 어느 한쪽을 향할 수 있다. 각 지역이 존재하기 이전의 결사체들의 응집력을 검토함으로써 우리는 좋은 지역 정부가 정치적 결사체들이 번성할 수 있게 한 가능성을 안심하고 배제할 수 있다.

46) Kohn, "Civic Republicanism versus Social Struggle." 이 논문은 전간기와 현대 시기를 검토한다. 사용된 데이터에는 가톨릭 결사(1910), 적색 결사(1902-1910), 사회당 세력(1914, 1920), 적색 하위문화 목록(1982-1992), 백색 하위문화 목록(1982-1992)이 포함되어 있다.

47) 퍼트넘은 시민 공동체의 네 가지 지표를 사용한다. 선호 투표도와 주민투표 참여도(후견제 정치의 지표로서), 신문 구독률과 스포츠 및 문화 단체 가입률이 바로 그것이다. 그러나 오직 마지막 지표만이 그가 제도적 실행을 설명하면서 말한 인과관계에서 역할을 한다. 나는 "시민 공화주의 대 사회 투쟁"에서 이탈리아 통계청(ISTAT)이 1994년에 수행한 더 최근의 것이고 더 철저한 시민 참여도(모임 참석률, 자발적 조직에의 가입률) 조사를 이용했다.

48) Ragionieri, *Un comune socialista*, p. 177.

49) Ibid., pp. 178-179.

8장

1) Maurice Halbwachs, *The Collective Memory*(New York: Harper and Row, 1980).

2) Jacques Greux, *Le Peuple*, Apr. 1, 1899, '민중회관'(Maison du Peuple) 개관 기념 특별판.

3) Rinaldo Rigola, *Il movimento operaio nel Biellese: Autobiografia*(Bari: Gius, Laterza and Figli, 1930). 인용문의 이탈리아어 원문은 다음과 같다. "La politica si fa li signori."

4) Henri Lefebvre, *The Production of Space*(Oxford: Blackwell, 1991), p. 419.

5) Robert Putnam, *Making Democracy Work: Civic Traditions in Modern Italy*(Princeton: Princeton University Press, 1993); 또한 이 책의 7장을 보라.

6) 나는 윌리엄 코널리의 견해에 따라 이를 "본능적인 기억 회로(visceral register)"라고 부른다. Connolly, *Why I Am Not a Secularist*(Minneapolis: University of Minnesota Press, 1999), pp. 175-177.

7) Erving Goffman, *Encounters: Two Studies in the Sociology of Interaction*(Indianapolis: Bobbs-Merrill Educational Publishing, 1961), p. 31.

8) Charles Tilly, "Spaces of Contention," *Mobilization* 5(2000): pp. 135-159.

9) 내가 아는 한, '생활 세계'(lifeworld)라는 용어는 에드문트 후설(Edmund Husserl)의 현상학에서 나왔다. Husserl, *The Crisis of the European Sciences and Transcendental Phenomenology*(Evanston: Northwestern University Press, 1970), p. 22. 여기서 후설은 생활 세계를 객관적인 지식의 토대를 놓는 "논리 이전의 다방면의 유효한 것들(manifold pre-logical validities)"로 규정한다.

10) Hannah Arendt, *The Human Condition*(Chicago: University of Chicago Press, 1958). 아렌트의 이러한 구분에 대한 미세한 논의로는 Hanna Fenichel Pitkin, "Justice: On Relating the Public and Private," *Political Theory* 9(1981), pp. 327-352와 Bonnie Honig, *Political Theory and the Displacement of Politics*(Ithaca: Cornell University Press, 1993)의 아렌트에 대한 장(p. 76-125)을 보라.

11) C. Douglas Lummis, *Radical Democracy*(Ithaca: Cornell University Press, 1996).

12) 이 점은 로베르토 웅거(Roberto Unger)가 이미 지적했다. Roberto Unger, *False Necessity: Anti-Necessitarian Social Theory in the Service of Radical Democracy*(Cambridge: Cambridge University Press, 1987).

13) 이 인용문은 발터 베냐민이 변증법적 이미지를 묘사하는 구절에서 따왔다. Esther Leslie, "Space and West end Girls: Walter Benjamin and Cultural Studies," *New Formations 38*(summer 1999): p. 117.

14) Walter Benjamin, et al. *Gesammelte Schriften*, ed. Rolf Tiedemann und Hermann Schweppenhäuser(Frankfurt: Suhrkamp Verlag, 1972), p. 1233,

Leslie, "Space and West end Girls," p. 118에서 재인용.

에필로그

1) 예컨대 Frederic Jameson and Masao Miyoshi, eds., *The Cultures of Globalization*(Durham, N.C.: Duke University Press, 1998)에 실려 있는 논문들과 Neil Smith, "The Satanic Geographies of Globalization: Uneven Development in the 1990s," *Public Culture* 10, no. 1(fall 1997), pp. 169-189를 보라.

2) Mike Featherstone, Scott Lash, and Roland Robertson, eds., *Global Modernities*(London: Sage, 1995).

3) Frederic Jameson, "Notes from Globalization as a Philosophical Issue," in Jameson and Miyoshi, *The Cultures of Globalization*(1998), pp. 54-80.

4) William Connolly, "Democracy and Territoriality," *Millennium-Journal of International Studies* 20, no. 3(1991): p. 464.

5) Gilles Deleuze and Felix Guattari, *A Thousand Plateaus: Capitalism and Schizophrenia*(Minneapolis: University of Minnesota Press, 1987), p. 9.

6) Ibid., p. 326. 코놀리도 "Democracy and Territoriality"의 p. 481에서 이와 비슷한 결론에 도달한다. 그는 "[이 점증하는 상호 연관으로 말미암아] 민주주의적 선거의 세계화나 영토적 민주주의의 용해가 아니라 영토 민주주의의 봉쇄를 초극하는 민주주의적 에너지와 동맹과 행동 공간의 다원화를 위한 필요와 가능성의 조건이 나타난다"고 주장한다.

7) Saskia Sassen, *The Global City: New York, London, Tokyo*(Princeton: Princeton University Press, 1991); Manuel Castells, *The Informational City: Information Technology, Economic Restructuring, and the Urban-Regional Process*(Oxford: Oxford University Press, 1989).

8) Leslie Sklair, "Social Movements and Global Capitalism," in Jameson and Miyoshi, *The Cultures of Globalization*, p. 305.

9) Jameson, "Note from Globalization as a Philosophical Issue," p. 76.

10) G. W. F. Hegel, *The Encyclopaedia Logic*(Indianapolis: Hackett Publishing, 1991), p. 181-192.

11) Darin Barney, *Prometheus Wired: The Hope for Democracy in the Age of Network Technology*(Chicago: University of Chicago Press, 2000).

12) Cass Sustein, *Republic.com*(Princeton: Princeton University Press, 2001).

찾아보기